Boxer, Hirschrot mit Weiß, mit kupierten Ohren.

Bullterrier, Weiß mit schwarzem Abzeichen.

Afghanen, Black-Silver und Creme.

Bobtail, 2 Jahre alt.

Großpudel (auch Königspudel), Weiß.

Bobtail-Welpe,
8 Wochen alt.

Junger Zwergpudel,
Apricot, 5 Monate alt.

Zwerg-Langhaardackel,
Rot mit Deckhaar.

<u>Ulrich Klever</u> erklärt in diesem GU Ratgeber wie man Hunde-Kenner und Experte im richtigen Umgang mit dem Hund wird. <u>180 Farb-fotos</u> zeigen Rassehunde, drollige Mischlinge und Welpen.

HUNDE

Experten-Rat für die
Hundehaltung
<u>mit Herz und Verstand</u>

Inhalt

◁

*Vorhergehende
Doppelseiten,
2/3: Berner
Sennenhund;
4/5: Afghane.*

Hundehaltung mit Herz und Verstand

Ein Wort zuvor

Die Überschrift des Vorwortes ist gleichermaßen Inhalt wie Programm dieses GU Ratgebers, der dem Hundehalter alles sagt, was er über Hunde und über das Zusammenleben mit ihnen wissen muß. Sobald ein Hund ins Haus kommt, beginnt ein »unkündbarer Vertrag auf Lebenszeit«: Der Mensch wird für den Hund Rudelführer, Familie und damit Mittelpunkt seines Lebens. Machen Sie sich klar, daß die Partnerschaft mit einem Hund
● soviel Mühe macht wie die Erziehung eines Kindes,
● ständig viel Zeit beansprucht und
● jährlich eine Menge Geld kostet.
Sie sehen selbst, die Anschaffung eines Hundes will wohlüberlegt sein (→ Kapitel »Hundehaltung ohne Problem«, Seite 10). Kaufen Sie nie spontan, sondern überlegen Sie erst einmal, welcher Hund zu Ihnen paßt, zu Ihren Lebensgewohnheiten und Wohnverhältnissen. Denken Sie auch stets daran, daß Hunde Lauftiere sind und deshalb täglich ausreichend Bewegung brauchen. Genauso wie eine vernünftige, artgerechte Nahrung, denn Hunde sind keine Resteverwerter vom Tisch ihrer Menschen. Schließlich übernehmen Sie auch die Verantwortung für seine Pflege, seine Gesundheit und sein Wohlverhalten. (→ »Wichtige Hinweise«, Seite 175). Worauf es dabei besonders ankommt, erkläre ich Ihnen ausführlich in dem Kapitel »Der Alltag mit dem Hund« (→ Seite 27). Neben den Ratschlägen für die alltägliche Praxis bietet Ihnen dieses Buch die Chance, Natur und Wesen Ihres Hundes genauer kennenzulernen. Hunde sind zwar vom Menschen gezüchtet und an das Zusammenleben mit ihm angepaßt, ihr Verhalten wird aber nach wie vor von den Eigenschaften ihrer Wolfsahnen bestimmt. In den Kapiteln »Der Hund – ein eigenständiges Wesen« und »Der Hund und sein Verhalten« schildere ich Ihnen, wie der Hund den Menschen sieht und welche Folgen es haben kann, wenn wir Hunde vermenschlicht sehen. Das wird Ihnen helfen, Ihren Hund und seine Reaktionen besser zu verstehen. Gleichzeitig lernen Sie die Körper- und Lautsprache des Hundes und können so auf seine typischen Verhaltensweisen richtig reagieren. Das ist wichtig für das problemlose Zusammenleben, denn nur wer über Hundeverhalten Bescheid weiß, wird seinen Hund konsequent erziehen und richtig mit ihm umgehen können. Weil ich aus eigener Erfahrung weiß, wieviel von der Erziehung des jungen Hundes abhängt, habe ich diesem Thema ein ausführliches Kapitel des Buches gewidmet (→ »Die Erziehung des Hundes zum Hausgenossen«, Seite 73). Dieses Hundebuch habe ich aus der Summe meiner Erfahrungen geschrieben. Praktischen, die mich mein Leben mit Hunden gelehrt hat, und dem Wissen, das ich als Zoologe und Autor zahlreicher, sehr erfolgreicher Hundebücher gesammelt habe. Es soll Ihnen zu einem gesunden und folgsamen Hund verhelfen, mit dem Sie eine glückliche Mensch-Tier-Beziehung verbindet, vielleicht sogar eine Freundschaft, die manchmal weder der Worte noch der Zeichen bedarf.

Ulrich Klever

▷
Gegenüberliegende Seite: Für Kinder wie für Hunde ist Spielen das halbe Leben. Im Bild: Andreas mit seinem Yorkshire-Mischling.

Hundehaltung ohne Problem

Wenn ein Hund zu Ihnen kommt, beginnt ein »unkündbarer Vertrag auf Lebenszeit«. Sie geben dem Hund seine Familie. Denn ein Hund ist von Natur aus ein Rudeltier, das Anschluß an Artgenossen braucht. Im Laufe der Zeit hat er dieses »Nur-mit-anderen-Zusammenlebenkönnen« auf den Menschen übertragen: Der Hund ist unser vierbeiniger Freund geworden. Ihn nach einiger Zeit wieder aus dieser Bindung zu lösen, ist für den Hund sehr, sehr schlimm. Deshalb sollten Sie sich immer klar machen:

Die Partnerschaft mit einem Hund
- dauert sicherlich 10 Jahre
- kostet Jahr für Jahr eine Menge Geld
- macht soviel Mühe wie das Aufziehen eines Kindes
- beansprucht täglich 2 bis 3 Stunden Ihrer Zeit
- setzt genügend Raum für artgerechte Unterbringung und ausreichende Bewegungsfreiheit voraus.

Nur wer diese Voraussetzungen erfüllen will und kann, ist geeignet, mit einem Hund zu leben.

Von jedem Spontankauf rate ich ausdrücklich ab. Schaffen Sie sich nie einen Hund aus Mitleid, aus einem »Oh-wie-süß-Gefühl«, aus einer Modelaune heraus an oder gar, um der Familie eine Überraschung zu bereiten. Ein Hundekauf muß sorgfältig überlegt und möglichst mit der ganzen Familie geplant werden.

Der zukünftige Hundehalter sollte zumindest eine Beziehung zu Tieren im allgemeinen und zu Hunden im besonderen haben. Sonst kann ein Hundekauf so ausgehen:

Der »bissige« Scottie

Ein junger Scottie (Scotch Terrier) wird an eine Dame verkauft, die noch nie einen Hund hatte und wohl auch wenig Beziehung zu Tieren. Sie wußte also nicht, daß Junghunde – und natürlich auch ihr Scottie – versuchen, aus Spielerei den Menschen in die Hacken zu beißen, weil sie das bei ihrer Mutter auch so machen. Die Dame rannte schreiend davon, der Hund juchzend hinterher. Behauptung: der kleine, 12 Wochen alte Scottie habe die Dame anfallen wollen.

Der Hund wurde von der Züchterin zurückgekauft. Er ist jetzt knapp ein Jahr alt, völlig normal und hat sich längst anderen Dingen als Damenhacken zugewandt. Wäre er bei der ängstlichen Dame geblieben, könnte er jetzt schon bissig sein. Und die kurzfristige Scotch Terrier-Besitzerin behauptet sicher, Scotties seien bissige Hunde!

Fragen vor der Anschaffung

Wer sich zum ersten Mal einen Hund angeschafft hat oder anschaffen will, muß sich mit einer Reihe von Fragen auseinandersetzen. Damit sie nicht zu Problemen für Sie werden, stelle und beantworte ich in diesem Kapitel diese Fragen. Meine langjährige Erfahrung in Praxis und Theorie gibt mir die Berechtigung und Fähigkeit. Daß ich mich mit Nachdruck meist für eine Lösung entscheide und die Worte »sowohl als auch« möglichst vermeide, ist auf meinen intensiven Umgang mit Hunden zurückzuführen: Hunde verlangen nach Autorität. Und meine Ratschläge machen Ihnen die Hundehaltung leichter.

Wo kaufen Sie einen Hund?

Da bei den einzelnen Familienmitgliedern meist recht unterschiedliche Meinungen über den Wunschhund bestehen, sollte die Anschaffung gemeinsam überlegt und durchdiskutiert werden. Auch beim Aussuchen selbst sollten beide Ehepartner und die größeren Kinder dabei sein. Das ist besonders wichtig bei einem erwachsenen Hund aus dem Tierheim (→ Seite 12), der sich oft spontan an die Person anschließt, die ihn aus dem Tierheim holt und dann die anderen Familienmitglieder nur unter Schwierigkeiten an sich heranläßt.
Hunde bekommt man:
Beim Züchter; Adressen erhalten Sie über den Verband für das Deutsche Hundewesen; bei der Interessengemeinschaft Deutscher Hundehalter; für Österreich beim Österreichischen Kynologenverband; für die Schweiz bei der Schweizerischen Kynologischen Gesellschaft (→ Adressen rund um den Hund, Seite 167).
Bei Amateurzüchtern und Hundehaltern, die erwünschten oder unerwünschten Nachwuchs zu verkaufen haben. Sie inserieren meist unter der Rubrik »Tiermarkt« in der Tageszeitung.
In Zoofachhandlungen (→ Seite 12), oder Sie holen sich einen Hund
aus dem Tierheim.

Junger Hund oder erwachsener Hund?

Je jünger der Hund ist, den Sie kaufen, desto mehr wird es Ihr Hund, desto besser können Sie ihn formen. Jung, das heißt 10 bis 12 Wochen alt. Sehr wichtig ist, daß Sie den Hund selbst abholen (→ Seite 79). Das mag umständlich sein, aber Sie profitieren ein ganzes Hundeleben lang davon. Jeder Versand, das Alleinsein in einem Transportbehälter, ist ein so einschneidendes Erlebnis für einen jungen Hund, daß man die Spätfolgen nicht vorhersagen kann (→ Seite 12).
Ein junger Hund erfordert das erste halbe Jahr viel Zeit, und Sie können keinen Urlaub machen. Junge Hunde haben ähnliche Ansprüche wie kleine Kinder: Sie wollen immer dabei sein; sie wollen

wissen, wo sie hingehören; sie wollen einen geregelten Tagesablauf. Sie wollen aber auch, daß man sich mit ihnen beschäftigt. Und das müssen Sie, denn je mehr Sie einem jungen Hund beibringen, um so leichter werden Sie es die ganzen späteren Jahre haben. Nutzen Sie die Zeit, denn für einen Welpen ist ein Tag wie für den Menschen eine Woche oder ein ganzer Monat. Hunde leben schneller und erleben in kurzen Zeitabständen entsprechend mehr. Und sind nie mehr so lernbegierig wie in früher Jugend (→ Die Erziehung des Hundes zum Hausgenossen, Seite 73).
Ein erwachsener Hund scheint auf den ersten Blick problemloser zu sein.
● Er ist bereits stubenrein,
● er ist mehr oder weniger gut erzogen und er hat seine Flegeljahre hinter sich. So weit, so gut. Bedenken Sie aber: Ein erwachsener Hund ist eine fertige Persönlichkeit mit allen charakterlichen Tugenden und Fehlern. Er muß lernen, Sie, seine neuen Menschen zu verstehen und sich bei Ihnen einzugewöhnen. Und Sie müssen ihm dabei helfen. Das erfordert viel Geduld und Einfühlungsvermögen, vor allem, wenn sein früherer Herr Ihnen keine »Gebrauchsanweisung« geben kann. So empfehle ich erwachsene Hunde älteren Menschen, die bereits gewisse Erfahrung im Umgang mit Hunden haben.

Warum einen Hund vom Züchter?

Bei ihm können Sie sich gezielt den Hund aussuchen, den Sie haben wollen. Sie lernen die Hundemutter kennen und man zeigt Ihnen auch, wer der Vater ist. Sie sehen die Umwelt, in der das junge Tier aufwächst und der Züchter kann Ihnen eingehend die typischen Rassemerkmale und individuellen Eigenheiten Ihres Hundes beschreiben. So können Sie sich besser vorstellen, wie Ihr Hund im Aussehen und im Wesen wird. Sie können mit dem Züchter besprechen, wie und ob der Hund entwurmt wird und welche Impfungen er bekommt (→ Seite 97). Er hilft Ihnen, mit dem Hund richtig umzugehen und Sie können ihn auch später immer um Rat fragen. Wenn er ein guter Züchter ist und kein bloßer Hundeverkäufer, rät er sogar manchmal vom Kauf ab, wenn diese Rasse für Sie zu problematisch ist.

Einen guten Züchter mit guten Hunden erkennen Sie bei einem Besuch sofort: Bei ihm leben die Hunde nicht nur im Zwinger, sie werden im Haus aufgezogen und haben deshalb den richtigen Kontakt zu den Menschen, der schon in den ersten Lebenswochen erfolgen muß. Vom Züchter bekommen Sie einen körperlich und seelisch gesunden Hund mit allen notwendigen Papieren. Dazu gehören: eine Ahnentafel mit dem Wurfdatum und dem bestätigten Eintrag in das Zuchtbuch der Rasse (→ Hundewissen von A bis Z, Seite 127) und der Impfpaß (→ Seite 98). Auch bei den Amateurzüchtern können Sie sich selbst davon überzeugen, aus welcher Umgebung und von welchen Eltern der Hund stammt. Es sei denn, Sie entscheiden sich für einen Mischling, aber dann kennen Sie zumindest die Mutter.

Per Versand kaufen?

Hunde, in einem Alter, in dem äußere Eindrücke ihr Wesen prägen und bestimmen, sind keine Versandartikel. Der Versandschock macht sie zu seelisch anfälligen Tieren und kann später zu Verhaltensstörungen (→ Seite 101) führen. Sie entscheiden sich ja auch nicht blind für ein Auto nach Katalog und deshalb schon gar nicht für einen Gefährten für die nächsten zehn Jahre Ihres Lebens. Beim Versandkauf besteht zwar die Verführung der sofortigen Verfügbarkeit – man bestellt und hat bald darauf den Hund der gewünschten Rasse –, während man beim Züchter auch schon einmal Monate warten muß. Trotzdem kann ich Sie nur warnen: Versandhunde stammen fast immer aus Massenzuchten, in denen Hunde aus rein kommerziellen Gründen in Käfighaltung wie die Ferkel gezüchtet werden – und zwar von Geschäftemachern und nicht von einer Rasse verschriebenen Züchtern. Typisch für den Hunde-Versandhandel ist, daß immer eine Reihe von Rassen, darunter die Moderassen wie Westies oder Yorkshire und beliebte Rassen wie Dackel oder Cocker angeboten werden. Die Hunde sind fast immer krank und seelisch labil, und wenn sie überhaupt durchkommen, entsteht Ihnen ein Vielfaches ihres Anschaffungspreises an Tierarztkosten. Helfen Sie mit, schon im eigenen Interesse, daß solchen Hundehändlern das Handwerk gelegt wird, indem Sie nicht bei ihnen kaufen.

Kann man im Tierhandel kaufen?

Ja, wenn Sie den Hund in einem seriösen Zoofachgeschäft oder in der Zoofachabteilung großer Kaufhäuser kaufen. Diese Jungtiere stammen überwiegend aus soliden Zuchten, sind ordnungsgemäß geimpft und haben die notwendigen Papiere, die ihre Herkunft garantieren. Nein, wenn diese Voraussetzungen nicht zutreffen, wenn die Welpen im Schaufenster ausgestellt sind. Händler, die Welpen dem Dauerstreß eines Schaufensters aussetzen, verstehen nichts von Hunden und sollten nicht mit ihnen handeln. Kaufen Sie Hunde auch nicht auf Märkten und bei Tierhändlern, die, getarnt mit einem Zwingernamen, oft mit Dutzenden von Rassen handeln.

Ein Hund aus dem Tierheim?

Dafür sollten Sie sich nur mit Vorbehalt entscheiden, denn hier spielt immer der Zufall mit. Sie wissen nichts oder nur wenig über das Vorleben des Hundes (es sei denn, die Leute vom Tierheim können Ihnen Auskunft geben), bei jungen Mischlingen wissen Sie nicht, wie sie sich auswachsen. Rechnen Sie also nicht mit einem wohlerzogenen, immer stubenreinen, problemlosen Hund. Am sichersten gehen Sie, wenn Sie sich einen jungen Rassehund aus dem Tierheim holen.
Und doch bedeutet jeder Hund aus dem Tierheim ein gerettetes Hundeleben. Denn im Tierheim leben unerwünschte Hunde, die wegen Todesfall, Krankheit, Scheidung oder Umzug in eine Wohnung, in der Hundehaltung verboten ist, hierher gebracht oder aus Überdruß ausgesetzt oder abgegeben wurden. Die ärmsten sind die älteren und alten Hunde, denn sie nimmt kaum jemand. Es können Problemhunde sein oder aber das große Glück für Sie werden. Im übrigen bekommt nicht jeder einen Hund aus dem Tierheim: Das neue Zuhause wird sehr genau auf »Hundetauglichkeit« geprüft.

Rüde oder Hündin?

Hier kann ich keine verbindlichen Ratschläge geben, dies ist eine Frage der persönlichen Vorliebe. Vergessen Sie alle Verallgemeinerungen wie Hündinnen sind zärtlicher oder Rüden schließen sich nur dem Mann in der Familie an. Jeder Hund ist anders.

Sicher ist:

● Hündinnen werden zweimal im Jahr läufig und können während dieser Zeit Nachwuchs empfangen (→ Hundewissen von A bis Z, Seite 120).

● Rüden zeigen immer ihre Liebeslust, wenn in der Nachbarschaft eine Hündin läufig ist. Sie heben auf Spaziergängen häufiger das Bein, um ihre Duftmarken zu setzen (→ Seite 66).

Und das wären schon die Unterschiede.

Mein Rat: Stellen Sie fest, wieviele Rüden und Hündinnen in Ihrer Nachbarschaft leben und schließen Sie sich der Mehrheit an. Das macht die Hundehaltung problemloser.

Anmerkung: Es stimmt übrigens nicht, daß jede Hündin einmal in ihrem Leben Junge bekommen soll.

Muß es ein Rassehund sein?

Rassehunde haben bestimmte, besonders ausgeprägte Veranlagungen und Fähigkeiten, was bei Mischlingen, der Mischung mehrerer Rassen, nicht der Fall ist. Zur Zeit neigt sich die Publikumsgunst dem Mischling zu. Es trifft oft zu, daß Mischlinge intelligenter und wesensfester sind (→ Hundewissen von A bis Z, Seite 127) als hochgezüchtete Rassehunde, bei denen es vor allem auf das perfekte Erscheinungsbild ankommt. Der Besitzer eines Rassehundes hingegen weiß ziemlich genau, was er von seinem Tier erwarten kann. Mischlinge können klüger, gesünder und belastbarer sein, müssen es aber nicht. Auch bei ihnen kommt es auf die Eltern an, die oft unbekannt sind. So ist die Anschaffung eines Mischlings immer ein Glücksspiel. Es kann ein Haupttreffer für Sie herauskommen.

Große Frage: Welche Rasse?

Jeder, der sich irgendwie mit Hunden beschäftigt, hat seinen Traumhund, das Idealbild seiner Wünsche. Oft entspricht diese Rasse nicht den Gegebenheiten

Auch Mischlinge sind schöne und liebenswerte Hunde. Im Bild ein Glatthaar-Fox und ein Jagdhund-Mischling.

Die Wahl der Rasse ist eine ganz persönliche Entscheidung, bei der man sich nicht überschätzen sollte. Im Bild zwei Akita-Inus, ein gestromter Rüde und eine weiße Hündin.

Ihres wirklichen Lebens, weil sie zu groß, zu teuer, zu schwierig oder ähnliches ist. Damit müssen Sie sich abfinden. Experimente dürfen und können Sie hier nicht machen. Um so schöner, wenn Ihr Wunschhund in Ihre Wirklichkeit paßt. Die Auswahl und die Möglichkeiten sind ja sehr groß: Es gibt über 300 verschiedene Hunderassen. Die 47 beliebtesten werde ich in diesem Buch beschreiben und in Fotos vorstellen (→ Rasseteil, Seite 128 bis Seite 166).

Rassehunde nennt man Hunde, die von Generation zu Generation das gleiche Aussehen und gewisse Eigenschaften vererben.

Die Ahnentafel, der Abstammungsnachweis des Rassehundes (→ Hundewissen von A bis Z, Seite 112) bescheinigt die Reinrassigkeit, deren Erhaltung unter strenger züchterischer Aufsicht geschieht (→ Hundewissen von A bis Z, Seite 122). Die Hunde selbst halten sich nicht daran, deshalb gibt es so viele Mischlinge.

Als Rassencharakter bezeichnet man die Summe von Eigenschaften einer Rasse → Hundewissen von A bis Z, Seite 122).

Darüberhinaus ist jeder Hund eine unverwechselbare Persönlichkeit. Und die allein ist für das Zusammenleben mit ihm wichtig – wichtiger als die körperliche Schönheit oder die edelste Ahnentafel.

Fazit: Suchen Sie sehr gewissenhaft die wirklich zu Ihnen passende Rasse. Die unterschiedlichen Bedürfnisse und Wesensunterschiede finden Sie im Rasseteil.

Hund und Katze?

Aus eigener Erfahrung geht das sehr gut, wenn
● reichlich Platz vorhanden ist, so daß sich die Tiere aus dem Weg gehen können;
● die Hunderasse vom Charakter her friedlich und die Katze verträglich und freundlich ist.

Am besten holt man zu einem erwachsenen Hund eine junge Katze oder läßt beide zusammen aufwachsen. Schwieriger ist es, einen Hund in einen Katzenhaushalt einzugliedern.

Andere Heimtiere wie Hamster, Meerschweinchen oder Kaninchen wird ein Hund naturgemäß als Beute betrachten.

Entweder man hält die Tiere streng getrennt oder man muß auf Kaninchen oder Hund verzichten. Daß es die merkwürdigsten Tierfreundschaften gibt, ist die Ausnahme der Regel. Da Vögel meist im Käfig und keine übliche Hundebeute sind, stören Hunde und Vögel einander nicht.

Ein zweiter Hund?

Die Voraussetzung für die Haltung von zwei Hunden: Soviel Platz – möglichst ein Garten und mehrere Zimmer –, daß jeder Hund bei Bedürfnis nach Ruhe seine Ausweichmöglichkeit hat. Ist der Neue noch ein Welpe, verläuft das Aneinandergewöhnen verhältnismäßig problemlos. Wenn der zweite Hund bereits erwachsen ist, müssen Sie vorsichtiger sein und dürfen vor allem nichts erzwingen.

Ideal zu halten sind ein Rüde und eine kastrierte Hündin.

Schwierig: Zwei Hündinnen, sie sind oft unverträglich.

Problematisch: Zwei Rüden, da es irgendwann zu Rangkämpfen kommt. Ist die Rangordnung festgelegt (→ Seite 59), wird das Zusammenleben komplikationslos. Wichtig dabei ist, daß Sie die beiden Hunde stets gerecht behandeln.

Nicht vorauszusehen ist, ob sich beide Hunde harmonisch in das Familienleben einfügen oder innerhalb der Menschenfamilie ein Hunderudel bilden.

Die achtbeinige Freundschaft

Dies ist eine ganz persönliche Geschichte. Als unser Basset Hound Henry acht Jahre alt war, holten wir den fünf Monate alten Basset David ins Haus. Zunächst sah es nicht rosig aus. Ein halbes Jahr lang behandelte der Alte den Kleinen als ob er gar nicht da wäre. Aufforderungen zum Spiel wurden allenfalls mit ungnädigem Knurren beantwortet. Wir dachten schon, daß unser Experiment gescheitert sei und wir in Zukunft mit zwei Hunden leben müßten, die nicht miteinander sprechen. Glücklicherweise sind Haus und Garten so groß, daß auch das gegangen wäre. Doch eines Tages, ich weiß nicht warum und wie, liefen die beiden gemeinsame Achten im Garten: Der Junge versuchte, den Alten zu fangen und der Alte ließ sich jagen. Von da an waren die beiden dicke Freunde und der gesetzte Henry wurde durch den neuen Spielkameraden um Jahre jünger und lebendiger. Als David dann drei wurde, versuchte er einige Male, Henry die Vorherrschaft zu nehmen und selber Boß zu werden. Uns fehlten die Nerven, die beiden das allein auskämpfen zu lassen und so blieb es bei der Ranghoheit des Alters. Nur in einem haben wir uns getäuscht: Wenn sie allein gelassen wurden, trösteten sie sich nicht mit ihrer Gemeinsamkeit. Sie beweinten ihr Leid in einem gemeinsamen, sehr lauten Heulchor.

Hund und Baby – geht das gut?

Ist der Hund bereits in der Familie, wenn das Baby kommt, wird er es als Rudelmitglied akzeptieren. Und zwar als Welpen, den er zu dulden und zu schützen hat. Zu Fehlverhalten kommt es sehr selten (nur bei schwer neurotischen Hunden), und diesbezügliche Unglücksfälle werden meist falsch dargestellt. Wenn Sie den Hund des Babys wegen nicht vernachlässigen und ihm keinen Anlaß zur Eifersucht geben, werden Sie problemlos miteinander zusammenleben. Beißt der Hund Fremde, die das Baby anfassen, so ist das sein natürlicher Schutztrieb.

Sowohl für das Kind als auch den Hund ist das gemeinsame Aufwachsen von großem Nutzen: beide profitieren voneinander, beide lernen voneinander (→ Der pädagogische Faktor Hund, Seite 40).

Wenn ein Baby unterwegs ist, sollten Sie den Hund vom Tierarzt untersuchen lassen, Ihrem betreuenden Arzt sagen, daß Sie einen Hund haben und besonders auf Hygiene achten (→ Seite 103). Später ist der Hund keine Infektionsquelle für das Kind. Die neuzeitliche Medizin hat festgestellt, daß im Zusammenleben die Bakterienfloren von Mensch und Tier sich einander annähern. Das heißt: Kinder erwerben einen Schutz vor vielen Krankheitserregern. Der Arzt nennt diese langsame Entwicklung »stille Feiung«. Trotzdem sollten Sie verhindern, daß Kleinkinder und Hunde

• aus einer Schüssel essen,
• sich gegenseitig ablecken oder
• in einem Bett schlafen.

Und wenn Sie dem Hund das vorgesehene Babyzimmer von Anfang an verbieten, dann geht er auch später nicht hinein.

▷
Folgende Doppelseite: Junger Bobtail beim Spiel mit dem Ball.

Was zur Grund-ausstattung gehört

Wer sich einen Hund anschafft, ist noch kein Hundebesitzer, sage ich immer. Besitzer wird man nicht einfach durch den Kauf, sondern durch das Zusammenleben mit dem Hund, und das will gelernt sein. Packen wir es an! Wenn Ihr neuer Hund zu Ihnen kommt, ist er noch ein »armer« Hund, denn außer seinen Menschen hat er nichts. Er braucht aber, um sich bei Ihnen wohlfühlen und zivilisiert leben zu können, eine Reihe von Dingen.

Der Hund braucht einen Namen

Als erstes bekommt der Welpe seinen Namen. Der Zwingername aus seinem Stammbaum ist für den täglichen Gebrauch oft nicht geeignet, weil jeder Wurf den gleichen Anfangsbuchstaben hat und deshalb oft merkwürdige Namen gewählt werden (→ Hundewissen von A bis Z, Seite 121). Da Sie den Hundenamen viel benutzen werden und sollen, muß er auch gut verständlich klingen, nicht hart wie ein Kommando oder ein Tadel. Zweisilbige Worte mit o, u oder a sind besonders geeignet. Zum Beispiel Donna, Pola, Numa oder Bosco. Einen Hund Otto zu nennen, finden sicherlich alle Leute, die Otto heißen, nicht unbedingt komisch. Denken Sie daran, daß Sie den Namen Ihres Hundes auch mal in einer Menschenmenge laut rufen müssen; ob Ihnen dann das originelle »Iitzenpliitz« so angenehm sein wird, weiß ich nicht. Haben Sie aber Mut zur Phantasie. Wenn ich ein Hund wäre und man würde mich Lumpi, Karo, Foxl oder Waldi rufen, ich würde mich nicht darum scheren.

Von den Dingen, die ein Hund braucht, sind die folgenden unbedingt nötig:
● ein Lager,
● eine Decke,
● zwei Schüsseln,
● ein Halsband,
● eine Leine und
● eine Bürste, beziehungsweise ein Kamm.

Hundeartikel kauft man im Fachhandel oder bestellt sie per Katalog bei Spezialversendern. Ihre Adressen finden Sie in Hundezeitschriften.

Ein Lager zum Ruhen

Jeder Hund braucht seinen Platz, an den er sich zurückziehen kann und der immer für ihn reserviert bleibt. Das kann eine Matratze sein, ein Korb, eine Kiste, eine Höhle oder eine dicke Matte. Die Unterlage muß vor allem die Kälte vom Boden abhalten. Was auch immer Sie aussuchen, das Lager sollte so groß sein, daß der meist zusammengerollt schlafende Hund auch ausgestreckt darin oder darauf liegen kann: Messen Sie deshalb einen erwachsenen Hund Ihrer Rasse von der Nasen- bis zur Schwanzspitze. Orientieren Sie sich nur an der Größe des Welpen, müssen Sie nach einem dreiviertel Jahr ein neues Lager kaufen.

Zu beachten: Weidenkörbe sind bei jungen Hunden im Nage- und Knabberalter wenig empfehlenswert, Höhlen nur für Kleinhunde lieferbar.

Eine pflegeleichte Decke

Sie muß wasch- und desinfizierbar sein, da sich in ihr zum Beispiel Flöhe einnisten. Deshalb ist die alte Wolldecke zwar billig (und tut es für den Anfang auch), aber eine Spezialdecke, die sowohl wärmt als auch trocknet und außerdem weich ist, wäre besser. Ich habe zum Beispiel gute Erfahrungen mit »Dryplace« gemacht. Diese Decke ist nicht billig, doch ihre Eigenschaften sind vorzüglich. Man kann sie auch einmal auf der Terrasse oder dem Balkon direkt auf den Boden legen, da sie zuverlässig isoliert.

Zwei Schüsseln, nur für den Hund

Jeder Hund sollte sein eigenes Geschirr haben. Er braucht eine Schüssel für das Wasser, denn frisches Wasser muß immer für ihn bereitstehen, und eine für die Mahlzeiten. Im Laufe der Jahre haben sich bei uns bewährt:
● Ein schwerer Wassernapf aus glasiertem Ton und
● eine emaillierte Futterschüssel aus solidem, kräftigem Metall, die rutschfest auf Gumminoppen steht.

Ebenfalls empfehlenswert sind Edelstahlschüsseln.

Wichtig ist vor allem:
● Die Schüsseln sollen schwer sein, damit der Hund nicht damit herumspielen kann.
● Sie sollen rutschfest sein oder auf einer

rutschfesten Unterlage stehen, die zusätzlich den Vorteil hat, daß der Boden nicht verkleckert wird.

● Die Schüsseln müssen gut zu reinigen sein.

● Für Hunde mit Hängeohren gibt es Spezialnäpfe, die sich konisch nach oben verengen, wodurch verhindert wird, daß die Ohren hineinhängen.

Praktisch ist auch ein Gestell, in dem Wasser- und Futternapf nebeneinander Platz haben.

Ein Halsband

Das Halsband, an das wir den Welpen gewöhnen, kann sehr einfach sein, denn aus diesem Kinderhalsband ist er bald herausgewachsen. Im Hundeleben hat das Halsband zwei Aufgaben zu erfüllen:

● Den Hund sicher daran festhalten zu können – entweder durch die Leine oder mit der Hand.

● Den Hund zu schmücken.

Das bedeutet, daß ein Halsband der Rasse und der Zugkraft des Hundes entsprechend stabil sein muß, daß es aber auch der Rasse und unserem Schönheitssinn entsprechend verarbeitet sein soll – auf jeden Fall solide gearbeitet.

Das Angebot an Halsbändern ist verwirrend groß. Die meisten werden wie ein Gürtel geschnallt und dadurch leicht zum Problem: Läßt man die Schnalle zu locker, kann der Hund rückwärts aus dem Band und von der Leine schlüpfen; schnallt man das Halsband zu eng, stört es den Hund. Dies läßt sich vermeiden durch

ein Halsband mit Zug, das sich nach Bedarf zuzieht. Kaufen Sie aber nur ein Band mit beschränktem Zug, bei dem der zuziehende Ring gestoppt wird. Fehlt der Stopper, können Sie den Hund oder der Hund sich selbst mit seinem Halsband erwürgen.

Ein Brustgeschirr, das um Hals und Brust verläuft und locker getragen werden kann. Es ist hübsch anzuschauen, aber wenig für zugstarke Hunde geeignet, abgesehen von Zuggeschirren für Schlittenhunde oder Suchhunde.

Leder- oder Kettenhalsband? Kettenhalsbänder sind besonders leicht, man kann ein zweites in der Tasche tragen (wichtig bei Erziehungsspaziergängen, → Seite 81), aber sie verfärben helles Fell. Die

Wenn Hund und Kleinkind zusammen aufwachsen, sollte man zwar auf Hygiene achten, aber nicht zu ängstlich sein. Im Bild ein Eurasier-Welpe, 7 Wochen alt.

meisten Hundehalter benutzen Lederhalsbänder.

Halsbänder sollten der Rasse entsprechen: Ein Schäferhund mit Glitzersteinband wirkt lächerlich, genauso wie ein Dackel mit einem Nietenhalsband. Für Bullys, Bulldoggen und Molosser gibt es Spezialbänder mit Dachshaarkrause; für Schweizer Sennenhunde solche mit aufgesetzten Messingkühen. Teure Halsbänder sollten Sie erst kaufen, wenn der Hund vollständig ausgewachsen ist.

Eine Leine

Kurz oder lang, das ist eine Frage des persönlichen Geschmacks und/oder der Größe des Hundes.

Eine Abroll-Leine, die etwa 5 Meter lang ist, entspricht beiden Anforderungen: Sie rollt sich von selbst auf, Sie können mit daumenbetriebener Bremse den Bewegungsradius des Hundes bestimmen und ihn auch kurz bei Fuß führen. Der Nachteil: Sie haben einen handtäschchengroßen Kunststoffkasten mit Griff in der Hand. Lassen Sie ihn fallen, bewegt er sich durch die Aufrollautomatik scheppernd auf den Hund zu, der mit Sicherheit erschrickt und vielleicht wegläuft. Material, Breite und Ausführung der Leine sind individuelle Entscheidungen des Hundeherrn und eine Frage der Rasse.

Wichtig: der Karabinerhaken, der die Leine halten soll. Es gibt drei Typen.

- Der Simplex-Karabinerhaken (oder einfache Karabinerhaken) ist sicher, aber nur ein sehr kräftiger Daumendruck kann ihn von der Leine lösen.
- Der Zangenhaken kann leicht und schnell geöffnet werden, tut dies bei nachlassender Feder aber auch mal von selbst, weshalb er nicht völlig sicher ist.
- Der Bolzenhaken (mein Favorit) ist leicht zu öffnen (einhändig) und hält, falls der Verschluß kaputt gehen sollte, noch immer den Ring des Halsbandes.

Bürste, Kamm und Striegel

Eine Bürste ist für alle Rassen unerläßlich und jeder Hund genießt das richtige Bürsten sehr.

Für kurzhaarige Rassen besorgen Sie sich
- eine Kardätsche mit Naturborsten fürs Grobe,
- einen Striegel aus weichem Kunststoff oder Gummi, um die auskardätschten Haare durch elektrostatische Aufladung zu entfernen und
- ein Fensterleder für den Glanz zur Beendigung der Prozedur.

Bei langhaarigen Hunden wird es spezieller, dafür brauchen Sie
- eine normale Haarbürste mit kräftigem Stiel für den jungen Hund, dessen Fell noch nicht so dicht ist. Da sie als Spielzeug auch mal zweckentfremdet wird, ist sie nach einigen Monaten wahrscheinlich zerbissen. Danach benötigen Sie
- einen grobzinkigen Kamm,
- einen feinzinkigen Kamm,
- eine Drahtbürste mit abgerundeten Ecken – um die Haut nicht zu verletzen –, deren Borsten in einem nachgiebigen Gummibett sitzen und
- eine Kardätsche mit kräftigen Naturborsten.

Ich bin ein Gegner von Kunststoffborsten, die mir zu hart und kratzig sind. Ihr Züchter wird Ihnen zeigen, was das Beste für die betreffende Rasse ist.

Eine kleine Auswahl von Leinen und Halsbändern. Das Stachelhalsband sollte man nur bei sehr starrköpfigen Hunden verwenden.

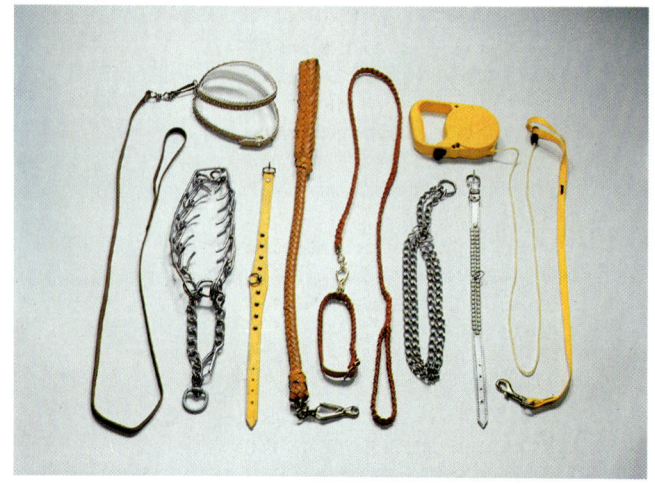

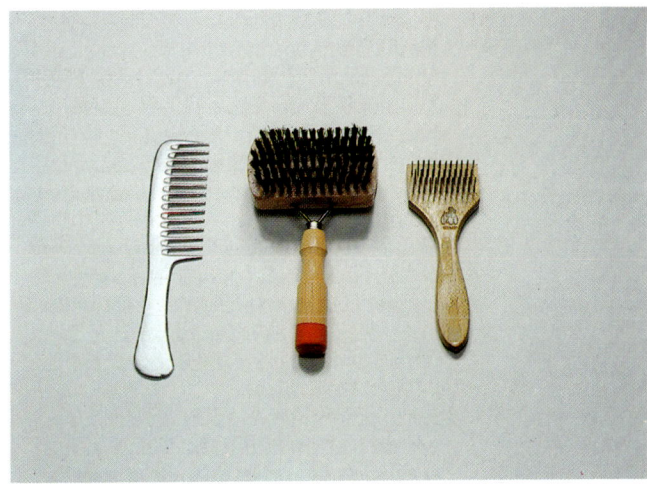

Was Sie sonst noch brauchen

Neben der notwendigen Grundausstattung gibt es eine Reihe von zusätzlichen Ausstattungsgegenständen, die sich als sehr brauchbar erwiesen haben.

Nützliches rund ums Auto:

● Ein Schutznetz (oder Schutzgitter), das den Rückraum im Auto von den Vordersitzen trennt und verhindert, daß der Hund nach vorne klettert oder springt oder bei scharfer Bremsung durch das Auto fliegt.

● Eine Spezialdecke, die, über die Rücksitze gespannt, dem Hund einen wannenartigen, sicheren Platz bietet.

● Ein Frischluftgitter, das in die geöffnete Scheibe geklemmt wird, für Frischluft sorgt, trotzdem keinen Zugriff in den Wagen erlaubt und dem Hund nicht gestattet, seinen Kopf aus dem Fenster zu stecken (→ Seite 111).

Eine Hundepfeife brauchen Sie, wenn Sie Ihren Hund frei laufen lassen können und ihn auch aus größeren Entfernungen zu sich rufen müssen. Auch zur vorhergehenden Erziehung ist sie nützlich. Sie klingt für den Hund immer gleich bestimmend und reicht weiter als Ihre Stimme. Ich plädiere für die lautlose Ultraschallpfeife, deren Ton Menschen nicht wahrnehmen können (→ Seite 49). Sie sorgt dafür, daß Ruhestörungen durch schrilles Pfeifen vermieden werden.

Wasserdichte Tüten mit Pappschaber oder ein »Kotboy« (aus dem Zoofachhandel) sind Gerätschaften, mit denen Sie die Häufchen Ihres Hundes entfernen können. Je nachdem, wo Sie wohnen, brauchen Sie diese für Ihre Spaziergänge mit dem Hund. Die Tüten werden vom VDH (→ Hundewissen von A bis Z, Seite 126) vertrieben.

Ein Maulkorb, meist aus Riemengeflecht und Leder, wird dem Hund über die Schnauze gestülpt, um ihn am Beißen zu hindern. Der Maulkorb muß passen, bequem und zugleich fest sitzen. Er ist Pflicht für beißfreudige Hunde – auch beim Tierarztbesuch –, bei nicht geimpften Hunden in Tollwutbezirken und in Städten und Ländern mit Maulkorbzwang wie Ostberlin, Italien und Österreich.

Ein Zwinger im Garten ist zur gelegentlichen Unterbringung für große und unempfindliche Rassen wie Hirtenhunde, Bernhardiner und Neufundländer oder lebhafte und sehr wachsame Hunde wie Dobermann, Rottweiler und Bullterrier recht nützlich. Schauen Sie sich die Modelle beim Züchter an oder in den Katalogen von Spezialhändlern, die zum Beispiel in der Zeitschrift »Der Rassehund« des VDH inserieren (→ Seite 39). Der Verlag der »Bullterrier Gazette« bietet einen bullterrierfesten Transport- und Hauskäfig an, der den Hund im Auto und im Hotel sicher verwahrt.

Hundespielzeug darf nur aus einem geeigneten, für den Hund ungefährlichen Material und nicht so klein sein, daß es der

Bild links:
Hundespielzeug darf nicht aus Plastik oder Weichgummi sein und sollte so groß sein, daß es nicht verschluckt werden kann.

Bild rechts:
Unentbehrlich für die Fellpflege: Grobzinkiger Kamm, Bürste und Zupfbürste.

Hund verschlucken kann. Spielzeug aus Plastik oder Weichgummi ist ungeeignet, Spielzeug in Katzenform geschmacklos. Anzuraten ist ein Kauknochen aus Büffelhaut, damit kann der Welpe seine Kaumuskulatur kräftigen, oder ein Bällchen aus Vollgummi (von dem er nichts abbeißen kann).

Hundebekleidung jeglicher Art, vom Pullover bis zum Mantel oder Stiefelchen, ist unnötig. Ein Hundefell ist eine so wetterunabhängige Bekleidung, daß jede Textilfirma sich für das Produktionsgeheimnis interessieren würde.

Ausnahmen: Ältere oder haarlose Hunde wie die Nackthundrassen, kleine, zarte Kurzhaarrassen wie Chihuahua oder Rehpinscher können bei großer Kälte schon mal einen Pullover als Wärmeschutz tragen. Bedenken Sie aber: Verzärtelte Hunde sind anfälliger und werden leichter krank.

Intimes: Ein Slip für die Zeit der Läufigkeit sieht zwar grotesk aus, vermeidet aber, daß die blutende Hündin Ihre Wohnung verfleckt.

Und der Schlafanzug, wenn der Hund im Bett schläft? Das bleibt Ihrem Hygieneverständnis überlassen. Ich finde, wenn schon Bett, dann ohne Pyjama. Denn der stört den Hund sicher.

Wastl im Trachtenlook

Rauhhaardackel Wastl war zwar nicht besonders kräftig, aber doch unverkennbar ein Dackel. Leider wie aus einer Karikatur, denn er trug meist einen grauen Janker mit grünen Eichenblatt-Applikationen und wenn es kälter war, einen wollenen Trachtenmantel. Original bayrisch, denn er lebte in Rosenheim. Frauchen war stolz auf ihn und auf seine Kleidung, denn sie hatte sie selbst genäht und gestrickt. Nur mit Wastls Fell hatte sie Sorge, das wurde dünn und dünner. Der Tierarzt gab die Schuld den Anzügen, da wechselte Frauchen den Tierarzt. Bis dann eines Tages ein Vorstehhund Wastl in den Rücken biß und schüttelte. Der Janker verhinderte Schlimmes, doch er war die Ursache. Es hatte geregnet und der Janker roch. Roch wie ein Hase, wie der neue Tierarzt feststellte. Darum hatte der Jagdhund zugepackt.

Wastl trägt jetzt keine Tracht mehr und sein Fell wird auch schon dichter.

Wenn Sie ein sehr ordentlicher Mensch sind und alle Hunde-Utensilien an einem Platz haben wollen, kaufen oder basteln Sie sich ein kleines Schränkchen oder räumen Sie eine große Schublade frei. Sie sparen eine Menge Zeit und brauchen nichts zu suchen.

Nicht zu vergessen: Die Kosten

Das nötige Kleingeld: Damit meine ich nicht die Telefonzehnerl, die mit der Telefonnummer am Halsband hängen, damit der Finder Sie anrufen kann, falls Ihr Hund mal wegläuft. Ich meine die Kosten, die ein Hund verursacht. Denn von allen Heimtieren kommt Sie der Hund am teuersten.

Die Anschaffung: Ob Sie einen Hund geschenkt bekommen, sich ihn für einige Zehnmarkscheine aus dem Tierheim holen oder für einen Rassehund eine beträchtliche Summe ausgeben, auf ein ganzes Hundeleben gerechnet sind die Anschaffungskosten noch die geringsten. Deshalb versuchen Sie nicht, beim Hundekauf zu sparen. Der billigere Hund erweist sich immer als der teuerste Hund. Die Kosten für den Tierarzt können ein Vielfaches des Kaufpreises ausmachen, wenn Sie auf ein Sonderangebot eingestiegen sind. Hunde vom Züchter sind teuer, ohne daß der Züchter groß daran verdient. Hunde aus dem Versandhandel können preiswerter sein und es wird immer noch daran verdient. Feilschen Sie nie beim Hundekauf, es lohnt sich nicht.

Die Ausstattung: Je nachdem, was Sie alles kaufen, welche Qualität Sie kaufen und wie oft Sie es in einem Hundeleben erneuern, kann schon eine beträchtliche Summe zusammenkommen. In einer Statistik der Zubehörindustrie für Heimtierbedarf ist die Ausstattung (auf 10 Jahre gerechnet) mit rund 3 000,– DM angegeben.

Die Nahrung: Es sind die laufenden Kosten, die ins Geld gehen. Ein Hund will täglich gefüttert werden, und er braucht seine eigene, spezielle Nahrung. Je nach Größe

der Rasse, ob Sie selbst kochen und dafür im Schlachthof oder beim Supermarkt oder Metzger einkaufen oder ob Sie Fertignahrung verwenden: Sie müssen täglich zwischen etwa 2,– und 10,– DM ansetzen. Das macht pro Jahr 730,– beziehungsweise 3 650,– DM. Nach 10 Jahren ergibt das eine erkleckliche Summe.

Die Hundesteuer: Sie ist nach Gegend und Ortsgröße verschieden und beträgt heute zwischen 40,– und 200,– DM pro Jahr ($\rightarrow$ Hundewissen von A bis Z, Seite 117).

Die Versicherung: Auf eine Haftpflichtversicherung für Ihren Hund sollten Sie nicht verzichten, denn ohne kann es wirklich einmal teuer werden. Sie müssen dafür zwischen 100,– und 150,– DM veranschlagen ($\rightarrow$ Hundewissen von A bis Z, Seite 116).

Der Tierarzt: Schon die notwendigen Impfungen führen Sie mindestens einmal im Jahr zum Tierarzt. Außerdem kann der Hund krank werden oder sich verletzen: Ich rechne hier im Jahr 300,– DM für Arztkosten, zahle meist aber mehr.

Der Friseur: Hunde, die geschoren oder getrimmt werden müssen, kosten zusätz-lich. Wie oft Sie in den Hundesalon gehen, ob alle 6 Wochen oder zweimal im Jahr, setzen Sie dafür etwa 100,– DM an.

Der Hundeclub: Treten Sie in einen Hundeclub ein, müssen Sie mit rund 50,– DM Jahresbeitrag rechnen.

Zählen wir die Kosten zusammen und rechnen sie der Einfachheit halber mal für 10 Jahre, so nehmen Sie bei der Anschaffung eines Hundes eine finanzielle Verpflichtung von rund 12 000,– bis 40 000,– DM auf sich. Erschreckend? Rechnen Sie doch mal, was Sie Ihr Auto in dieser Zeit kostet.

Rasse verpflichtet: Kalkulieren Sie mit höheren Anschaffungskosten und Clubbeiträgen. Im Bild ein Dalmatiner mit Welpen, 8 Wochen.

Rechtsfragen zur Hundehaltung

Der Hund zur Miete

Bevor Sie sich einen Welpen anschaffen, sollten Sie Ihren Mietvertrag genau lesen: Dürfen Sie in Ihrer Wohnung überhaupt einen Hund halten? Die allgemeine Rechtslage kann unter dem Satz »Hund mit guten Manieren erlaubt« zusammengefaßt werden. Das Leben in einer Gemeinschaft beruht auf gegenseitiger Rücksichtnahme, so daß auch der zur Miete wohnende Hundefreund eine Rücksichtnahme auf seine Tierliebe erwarten darf. Dafür sollte er allerdings auch auf das Ruhebedürfnis und das Hygieneverständnis seiner Mitbewohner Rücksicht nehmen und schon vor dem beabsichtigten Hundekauf ein Gespräch mit seinem Vermieter und/oder seinen Nachbarn führen.

Die allgemeine Rechtslage: Leider gibt es in unseren zahlreichen Gesetzen keine eindeutige Rechtsvorschrift über das Halten von Hunden in Mietwohnungen. Das Recht des Menschen auf ungestörte Entfaltung seiner Persönlichkeit schließt das Halten eines Hundes mit ein. Eines Hundes mit ordentlichen Manieren versteht sich, denn nur wenn er die Mitmieter nicht konkret belästigt, liegt nicht der Tatbestand des vertragswidrigen Gebrauchs der Mietwohnung vor (Amtsgericht Würzburg, Az: 13 C 258/82), selbst dann nicht, wenn nach dem Mietvertrag die Hundehaltung nur mit Genehmigung des Vermieters erlaubt ist (Landgericht München, Az.: 15 S 265/84). Es muß in jedem Einzelfall nachgewiesen werden, daß die Haltung eines Hundes tatsächlich eine unzumutbare Belästigung wie Lärm oder Schmutz für die anderen Hausbewohner darstellt. Allein die formularmäßige Klausel im Mietvertrag, daß die Tierhaltung nicht genehmigt sei, genügt für ein Verbot nicht (Amtsgericht Charlottenburg, Az.: 9 T 1009/85).

Entschuldigen Sie, daß ich Ihnen Juristendeutsch vorsetze, doch diese Angaben mit den entsprechenden Aktenzeichen sind für den Ernstfall gedacht – und dann wird es juristisch. Ich selbst rate Ihnen, zum einen sich rechtzeitig mit dem Vermieter zu verständigen und/oder keinen Mietvertrag mit Hundeverbot zu unterschreiben. Denn was ich noch schrecklicher finde als sich einen Hund gar nicht anschaffen zu können, ist, seinen Hund abschaffen zu müssen, nur weil man umzieht. Das tut man einfach nicht.

Anmerkung: Wenn Ihnen (in Ihrem speziellen Fall) diese Angaben nicht genügen, wenden Sie sich an den örtlichen Mieterbund oder an den Deutschen Mieterbund, 5000 Köln 1, Spichernstr. 61.

Der Hund in der Eigentumswohnung

Ein generelles Verbot der Heimtierhaltung kann von der Wohnungseigentümerversammlung grundsätzlich nicht beschlossen werden. Zulässig ist jedoch nach der Rechtsprechung (Oberlandesgericht Frankfurt, Az.: 20 W 247/78) ein Beschluß, der Heimtierhaltung in den Eigentumswohnungen auf eine vertretbare Zahl begrenzt. Zugestanden wird so zum Beispiel die Beschränkung auf einen Hund und eine Katze (Bayerisches Oberlandesgericht, Az.: BReg 2 Z 59/71).

Der Hund im eigenen Haus

Hier kann man ungefragt und ungestört Hunde halten. In einem Reihenhaus, vor allem wenn die Zäune fehlen, sollte man ein Arrangement mit den Nachbarn treffen und dafür sorgen, daß der Hund nicht lästig wird oder stört. Wer seinen Hund richtig erzogen hat und selbst Rücksicht auf andere Menschen nimmt, wird sich eine Menge Ärger ersparen. Denn »dem Hunde, wenn er gut gezogen, wird selbst ein weiser Mann gewogen«, stellte schon Goethe fest, der wahrlich kein Hundefreund war.

Der Hund und die Nachbarn

Wenn ein Hund in einer Wohnung lebt oder in einem Reihenhaus, lebt er sozusagen in der Öffentlichkeit. Nachbarn hören ihn, treffen ihn im Treppenhaus, sehen ihn auf der Straße und stoßen auf seine Hinterlassenschaften.

Ein wohlgelittener Hund soll
• den Anweisungen und Befehlen seines Menschen sofort gehorchen,
• nicht immer beim kleinsten Geräusch bellen,

◁
Gegenüberliegende Seite: Der größte und der kleinste Hund der Welt. Zwischen den Beinen des Irish Wolfhound ein Chihuahua.

25

Hund und Katze lassen sich gut zusammen halten, wenn jeder seinen Freiraum hat. Im Bild ein Yorkshire Terrier mit 4 Monate altem Welpen und Perserkatze.

● Fremde weder anspringen noch anbellen,
● sich nicht mitten auf dem Gehsteig lösen.

Der Hund und sein Dreck

Letzteres ist vor allem eine Frage unserer Rücksichtnahme und zur Zeit der größte Anstoß der Hundehaltung schlechthin. Hier muß ich nochmal juristisch werden: Hundekot auf dem Gehsteig muß nicht sein, läßt sich andererseits, wie jeder Hundehalter weiß, nicht immer vermeiden. Ordnungsstrafen für den Hundeführer können die Folge sein, da die Rechtsprechung eine abstrakte Gefahr für die Gesundheit der Bevölkerung bejaht hat, wenn Gehwege durch die Notdurft der Hunde verunreinigt werden. Dies ergibt sich aus der medizinisch begründeten Tatsache, daß Hunde gewisse Krankheiten übertragen können (Verwaltungsgerichtshof Mannheim, Az.: I 1996/79). Darüber hinaus bewirkt die Verunreinigung von Gehwegen durch Hundekot auch insoweit eine Gefahr, als sie dazu führen kann, daß Fußgänger ausrutschen und sich dabei verletzen können (Oberlandesgericht Karlsruhe, Az.: 3 Ss 113/82).

Über Hilfsmittel zur Kotbeseitigung habe ich in diesem Kapitel schon geschrieben (→ Seite 21).

<u>Anmerkung für Hausmeister und Hundehalter:</u> Gegen das Urinieren an den Türecken besprüht man die Ecken mit für den Hund unangenehmen Duftstoffen. »Maskonal« zum Beispiel unterbindet und beseitigt Geruchsbildung, da es die Bakterien zerstört, die den Gestank verursachen. Es überdeckt nicht nur wie ein Deodorant.

Der Alltag mit dem Hund

Der Hund ist da, die nötige Ausstattung gekauft, und nun beginnt der Alltag, das tägliche Zusammensein. Da Hunde Lebewesen sind, die Autorität verlangen, sich am liebsten einer festen Ordnung unterwerfen (eine starke Abneigung gegen Veränderungen haben) und genau wissen wollen, wo sie hingehören, müssen Sie ihnen ihr Leben entsprechend einrichten. Denn Sie haben sich ja vorgenommen, Ihrem Hund zu seelischem, körperlichem und sozialem Wohlbefinden zu verhelfen. Darunter verstehe ich, daß der Hund so leben darf wie es seiner Natur entspricht und daß Sie auf seine natürlichen Eigenheiten und sein Verhalten Rücksicht nehmen. Es gehören feste Plätze und feste Zeiten dazu, denn Hunde sind nun mal Gewohnheitstiere.

Futterecke und Schlafplatz

Die Futterecke

Die Schüsseln, die Sie für den Hund gekauft haben, sollten einen festen Platz bekommen. Und dort wird der Hund — möglichst immer zur gleichen Zeit — gefüttert. Am besten in der Küche, wo man den Boden leicht wischen kann, denn Hunde kleckern bei den Mahlzeiten — vor allem die, die ihre Flocken von den Fleischstücken schütteln. Stellen Sie die Schüsseln möglichst in eine Ecke, zumindest an einen ungestörten Platz, auf keinen Fall an einen Durchgang. Ein Hund, der frißt, wird nicht gerne gestört. Regelmäßige Störungen können
- den Hund veranlassen, besonders schnell zu schlingen,
- das genaue Gegenteil bewirken: Der Hund wird ein schlechter Fresser,
- den Hund glauben machen, man wolle ihm sein Fressen wegnehmen. Er wird es verteidigen und in der Folge darf niemand mehr die Küche betreten, wenn Fifi frißt. Dieses grobe Fehlverhalten ist nur schwer zu korrigieren. Durch die richtige Plazierung kann man eine solche Entwicklung vermeiden.

Die Wasserschüssel kann bei der Futterschüssel stehen, sie darf aber auch einen anderen Platz haben. Zum Beispiel im Gang oder (eventuell eine zweite) beim Schlafplatz. Sie sollte immer frisches Wasser enthalten. Ich bin kein Anhänger der Meinung, daß Sie dem Hund nur Wasser geben sollen, wenn er Durst hat, weil er sonst durch zuviel Trinken schlaffe Muskeln bekommt. Trinkt er wirklich sehr viel, kann das folgende Gründe haben:
- Er braucht viel Flüssigkeit, weil er Trockenfutter bekommt.
- Er ist krank; dann muß er zum Tierarzt, um die Ursache abklären zu lassen oder
- Ihr Hund trinkt aus Langeweile. In diesem Fall müssen Sie sein Trinkverhalten kontrollieren und sich mehr mit ihm beschäftigen.

Der Schlafplatz

Die Schlaf- und Ruhestelle für den Tag muß ebenfalls in einer ruhigen und vor Zugluft geschützten Ecke liegen. In einer Wohnung möglichst nicht im Gang oder an der Tür, damit Ihr Hund sich nicht zum Wächter des ganzen Hauses aufwirft. An diesem Platz hält sich der Hund tagsüber

Schlafzimmer. Das hat ganz natürliche Gründe: Er möchte, bedingt durch seine Wolfsvergangenheit, immer in der Nähe seiner Menschen sein und würde sich – aus dem Schlafzimmer verbannt – ausgestoßen fühlen. Eine Ausnahme sind zwei oder mehr Hunde, die für sich ein Rudel bilden und deshalb auch woanders gemeinsam schlafen können. Einen von mehreren Hunden mit ins Schlafzimmer zu nehmen wäre ein großer Fehler: Er fühlt sich so bevorzugt, daß die natürliche Rangordnung durcheinander gerät. Unbedingt erforderlich ist, daß ein Wohnungshund, also ein Hund, dessen Besitzer berufstätig und der tagsüber allein ist, nachts mit seinem Menschen zusammen ist. Sein Schlafplatz gehört ins Schlafzimmer. Der Kompromiß getrennte Schlafzimmer, wenn einer der Eheleute absolut nicht mit einem Hund zusammenschlafen will, hat zur Folge, daß der Hund sich stärker an den Menschen anschließt, bei dem er schläft. Bedenken Sie: Die Nacht ist die längst Zeitspanne, in der ein Hund direkten Kontakt zu seinem Menschen hat. Wobei Kontakt Nähe bedeutet und nicht unbedingt Körper an Körper.

Der Hund im Bett. Die meisten Hundebesitzer streiten es ab, daß ihr Liebling im Bett schläft, aber längst nicht immer stimmt es. In einer Untersuchung las ich folgende Zahlen: Bei 40 Prozent der Hundehalter schläft der Hund im Bett (natürlich nur am Fußende!), weitere 20 Prozent würden gerne das Bett mit ihm teilen, trauen sich aber aus hygienischen Gründen nicht, der Rest findet Hunde im Bett eine Schweinerei. Das ist eine Ansichtssache, die ich verstehen kann.

Ich persönlich stimme Professor Reinhold Bergler zu: »Wenn die hygienischen Grundanforderungen erfüllt und die notwendigen Impfungen durchgeführt sind, existiert eine Übertragungsgefahr von Hundekrankheiten auf den Menschen praktisch nicht. «

Die Gefahr einer Infektion steigt jedoch rapide, wenn die Räume und die vom Hund benutzten Schüsseln nicht regelmäßig und gründlich gereinigt werden (→ Seite 103).

Meine Ansicht: Ich bejahe den Hund im Schlafzimmer, wenn er auf seinem Sessel oder seiner Matratze liegt. Im Bett mag ich

Bild oben:
Auch wenn sich die beiden vertragen, auf die Dauer sollten zwei Hunde nicht aus einem Napf fressen.

Bild unten:
Der klassische Hundekorb, in dem der Hund sich rundum wohlfühlt.
Im Bild: Ein Dackel in seinem Schlafkorb.

auf, wenn er nicht einen Sessel okkupiert hat, denn Hunde lieben es, erhöht zu liegen. Weisen Sie ihm einen Sessel zu, damit er nicht alle Ihre Sessel frequentiert. Legen Sie ihm auf den Sessel seine Decke, weniger, um den Bezug zu schonen, als ihm das Gefühl zu geben, das ist mein Sessel.

Haben Sie ein Haus mit Garten, darf der Tagesplatz in der Nähe der Tür sein, denn der Hund soll ja aufpassen, ob ein Fremder kommt.

Im Sommer lieben es Hunde, vor der Tür oder auf dem Balkon zu liegen, von wo aus sie die Umgebung beobachten oder ein Schläfchen machen können. Eine Decke muß allerdings die Bodenkälte abhalten.

Nachts schläft der Hund am liebsten im

ihn nicht, das ist mir zu unbequem. Einen Hundekorb lehne ich ab, zum ersten wegen der Reinigung, zum zweiten, weil er knarrt, wenn sich der Hund nachts umdreht.

Gegen den Durst steht eine zweite Wasserschüssel neben der Schlafzimmertür. Das gelegentliche nächtliche Schlabbern stört mich nicht.

Fluffy und das Bett der Großmutter

Fluffy ist ein Beagle, der bei seinem Frauchen im Bett schlafen darf. Als seine Familie verreiste, übernahm die Großmutter das Haus und die Betreuung von Fluffy. Er durfte zwar im Gästezimmer schlafen, aber nicht im Bett. Trotz Winseln und Betteln blieb die Großmutter standhaft und warf ihn sogar aus dem Bett, als er auf ihre Füße sprang. Fluffy wußte sich zu helfen. In der zweiten Nacht kratzte er an der Tür, er mußte offensichtlich hinunter. Die Großmutter stand auf und zog sich einen Bademantel über. Als sie zur Tür ging, lief Fluffy an ihr vorbei und sprang in das leere Bett, kuschelte sich an die Wand und war nicht mehr herauszubekommen. Seitdem teilt er das Bett mit seiner Hundesitterin.

Die Spaziergänge

Jeder Hund liebt, ja verehrt seine Leine. Sie ist der Schlüssel für die Welt draußen, ein Symbol der Freiheit, obwohl er an ihr festgemacht wird. Die Leine bedeutet Spaziergänge, Abenteuer, Begegnungen mit anderen Hunden, Spuren, Gerüche und die Verwirklichung der Hundenatur, ein Lauftier zu sein. Das ist sehr menschlich ausgedrückt, aber doch »hundlich« gefühlt – wenn die Spaziergänge so sind, wie sie sein sollen. Denn einen Hund kann man nicht wie einen Kanarienvogel, einen Hamster oder eine Katze in der Wohnung halten. Das geht schon wegen der Verdauung nicht. Ein Hund muß sich alle paar Stunden lösen, und da er Eiweißfresser ist, riecht das, was er von sich gibt, streng bis schlecht. Je nach Größe der Rasse ist auch die Menge beachtlich: Ein Kilo Fleisch ergibt mindestens 300 Gramm Kot.

Regel fürs Gassigehen

Etwa viermal am Tag müssen wir den Hund nach draußen führen, damit er sich ausreichend lösen kann, und damit die 10 bis 12 Stunden Nachtruhe ausgeglichen werden. Wer das nicht tut, bekommt in wenigen Jahren einen nierenkranken Hund.

Das Urinieren: Jeder Rüde – und manchmal auch ranghohe Hündinnen – geben ihren Urin in gezielten Portionen ab, die sie über den großen Spazierweg da verteilen, wo sich vorher ein anderer Hund gelöst hat. Das nennen die Verhaltensforscher markieren; und reichlich markieren zu können, ist für das Selbstbewußtsein eines Hundes wichtig. Schon deshalb muß man mit ihm spazieren gehen (→ Seite 66).

Spaziergang wo?

Auf dem Land ist es kein Problem: Man fährt ins Grüne oder in den Wald und läßt den Hund an langer Leine laufen. Um ihn frei laufen zu lassen, muß man die örtlichen Gegebenheiten und seinen Hund kennen:

- Gibt es schießwütige Jäger oder jagende Bauern?
- Wildert unser Hund oder hetzt er auf der Spur?
- Ist das Gebiet tollwutgefährdeter Bezirk? Hier muß der Hund an der Leine geführt werden, und Sie sollten den Impfpaß in der Tasche haben.

In der Stadt ist es schwieriger. Der Hund hat zwar mehr zu schnüffeln (größere Hundedichte), aber er ist den Abgasen ausgesetzt, wird vom Verkehrslärm behelligt und kann nicht von der Leine gelassen werden, was ich übrigens nicht so tragisch finde. In der Stadt fahren oder gehen wir in Parks oder Anlagen oder zu den Plätzen, an denen sich die Hundebesitzer treffen. Die gibt es in jeder Stadt, und sie bieten gute Gelegenheit, daß Ihr Hund mit anderen Hunden kontaktet und dadurch soziales Verhalten lernt (→ Seite 58).

Der eigene Garten, und mag er noch so groß sein, ersetzt den Spaziergang nicht. Selbst wenn der Hund im Garten herumrennt, so fehlen ihm doch die neuen Eindrücke, die er sich bei jedem Spaziergang holt, und die er braucht, um ein geistig lebendiger Hund zu sein. Ein Garten ist praktisch, um den Hund zum ersten Lösen morgens und abends zum letzten hinauszulassen. Der Hund kann in ihm spielen, aber eben nicht markieren – doch das ist für das Selbstbewußtsein des Rüden sehr wichtig. Außerdem scheuen sich die meisten Hunde davor, im hauseigenen Revier Kot abzusetzen.

Der Balkon – nur in Ausnahmefällen: Es gibt Leute, die ihren Hund sich auf dem Balkon auf Papier lösen lassen. Das geht nur mit einem Kleinhund und nur, wenn man bei Krankheit nicht auf die Straße kann. Sonst darf man sich keinen Hund halten; der Balkonlöser wird seelisch verkümmern.

Spaziergang wie?

Der Gang bis zur nächsten Ecke oder einmal um den Block gilt nicht als Spaziergang. Der Hund ist ein Lauftier und das braucht Bewegung: Viermal eine halbe Stunde ist das mindeste. Schön ist es, wenn man jeden Tag einmal eine Stunde marschiert – das tut auch Ihrer Gesundheit gut – und am Wochenende noch länger. Natürlich sind Dauer und Art der Spaziergänge rassebedingt. Es gibt weniger lauffreudige Rassen und solche, die sich nur im Trab neben dem Fahrrad richtig auslaufen können.

Plädoyer für die Leine

Wer mit seinem Hund unter vielen Menschen spazierengeht, sollte ihn schon aus Rücksichtnahme an der Leine führen. Viele Leute schätzen es nicht, wenn ein fremder Hund auf sie zuläuft, sie beschnuppert oder gar durch Anspringen begrüßt. Dabei spielt es fast keine Rolle, ob der Hund klein oder groß ist. Wer Angst vor Hunden hat, dem ist die Rasse gleichgültig. Und eine Rasse mit schlechtem Image wie Schäferhund, Dobermann oder Dogge löst Angstreaktionen aus, die zu Fehlverhalten des Menschen führen, das wiederum vom Hund mißverstanden wird. Schon mancher Beißunfall ist so passiert. Ihre Beteuerungen, Arko sei ganz lieb und hätte noch nie jemandem etwas getan, sind keine Entschuldigung.

Der wohlerzogene Spaziergänger

Eigentlich kann man von einem Hundebesitzer verlangen, daß sein Hund wirklich gehorcht, und er selbst Rücksicht nimmt.

Nur so baut man die ständig zunehmende Voreingenommenheit gegen Hunde ab und vermehrt nicht noch die Zahl der Hundegegner. Für alle Rassen vom Dackel bis zum Irish Wolfhound zugelassen ist eine Prüfung, die man bei Hundesportvereinen ablegen kann (→ Adressen rund um den Hund, Seite 167), und deren Bestehen mit dem Titel »verkehrssicherer Begleithund« ausgezeichnet wird.

Der hundegerechte Spaziergänger geht mit und für seinen Hund spazieren. Das heißt, er legt keine von ihm vorgegebenen Strecken zurück, sondern läßt seinem Hund die Freiheit zu schnüffeln und zu riechen, wo und wie lange er will. (→ auch Seite 68). Er läßt ihn mit anderen Hunden Kontakt aufnehmen, wobei beim Treff mit fremden Artgenossen die Leine eher hinderlich ist und dem Hund ein übersteigertes Selbstbewußtsein gibt.

Autorität bewahren: Allerdings dürfen Sie ihm nicht alles nachsehen und sich von Baum zu Busch zerren lassen, denn der Satz »Der Klügere gibt nach« gilt bei Hunden nicht. Bei allen Freiheiten nach dem Motto »Es ist der Spaziergang des Hundes« müssen Sie Ihre Autorität bewahren. Dabei hilft Ihnen die Leine, gleichsam als Ihr verlängerter Arm. Wobei der korrigierende Ruck, ohne begleitende Worte bitte, keineswegs zimperlich, sondern eher recht kräftig sein soll. Nur das merkt sich der Hund. Danach wird die Leine sofort wieder locker gelassen.

Wenn sich der Hund in Dreck wälzt, ist der Spaziergang, je nach Intensität des Geruchs, vorbei. Gehen Sie nach Hause und waschen Sie Ihren Hund. Bestrafen Sie ihn nicht dafür, außer mit einem kräftigen »Pfui«, denn selbst der gepflegteste Pudel kann in einen »Duftrausch« verfallen, wenn er verrottende Kadaver, vergammelte Zitronenschalen oder menschlichen Kot riecht. Hunde schätzen Düfte, die wir nicht mögen. Er möchte sich damit parfümieren, so wie Sie in einer Parfümerie mit den angebotenen Duftproben. Lassen Sie also der Hundenase ihre geheimen »Düfte«. Erklärungen, daß sich Hunde mit Fremdduft tarnen oder den Fremdgeruch mit ihrem eigenen überdecken wollen, sind blanke Theorie.

Die Pflege des Hundes

Nicht nur der Schönheit willen, sondern vor allem aus Gründen der Hygiene und damit der Hund sich wohl fühlt, müssen Sie ihn regelmäßig und gründlich pflegen. Fellbürsten, Ohrenputzen, Zähne kontrollieren und Krallenschneiden gehört zu den Aufgaben, zu denen Sie sich als Hundehalter verpflichtet haben.

Baden – wann und wie?

Die Regel, Hunde im ersten Jahr überhaupt nicht und später nur so selten wie möglich zu baden, ist längst überholt. Im Zeitalter alkalifreier Hundeshampoos dürfen Sie es durchaus, beachten Sie dabei aber folgendes:
Welpen werden frühestens nach der Schutzimpfung und wenn sie mindestens 12 Wochen alt sind gebadet.
Erwachsene Hunde alle 3 Monate oder wenn sie stinken. Hündinnen sollte man nach der Läufigkeit einmal baden.
Häufiges Baden ist nicht gut. Selbst schonende Shampoos entziehen dem Fell etwas Fett, und eben dieses Fett macht ein Hundefell zu einem so vorzüglichen Schutz gegen Kälte, Regen und sonstige Witterungseinflüsse.
Die richtige Temperatur des Badewassers beträgt 34 °C. Achten Sie darauf, daß weder Wasser in die Ohren noch Schaum in die Augen des Hundes kommen. Nur wenige Hunde gehen gerne in die Wanne oder Duschkabine, auch wenn sie sonst in jeden Bach oder Teich springen.
Hunde mit langem Fell und dichter Unterwolle (→ Hundewissen von A bis Z, Seite 126) wie Wolfsspitze oder Chow Chows bekommen nach dem Baden einen intensiven »Hundegeruch«. Man entduftet sie besser durch tägliches Kämmen und Bürsten, ohne dabei die Haut und damit die Talgdrüsen stark zu massieren. Waschen Sie häufig die Fellstellen, die mit Urin benäßt werden.
Wichtig ist das gründliche Trocknen des Hundes nach dem Baden. Rubbeln Sie ihn sorgfältig ab, das mag er gerne. Vermeiden

Mädchen mit Pyrenäen Berghund beim Winterspaziergang.

Eine der wichtigsten Pflegemaßnahmen – vor allem bei Hunden mit Hängeohren – ist das Ohrenreinigen. Es gibt Rassen, bei denen man täglich nachschauen muß. Im Bild: Ohrenputzen bei einem Pudel.

zupfen. Hier hilft manchmal nur die Schere, lassen Sie es deshalb nie so weit kommen. Nach dem Bürsten gehen Sie noch mit einem angefeuchteten Fensterleder über das Fell, das beseitigt den restlichen Staub und gibt dem Fell einen feinen Glanz.

3. Beim Haarwechsel arbeiten Sie das Fell zunächst mit der Hand durch – und zwar gegen den Strich. Davon holen Sie sich vermutlich einen Muskelkater in den Händen, aber nur so gelangen die toten Haare der Unterwolle an die Oberfläche, von wo sie dann leicht weggebürstet werden können. Auch Pfoten und Kopf müssen so bearbeitet werden. Die toten Haare jucken den Hund scheußlich.

4. Auch kurzhaarige Hunde verlieren Haare und brauchen die tägliche Fellpflege.

Die Pflege von Augen und Ohren

Die Augen werden vorsichtig mit einem Papiertaschentuch ausgewischt, wenn sich Sekret in den Augenwinkeln zeigt. Bei Rassen mit hängenden Unterlidern wie Basset, Bulldogge oder Bernhardiner geschieht das täglich. Achten Sie darauf, daß es nicht zu Verkrustungen kommt, dann ist die Entfernung des Sekrets schwieriger, und es können dadurch kahle Stellen und Entzündungen entstehen.

Bei Entzündung, starker Rötung, Tränenfluß, Lichtscheu oder anhaltendem Zwinkern ist ein Besuch beim Tierarzt notwendig.

Die Ohren, namentlich Hängeohren, werden zunächst mit einem feuchten Tuch von Straßenschmutz und Speiseresten gesäubert, bei langhaarigen Hunden anschließend gekämmt. Das Ohrinnere muß regelmäßig inspiziert werden, bei Hunden mit Hänge- und Kippohren, insbesondere wenn diese auch noch stark behaart sind, alle 14 Tage. Ziehen Sie dabei den Behang hoch und reinigen Sie den Gehörgang vorsichtig mit einem in Öl getränkten Wattestäbchen. Jede Rötung bedeutet, daß Sie den Tierarzt aufsuchen sollten. Praktisch zum Putzen sind auch die Baby-Öltücher aus weichem Vliespapier. Vielleicht lassen Sie die Ohrenüberprüfung das erste Mal vom Tierarzt machen und schauen ihm dabei genau zu.

Sie Zugluft und lassen Sie ihn sich trockenrennen.

Die Pflege des Fells

Ich möchte hier keine speziellen Anweisungen geben, wie Sie mit Schermaschine, Trimm-Messer, Effilierschere, Zupfbürste oder Striegel arbeiten. Wenn die Rasse Ihres Hundes das erfordert, wird es Ihnen Ihr Züchter sagen und Sie müsen es speziell lernen. An dieser Stelle dazu nur einige Grundregeln:

1. Kein Hund hat etwas gegen das tägliche Bürsten einzuwenden, wenn man es mit Gefühl und einer kräftigen, nicht kratzenden Bürste macht. 15 bis 30 Minuten täglich, je nach Fellart, sollten Sie dafür aufwenden. Damit entfernen Sie die toten Haare und schaffen zugleich eine Harmonie mit dem Hund: Bürsten empfindet er wie intensives Kraulen.

2. Langhaarige Hunde müssen zuerst gekämmt werden, eine Bürste allein schafft ihr Fell nicht. Wenn man es regelmäßig macht, können die Haare auch nicht verfilzen. Filzknoten tun dem Hund bei der Pflege weh, da sie an seiner Haut

Regelmäßige Zahnkontrolle

Die Zähne des Hundes sind widerstandsfähiger als die des Menschen. Karies bekommt ein Hund so gut wie nicht, Zahnstein dafür um so häufiger, je kleiner die Hunde sind und je weniger Sie sich um die Zahnpflege kümmern.

Zahnpflege beim Hund heißt:

● Ihn von klein auf daran gewöhnen, sich die Zähne mit Wasser und einem Tuch putzen zu lassen.

● Reinigen der Zähne mit weicher Bürste und einer für den Hund angenehmen Zahnpasta oder unparfümierten Seife (wenn der Hund erwachsen ist). Es gibt auch spezielle Zahnpflegemittel für Hunde.

● Rechtzeitig zum Tierarzt gehen, er entfernt den Zahnstein schmerzlos. Starker Zahnstein kann Zahnschmerzen und Entzündungen verursachen. Wenn der Hund schlechten, stinkenden Mundgeruch hat, haben die Fäulnisbakterien bereits so überhandgenommen, daß häufig Zähne gezogen werden müssen.

Krallen- und Ballenpflege

Krallen müssen geschnitten werden, wenn der Hund sie sich nicht am Pflaster genügend abläuft. Meist handelt es sich dabei um die Daumenkralle, die dabei ja nicht abgelaufen werden kann. Wächst sie sich zu einem Haken aus, besteht die Gefahr, daß sie sich im Halsband verfängt. Der Hund gerät in Panik und verletzt sich (→ Hundewissen von A bis Z, Seite 114). Krallen »leben«, das heißt sie sind mit Blutgefäßen und Nerven durchsetzt, nur das Krallenende ist tot. Bei hellen Krallen kann man den lebenden Teil erkennen, bei dunklen nicht. Deshalb muß man bei dieser Prozedur darauf achten, daß die durchbluteten Nagelteile nicht verletzt werden. Ich lasse es bei meinen Hunden vom Tierarzt machen, weil ich mich nicht so recht traue.

Die Pflege der Ballen ist besonders wichtig. Auf ihnen läuft der Hund den ganzen Tag herum, und sie werden stark beansprucht. Bei schlechtem Wetter oder Schnee täglich feucht putzen und abtrocknen. Kontrollieren Sie öfter, ob Kaugummi an ihnen klebt, oder kleine Steine, Splitter oder andere Fremdkörper zwischen ihnen klemmen. Wundgelaufene Ballen werden gepudert,

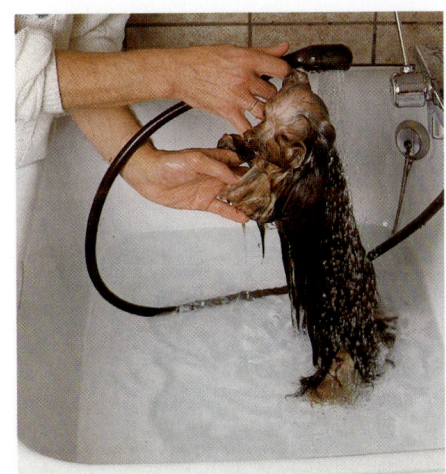

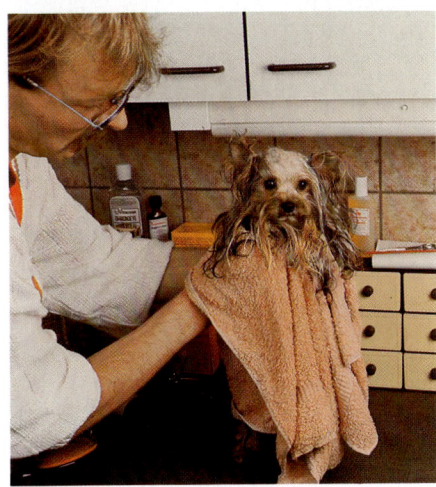

Badezeremonie bei einem Yorkshire: Baden und Duschen, anschließend sorgfältiges Frottieren.

rissige mit Vaseline eingecremt (→ auch Seite 42).

Das Hinterteil – die Visitenkarte des Hundes

Zur Pflege gehört auch das Säubern des Hinterteils, denn manchmal beschmutzt sich der Hund. Am besten macht man das mit einem feuchten Lappen. Bei langhaarigen Hunden ist das besonders wichtig, damit keine Kotreste am Fell hängen bleiben.

Wenn der Hund »Schlitten fährt«, hat das weniger mit einem ungeputzten Po zu tun oder mit Markierungsverhalten, dann sind die Analdrüsen überfüllt und verstopft. Das ist für den Hund nicht nur lästig, sondern auch ein soziales Handicap bei der Begegnung mit anderen Hunden.

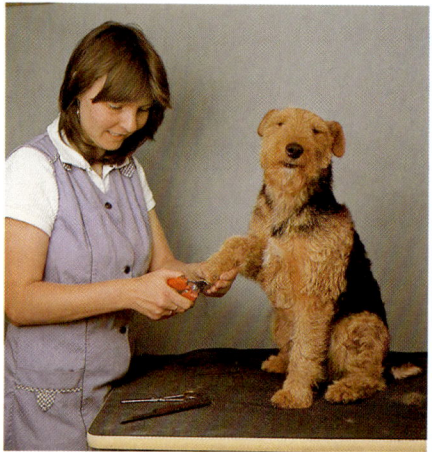

Wichtig:
Das Spielen mit
dem Hund

Das Spielen ist eine wichtige Hilfe bei der Erziehung des jungen Hundes und der unerläßliche soziale Kontakt zwischen Herr und Hund. Spielen ist auch eine Art Therapie, um die im Hund schlummernde Angriffsbereitschaft abzubauen. Besonders wichtig ist das gemeinsame Spiel für Hunde, die viel allein sind. Dabei lernen sie auch, sich mit sich selbst zu beschäftigen und auch einmal ohne ihren Menschen zu spielen.

Spiel als Erziehungshilfe

Welpen benötigen ebensoviel Zuwendung und Liebe wie kleine Kinder, damit sie sich zu glücklichen und normalen Hunden entwickeln. Das heißt, Sie müssen sich viel mit ihnen beschäftigen – und beschäftigen ist gleichzusetzen mit spielen.
Kurze Betrachtung über das Wesen des Spiels:
● Ein Spiel hat keinen ernsthaften Zweck, ein Gegenstand wird einfach so herumgeschleppt. Der Hund versucht seinen Schwanz zu fangen und so weiter.
● Bestimmend für ein Spiel ist die Neugier auf neue, bisher unbekannte Situationen und Dinge. Daraus folgert: Spiel ist eine aktive Form des Lernens. Machen Sie sich

Denn die Analdrüsen sondern stark riechende Substanzen ab, die einem anderen Hund alles über die Identität Ihres Hundes sagen. Deshalb beriechen Hunde einander gerne unter dem Schwanz (→ Seite 59). Verstopfte Analdrüsen läßt man vom Tierarzt ausdrücken.

Ungeziefer und Zecken

Wenn der Hund sich kratzt, kontrollieren Sie ihn auf Ungeziefer. Das können Flöhe sein, Zecken (→ Hundewissen von A bis Z, Seite 117 und Seite 127), oder Haarlinge (Tierläuse), die kaum erkennbar sind. Sie ernähren sich von Hautbestandteilen und kleben ihre Eier an den Fellhaaren fest. Lassen Sie Ungeziefer vom Tierarzt diagnostizieren und von ihm entsprechende Mittel verschreiben.

das bei der Erziehung Ihres Hundes zunutze.

● Der junge Hund zeigt beim Spielen wenig Beharrungsvermögen. Alles Neue ist interessanter als das, womit er sich gerade beschäftigt. Für Sie bedeutet das: ein Spielzeug und eine Spielform reicht nicht aus. Sie sollten von dem großen Angebot der Tierhandlungen Gebrauch machen. Achten Sie aber darauf, aus welchem Material das Spielzeug hergestellt ist (→ Seite 21).

● Je älter der Hund wird, umso intensiver beschäftigt er sich mit einer Sache. Nutzen Sie auch das für seine Erziehung.

Anmerkung: Am intensivsten ist das Spiel der Geschwister eines Wurfes miteinander. Fehlen diese, so sind Sie der Geschwisterersatz für Ihren Hund – allerdings ein Ersatz mit Mängeln, da Sie kein Artgenosse sind. Hunde müssen mit Hunden spielen, um sich hündische Ausdrucksformen anzugewöhnen. Gehen Sie deshalb auch schon mit Ihrem kleinen Hund auf eine Hundespielwiese in Ihrer Stadt.

Spiel als sozialer Kontakt

Hunde und Menschen gehören zu den wenigen Lebewesen, die auch als Erwachsene noch spielen. Dazu eine Anmerkung aus der Verhaltensforschung: So wie Hunde nie ganz erwachsen gewordene Wölfe sind, sind Menschen nicht erwachsen gewordene Affen (→ Hundewissen von A bis Z, Stichwort »Neotenie«, Seite 121). Fast alle Hunderassen spielen gern, manche auch noch im hohen Alter (Boxer, Airedale Terrier oder Spaniel zum Beispiel). Eingeleitet wird ein Spiel durch eine Art Verbeugungshaltung: Der Hund liegt auf den Vorderbeinen, die Brust berührt den Boden, die Hinterbeine sind durchgestreckt, das Hinterteil hochgereckt. Dabei bewegt er sich ruckhaft nach vorne, als wolle er sagen: »Komm schon … fang an!« Dazu macht er sein »Spielgesicht«: Die ganze Schnauze ist wie zum Lachen verzogen und leicht geöffnet (→ Hundewissen von A bis Z, Seite 124).

Die nächste Aufforderung ist das »Spieltragen«: Ein Stock oder ein Ball wird zum Partner gebracht und vor diesen gelegt. Greifen Sie danach, nimmt der Hund ihn und läuft damit weg.

Spielformen mit Partner:
1. Kommen und Weglaufen (→ »Spieltragen«),
2. das Kreislaufen (ein Zeichen höchster Spiellust),
3. das Fangen und Fangenlassen,
4. alle Rauf- und Kampfspiele,
5. das Holen und Bringen.

Gerade die Rauf- und Kampfspiele sollte man häufig mit dem jungen Hund spielen, damit er das »Spielbeißen« dosieren lernt. Welpen haben noch keine Beißhemmung, da aber das Beißen zum Raufspiel gehört, muß man ihnen diese Zurückhaltung beibringen. Für die Rauf- und Laufspiele habe ich folgendes Zubehör:

● Einen kräftigen Lappen zum Zerren und Schütteln.
● Einen dicken Handschuh zum Ringen und Beißenlassen.
● Eine Art Fuß- oder Handball (besser als ein Tennisball) zum Wegabschneiden, Stoppen und Vor-sich-Herrollen.
● Einen Stock zum Verbeißen, zum Darüberspringen, zum Nachlaufen, Holen und Zurückbringen.

Weitere gemeinsame Spiele:
● Sie laufen fort, der Hund verfolgt Sie und versucht, wie bei seiner Mutter geübt, Sie in die Ferse zu beißen und zu stellen (→ Hundewissen von A bis Z, Seite 115).
● Sie spielen mit Ihrem Hund Frisbee. Wenn's der Hund kann, greift er sich die Scheibe im Flug. Die Scheibe sollte einen weichen Rand haben, in den USA gibt es spezielle Hunde-Frisbeescheiben.
● Sie machen mit Ihrem Hund einen Hindernis-Geländelauf oder Sie joggen mit ihm.

Spiel als Therapie

Jeder Hund muß gelegentlich seine in ihm schlummernde Angriffsbereitschaft abreagieren. Das gilt vor allem für Terrier, die als reine Haushunde gehalten werden. Bei zu wenig Beschäftigung suchen sie sich eine Ersatzbeute: Die Räder eines Fahrrads oder Mopeds, die Beine eines Vorübereilenden, spielende Kinder oder eine Katze – alles muß gejagt werden.

Therapie: Damit der innere Stau nicht zu groß wird, müssen Sie viel mit dem Hund spielen. Das geeignetste Spiel ist das Raufen um eine Beute – einen festen Sack, ein altes Handtuch oder einen Stock. Niemals um die Leine! Wird sie als Beute betrachtet, können Sie den Hund nicht mehr ordentlich führen. Hunde lieben diese Zweikämpfe, sie ziehen und zerren, sie knurren und bellen, sie rennen mit der Beute weg und reagieren so ihre natürliche Angriffslust in kleinen, ungefährlichen Portionen ab. Achten Sie jedoch darauf, daß Sie Gewinner des Spiels bleiben, damit die Rangordnung zwischen Herr und Hund erhalten bleibt.

Wohnen mit dem Hund

Es gibt drei Möglichkeiten des Zusammenlebens:
1. In einer Mietwohnung (hierzu zähle ich auch das möblierte Zimmer sofern man da überhaupt einen Hund halten darf) oder in einer Eigentumswohnung.
2. In einem Einzelhaus ohne Garten, das für den Hund aber wie eine Wohnung zu betrachten ist.
3. In einem Haus mit Garten, für den Hund die idealste Wohnform.

Der Hund in Wohnung und Haus ohne Garten

Natürlich gibt es die unterschiedlichsten Wohnmöglichkeiten, vom beschränkten Raum bis zum großzügigsten Penthouse, von der Parterrewohnung bis zum zwanzigsten Stockwerk in einem Hochhaus. Sie alle bieten dem Hund unterschiedlichste Lebensqualität. Hier einige Faustregeln für den Hund in der Wohnung:
- Je größer die Stadt, desto kleiner der Hund.
- Je größer das Haus (Hochhaus), desto kleiner der Hund.
- Je zahlreicher die Treppenstufen, desto „normalbeiniger" der Hund (Probleme gibt es sonst zum Beispiel beim Dackel oder English Bulldog).
- Je knapper die Freizeit, desto pflegeleichter der Hund.
- Je geringer die Möglichkeit zum Auslauf, desto weniger lauffreudig die Rasse.
- Je mehr Mietparteien im Haus, desto weniger bellfreudig die Rasse.

Das Problem Wohnungshund

Unter einem Wohnungshund verstehe ich einen Hund, der viel allein ist und dessen Menschen berufstätig sind. Solche Alleinhunde neigen leicht zu Fehlverhalten. Eine Rasse, die besonders geeignet ist, allein zu bleiben, gibt es nicht: Alle Hunde sind von Natur aus gesellig. Wenn Sie aber trotzdem glauben, nicht auf einen Hund verzichten zu können, müssen Sie folgendes beachten:
- Ihr Entschluß, sich einen Hund anzuschaffen, muß definitiv sein und darf nicht einer momentanen Laune entspringen.
- Sie müssen bereit sein, Ihre ganze Freizeit mit dem Hund zu verbringen. Während der Woche kaum dazusein und am Wochenende ohne Hund fortzufahren, das geht nicht.
- Sie müssen eine geregelte Arbeitszeit haben, damit der Hund nie länger als acht Stunden allein bleiben muß.
- Der Hund braucht in der Wohnung einen festen, ihm vertrauten Platz, der ihm ganz allein gehört.
- Der Hund muß gut erzogen sein und ein starkes Selbstvertrauen haben, um die tägliche, für ihn widernatürliche Einsamkeit zu ertragen. Dieses Selbstvertrauen müssen Sie mit viel Lob, Erfolgserlebnissen und Zuwendung aufbauen.
- Versuchen Sie es mit einer Hundehütte in der Wohnung. Das ist ein idealer, fester und vertrauter Platz. Alleinhunde, die ich kenne und mit denen es Probleme gab, legten ihr Fehlverhalten ab und wurden ruhiger mit einer Hütte.

Reaktion auf Fehlverhalten:
Hunde, die in der Abwesenheit des Menschen die Einrichtung zerstören, unermüdlich bellen oder ihre Stubenreinheit verlieren, dürfen Sie nie schimpfen oder strafen, wenn Sie nach Hause kommen. Denn der Hund freut sich über das Wiedersehen und bezieht Strafe immer auf das Jetzt und nicht auf das, was er vielleicht vor einer Stunde getan hat. Schützen Sie gefährdete Einrichtungsgegenstände und geben Sie dem Hund einen Kauknochen als Objekt für die Langeweile-Nagerei. Versuchen Sie, die Ursachen für plötzlich neu auftretende Probleme zu erforschen (→ auch Verhaltensstörungen des Hundes, Seite 101

▷
Gegenüberliegende Seite: Spielen macht Hunde glücklich. Airedale Terrier in Spielerwartung.

Die Alternative: Zwei Hunde? Da ich gegen den Wohnungshund bin, kann ich Ihnen auch nicht zu zwei Alleinbleib-Hunden raten. Wenn die Tiere gut zusammenpassen und sich wesensmäßig ergänzen, kann es aber ganz gut gehen.

Maxl der Postzerstörer

Maxl ist ein Pudel, der mit seinem Frauchen in einer Großstadtwohnung lebt. Ein verspielter, eher unauffälliger Hund, lieb und gehorsam. Als sein Frauchen eine Halbtagsstellung annahm, ging es zwei Wochen lang ganz gut. Doch dann fing Maxl an, die durch den Briefkastenschlitz eingeworfene Post und Zeitung zu zerreißen. Frauchen kannte das Buch »Der schwierige Hund« von Eberhard Trumler und fand dort ihr Problem beschrieben. Maxl hatte sich durch die ihm unverständliche Änderung der Lebensführung zurückgesetzt gefühlt und dagegen mit dem Zerreißen protestiert. Zumal er mit den von Frauchen schon gelesenen Zeitungsseiten immer spielen durfte. Happy-End: Frauchen durfte Maxl mit an ihren neuen Arbeitsplatz nehmen.

Schöner noch als der eigene Korb sind die okkupierten Sofas und Sessel. Im Bild ein Basset Hound

Der Hund mit Haus und Garten

Er hat es schön. Er kann vor die Tür, wann er will, wobei Sie sich nicht angewöhnen sollten, den Portier für Ihren Hund zu spielen und ihn bei jedem Bellen herein- oder hinauszulassen. Sie haben schon gelesen, daß ein Garten Sie nicht vom Spaziergang entbindet, aber er ist für das schnelle Mal-Bein-Heben schon praktisch. Muß man durch Ihren Garten, um zur Haustür zu kommen, dann verschließen Sie das Gartentor oder bringen Sie ein Schild an, das vor dem Hund warnt, auch wenn er noch so klein ist. Es gibt Menschen, die alle Hunde fürchten. Auf dem Schild sollte nicht »Vorsicht bissiger Hund!« stehen, (denn ein bissiger Hund ist wahrlich kein Aushängeschild) sondern »Hier wacht ein Hovawart« oder so ähnlich.

Der Gartenzaun muß so beschaffen sein, daß ihn Ihr Hund weder überspringen, noch unterkriechen kann: Streunende Hunde sind wenig beliebt und haben oft kein langes Leben.

Der Briefkasten ist am besten vor dem Gartentor angebracht, denn Briefträger und Hunde haben meist ein schlechtes Verhältnis zueinander. Warum jährlich rund 3000 Postboten gebissen werden, versuche ich unter dem Stichwort »Briefträger« (→ Hundewissen von A bis Z, Seite 113) zu erklären.

Der Hund, der draußen lebt

Wer seinen Hund ausschließlich im Freien halten will, muß zunächst die richtige Rasse wählen.

Wichtig: Für die Haltung im Freien gelten folgende Regeln:

1. Je dichter der Pelz plus Unterwolle, desto leichter die Freilufthaltung. (Freunde von mir haben einen Chow Chow, der sich besonders gern im Winter einschneien läßt).

2. Der Freilufthund muß von klein auf an dieses Leben gewöhnt und allmählich entsprechend abgehärtet werden. Zimmerhunde – insbesondere kurzhaarige – sind für die Freilufthaltung nicht mehr geeignet.

3. Kein Familienhund sollte nur im Freien gehalten werden. Er braucht den Familienanschluß und den gelegentlichen Besuch im Haus.

Die Hütte soll so groß sein, daß der Hund gut hineinpaßt. Sie muß absolut zugsicher und so ausgepolstert sein, daß er sich ein Nest scharren kann. Stroh wärmt am besten, ist aber nicht sehr hygienisch. Artgerechte Hütten und Zwingeranlagen kauft man im Fachhandel.

Der Zwinger ist für Gartenbesitzer angenehm. In ihm kann sich auch der Zimmerhund, außer bei großer Kälte oder miserablem Wetter, ein paar Stunden am Tag unbeaufsichtigt aufhalten. Der Zwinger soll teilweise im Schatten liegen, der Boden so beschaffen sein, daß sich der Hund ein Loch (als natürlichen Lagerplatz) graben kann, und möglichst sauberen Sand enthalten. Vor dem Bau eines Zwingers informieren Sie sich am besten bei dem für Ihren Hund zuständigen Hundeclub oder in der »Verordnung über das Halten von Hunden im Freien« (VHHF).

Anmerkung: Wer seinen Hund einige Zeit draußen an die Leine legt, damit er die Gegend beobachten, aber nicht weglaufen kann, hat ihn noch keineswegs zum Kettenhund gemacht. Auch wenn die Leine eine Kette ist.

Hunde und Kinder

Obwohl viele Hunde von Natur aus kinderfreundlich sind und behutsam mit kleinen Kindern umgehen, ist nicht jeder Hund für das Zusammenleben mit einem Kind geeignet. Auch hier kommt es mehr auf das Individuum und dessen Veranlagung als auf die Rasse an. Dazu zwei Beispiele:

Beispiel 1: Ein Deutscher Schäferhund hat einen starken Schutztrieb, ist freudig bereit zu lernen und sich einem Herrn unterzuordnen. Das sind gute Voraussetzungen für einen Kinderhund. Es gibt aber unter den Deutschen Schäferhunden harte Charaktere (→ Hundewissen von A bis Z, Seite 114), die einen ebenso harten Herrn brauchen. Wird ein solcher Hund dazu noch in eine enge Großstadtwohnung geholt, kann er eine echte Gefahr für ein Kind werden.

Beispiel 2: Ein Chow Chow, der unter Umständen bis zur Sturheit eigenwillig, wenig kontaktfreudig und sehr ruhig ist,

zeichnet sich von der Rasseveranlagung her zunächst nicht als Kinderhund aus. Dabei kann aber, wenn Chow Chow und Kind gleichzeitig aufwachsen, eine so dicke und unverbrüchliche Freundschaft zwischen den beiden entstehen, wie sie kaum mit einer anderen Rasse zustande kommt. Denn Chow Chows binden sich vornehmlich an eine Person und sind ihr für immer treu.

Die Wohnverhältnisse spielen eine wesentliche Rolle bei der Wahl eines Kinderhundes. Der richtige Hund im Haus mit Garten kann der falsche Hund in der Etagenwohnung sein. Der richtige Hund für robuste Kinder kann der falsche für sensible sein. Das Beste ist, wenn Kind und Hund gemeinsam aufwachsen, dann gehören sie irgendwie zusammen wie Geschwister aus einem Wurf.

Eigenschaften, die ein Kinderhund haben soll
● Er darf nicht nervös oder sehr ängstlich sein.
● Er muß sehr gutmütig sein.
● Er darf nicht lärmempfindlich sein.

Ab etwa acht Jahren kann einem Kind die Verantwortung für die Pflege des Hundes übertragen werden. Corinna bürstet ihren Yorkshire-Mischling.

- Er muß verspielt und ausdauernd im Spiel sein.
- Er muß einen Schubs vertragen können, ohne sich gleich zu wehren (der Fachmann nennt das »hohe Reizschwelle« (→ Hundewissen von A bis Z, Seite 122). Er darf sich aber auch nicht alles gefallen lassen.
- Er soll einen natürlichen Beschützerinstinkt haben.

Die meisten dieser Eigenschaften sind bei Hunden großer Rassen vorhanden. Große Hunde sind gutmütig, fast nie Angstbeißer, von Natur aus ruhig und selten nervös, sie sind gute Beschützer und kennen ihre Kraft.

Das bedeutet übrigens nicht, daß Sie Ihr Kind sorglos auf jeden fremden großen Hund zulaufen lassen sollten. Es gibt eine Menge Bernhardiner, die keine Kinder mögen. Und wenn Ihr Kind keinen Hund gewohnt ist, kann es erschrecken und damit wieder eine Angst- oder Angriffsreaktion des Hundes auslösen.

Große Hunde haben den Nachteil, daß sie viel Platz und einen Garten brauchen; daß sie nicht in Großstädte passen und daß sie so kräftig sind, daß ein Kind sie in bestimmten Situationen nicht halten kann.

Hunde für Kinder

Große Kinderhunde sind: Bobtail, Collie, Schweizer Sennenhunde, ungarische Hirtenhunde (Kuvasz und Komondor), belgische Schäferhunde (Tervueren und Groenendael), Rottweiler und Hovawart, Airedale Terrier, Boxer und Deutscher Schäferhund. (Es gibt allerdings auch Schäferhunde, die Kinder ablehnen.) Die beiden letzteren mit Einschränkung, da sie zu Raufereien mit anderen Hunden neigen und sehr gut erzogen sein müssen, damit man Kinder allein mit ihnen spazierengehen lassen kann.

Die ganz großen wie Bernhardiner, Neufundländer und Landseer sind auch geeignet, brauchen aber noch mehr Platz.

Mittelgroße Kinderhunde sind: Cocker Spaniel, Kromfohrländer, Mittelschnauzer und Beagle. Foxterrier, Irish Terrier und Bedlington können sehr temperamentvoll sein. Auch sie neigen zum Raufen.

Kleine Kinderhunde sind: Rauhhaardackel, Welsh Corgi, Cairn Terrier und der französische Bully für ruhigere Kinder.

Natürlich sind auch die in die jeweilige Kategorie passenden Mischlinge geeignet.

Der pädagogische Faktor Hund

Psychologen, Pädagogen, Kinderärzte und Psychagogen (jemand, der seelisch Kranke anleitet und ihnen hilft) sind sich über den pädagogischen Wert des Hundes einig und tragen immer mehr Erkenntnisse darüber zusammen, wie wichtig ein Hund für die Entwicklung von Kindern ist.

Kind und Hund – das ist gegenseitige pädagogische Praxis: Beide lernen voneinander, und das spielerisch, mit großem gefühlsmäßigen Einsatz. Ein Hund ist Erziehungshelfer für Verantwortungsgefühl und Pflichtbewußtsein, für Rücksichtnahme und Fürsorglichkeit, Ordnungsliebe und Pünktlichkeit, er ist noch mehr:

Der Hund als Lehrmeister für soziales Verhalten

Das klingt auf den ersten Blick sehr hochgegriffen, doch es stimmt wirklich. Der Direktor des Psychologischen Instituts der Universität Bonn, Professor Dr. Reinhold Bergler, verordnet bei Erziehungs- und Therapieproblemen bei Kindern die »Medizin Hund«. In der Sprache der Wissenschaft liest sich das so: »Der Hund ist Erziehungshilfe für verantwortungsbewußtes Handeln, für den Erwerb sozialer Kompetenz und Fertigkeiten, für das Erleben von zentralen Ereignissen menschlicher Existenz: Geborgenheit, Zuneigung, Sexualität, Geburt und Tod.« Und Professor Dr. med. W. Piotrowski, Direktor der Neurochirurgischen Klinik am Klinikum Mannheim sagt: »Der Hund hat durchaus die Funktion, Charakter und Einstellung von Kindern zu formen.«

In der Praxis sieht das so aus: Ein Kind wünscht sich einen Hund, ein Lebewesen von erstaunlicher Kommunikationsfähigkeit und dem natürlichen Bedürfnis zu treuer Gefolgschaft. Doch das weiß das Kind noch nicht. Es sieht im Hund ein Ziel seines Zärtlichkeitsbedürfnisses, ein lebendiges Spielzeug, eine Bezugsperson, die immer da ist. Die Eltern holen einen Hund in die Familie als Beschützer für das Kind, als Spielkameraden, als Vertreiber von Langeweile, als Partner für das Einzelkind. Sie haben beim Aufbau der Kind-Hund-

Beziehung die Schlüsselrolle, die entscheidend für das Funktionieren dieser Beziehung ist, die das Leben des Kindes bis zum Erwachsenwerden wesentlich beeinflußt.
Die Freundschaft mit einem Hund baut Kommunikationsschwierigkeiten zu anderen Kindern ab, die gerade bei Einzelkindern bestehen können. Mit einem Hund an der Leine ist Selbstwertgefühl miteingeschlossen, und man bekommt Kontakt, ohne sich darum bemühen zu müssen. Kinder, die mit ihren Hunden reden können, werden vor anderen Kindern (oder auch Erwachsenen) nicht stumm bleiben. Fehlende Geschwister können durch einen Hund fast ersetzt werden, fehlende Spielkameraden sicher. Außerdem findet man sie leichter durch einen Hund.

Der Hund als Therapie für behinderte Kinder

Was für gesunde, normale Kinder von großem Nutzen ist, kann für behinderte Kinder notwendige Therapie sein. Berichte über solche Erfahrungen aus England und den USA sind sehr positiv. Bei geistig Behinderten kommt es über den körperlichen

Kontakt zu einem geistig-seelischen, aus dem sich eine Anteilnahme an der Umgebung entwickelt, die man nicht für möglich gehalten hätte.
Körperlich behinderten Kindern gibt der Hund ein größeres Selbstvertrauen, und er baut seelische Belastungen ab. Der Hund ist ein Spielkamerad, der eine Behinderung weder wahrnimmt, noch sich an ihr stört. Er ist immer fröhlich und vermittelt Freude. Und er schafft zu anderen Kindern Kontakte, die ohne Hund häufig schwieriger wären.

Wie der kleine Pitt gehen lernte

Pitt war spastisch gelähmt und weigerte sich beharrlich, seine Beine zu gebrauchen, weil er häufig hinfiel und sich dabei verletzte. Als sein Vater ihm einen jungen Hund kaufte, vergaß er Angst und Vorsicht und folgte dem Hundchen von einem Raum zum anderen: stolpernd, fallend, kriechend und manchmal auch aufrecht gehend. Schon das war fast wunderbar. Pitt bekam aber auch Selbstvertrauen, er verlangte von seinen Eltern nicht mehr dauernd Liebesbeweise, weil er so stolz

Der Hund ist mehr als lebendiges Spielzeug. Er ist Spielkamerad und Bezugsperson zugleich.

Auch im Winter fühlt sich der Hund draußen wohl. In langen Sätzen jagt ein Irish Wolfhound durch den Schnee.

war, sich um den kleinen Hund kümmern zu müssen. Außerdem konnte er sich auch besser mit seinen Geschwistern unterhalten, denn sie hatten ein Gesprächsthema, das für alle gleich interessant war: unser Hund.

Ein Kind und ein Hund sind Zwei. Das macht stark und unabhängig. Ob man nun gesund oder krank ist.

Regeln für kalte und heiße Tage

Im Winter

Die kalte Jahreszeit wirft spezielle Fragen auf und verlangt besondere Pflegemaßnahmen.

Wann zuletzt scheren oder trimmen lassen? Im Oktober etwa und dann nicht zu kurz. Im Winter sollte man Hunde auch nicht baden.

Bei Kälte den Hund nur wenig herauslassen? Trockene Kälte ist nicht so unangenehm wie naßkaltes Wetter. Hunde, die sich viel bewegen, sind unempfindlicher als langsame Hunde. Langhaarige Hunde sind kälteunempfindlicher als kurzhaarige.

Ein Mantel im Winter? Bei feuchter Kälte darf man älteren, glatthaarigen Hunden aus warmen Wohnungen ein Mäntelchen anziehen, um sie vor Erkältung und Rheuma zu schützen (→ Seite 22).

Vorbeugen gegen Erkältung? Nach einem Spaziergang bei naßkaltem Wetter den Hund trocken frottieren und föhnen (wenn er das mag). Hunde können sich wie wir erkälten oder eine Blasenentzündung holen.

Hund und Langlauf? Nur entsprechend (im Sommer neben dem Fahrrad) trainierte Rassen mit hohen Beinen mit auf die Loipe nehmen. Bitte Rücksicht auf andere Langläufer nehmen!

Pfotenpflege: Vor Schneespaziergängen die Pfoten einölen oder -cremen, nach dem Spaziergang in warmem Wasser oder Kamille baden. Das hilft auch gegen Streusalz.

Schneefressen: Hunde tun es gern, gesund ist es nicht. Es führt zu Durchfall, in größe-

ren Mengen kann Schnee auf nüchternen Magen zu einer Magenschleimhautentzündung (Schnee-Gastritis) mit Krämpfen und Erbrechen führen. Dann muß der Hund zum Tierarzt.

Im Sommer
Wenn es sehr heiß ist, müssen Sie folgendes beachten.
Frisches Wasser ist eigentlich eine Selbstverständlichkeit das ganze Jahr über. Doch im Sommer müssen Sie die Wasserschüssel ständig kontrollieren und das Wasser öfter erneuern.
Fressen: Seien Sie nicht besorgt, wenn der Hund weniger frißt als sonst. Wir haben bei Hitze doch auch weniger Appetit.
Schattenplatz: Sorgen Sie dafür, daß der Hund im Garten auch einen Schattenplatz hat. Die meisten Hunde liegen gerne in der Sonne, wechseln aber immer wieder in den kühleren Schatten.
Spaziergänge: Verlegen Sie die Hauptspaziergänge auf den frühen Morgen und späten Nachmittag/Abend. Ein Spaziergang bei praller Sonne bekommt weder dem Hund noch Ihnen.

Auto: Achten Sie darauf, daß Sie im Schatten parken und Frischluft in den Wagen kommen kann. Die Temperatur in einem Auto kann sich sehr schnell ins Unerträgliche steigern.
Baden: Die meisten Hunde baden gern in Bächen oder Seen. Trocknen Sie sie so ab, daß sie mit ihrem Schütteln nicht andere Badegäste bespritzen.

Der Hund in der Großstadt

Diejenigen Hundegegner, die Hunde in Großstädten am liebsten verbieten würden, haben zwei Argumente:
1. Den armen Hunden ist eine Haltung in der Großstadt nicht zuzumuten.
2. Hunde und ihre Hinterlassenschaften sind eine ernste gesundheitliche Bedrohung.
Beide Argumente sind nicht stichhaltig und übertrieben.

Die armen Großstadthunde

Die rund 700 000 Hunde, die in Großstädten leben, sind nach Befragungen von Tierärzten nicht kränker als die Hunde in Kleinstädten oder auf dem Land. Gewiß, die Großstadt mit ihrem Lärm, ihren Abgasen und den Spaziergangsbeschränkungen ist kein Hundeparadies, ein Menschenparadies aber genausowenig. Im Lauf seiner Geschichte hat sich der Hund als ein ungemein anpassungsfähiges Lebewesen erwiesen, er hat sich auch an das Leben in der Großstadt gewöhnt. Zumal er dort bei Menschen lebt, die echte Hundeliebhaber sind. Wer würde sonst die Probleme, die die Hundehaltung in der Großstadt mit sich bringt, auf sich nehmen?

Die Sache mit dem Hundedreck

Manche Leute behaupten, der Hundedreck mache das Leben in der Großstadt unerträglich. Nicht die Blechlawine von Autos, nicht die Wolken von Abgasen, nicht die Massen von Plastik- und Papierabfällen, nein, die Hundehäufchen und der Urin sind der Störfaktor Nummer eins. Griffige Zeitungsüberschriften tragen von Zeit zu Zeit dazu bei, die »Haufenhysterie« zu schüren. Doch wo sollen die Hunde ihre Geschäfte verrichten? Die Rinnsteine sind zugeparkt, und eine Lösung wie sie in Paris praktiziert wird – mit Halteverbotzonen für Hundegeschäfte –, ist bei uns undenkbar. Dabei ist der Rinnstein von seiner eigentlichen Bedeutung her nicht für Autos, sondern für Abfälle und Schmutz vorgesehen. Die öffentlichen Anlagen werden zu Liegewiesen umfunktioniert: es ist wirklich schwierig, für den Hund einen Platz zu finden, an dem er sich diskret lösen kann. Das beste ist schon Gras und Erdboden, da dort der Hundekot relativ schnell verwittert. Damit ist aber nicht der Sand von Kinderspielplätzen gemeint. Es ist eine üble Sitte, seinen Hund am frühen Morgen und späten Abend auf einen Kinderspielplatz zu führen, weil er sich dort so leicht und schnell löst. Abgesehen davon, daß man damit die Argumente der Hundegegner untermauert, ist es hygienisch unverantwortlich.

Plädoyer für den Hund in der Großstadt

Dem ratlosen Hundebesitzer steht der hundlose Mensch gegenüber, der häufiger in Hundehaufen tritt. Ihm sind noch so vernünftige wie abwiegelnde Erklärungen wenig Trost. Und doch müssen beide mit- und nebeneinander leben. Ein Hund kann der einzige Gefährte eines Menschen sein, er kann eine Beziehung zur Natur herstellen, die der Großstadtmensch braucht. Denken wir an die Kinder, die sonst gar keine Verbindung zur Natur mehr hätten, an die Menschen, die ganz einfach mit einem Hund leben wollen, weil sie Hunde mögen, weil sie Ansprache und Zuneigung brauchen, weil sie am Wochenende große Wanderungen und täglich einen Spaziergang machen wollen. Die Summe dieser Bedürfnisse ist wichtiger als viele Häufchen Hundedreck. Deshalb sollten Sie sich, wenn Sie einen Hund um sich haben möchten, nicht irre machen lassen.

Der Hund – ein eigenständiges Wesen

In der Broschüre »Rund um den Hund« des Österreichischen Kynologenverbandes fand ich die »10 Bitten eines Hundes an den Menschen«. Ich halte sie für so bemerkens- und beachtenswert, daß ich sie Ihnen hier wiedergebe:

1. Mein Leben dauert 10 bis 15 Jahre. Jede Trennung von Dir wird für mich Leiden bedeuten. Bedenke es, ehe Du mich anschaffst.
2. Gib mir Zeit zu verstehen, was Du von mir verlangst.
3. Pflanze Vertrauen in mich – ich lebe davon.
4. Zürne mir nie lange und sperre mich zur Strafe nicht ein! Du hast Deine Arbeit, Dein Vergnügen und Deine Freunde – ich habe nur Dich.
5. Sprich manchmal mit mir. Wenn ich auch Deine Worte nicht verstehe, so doch die Stimme, die sich an mich wendet.
6. Wisse, wie immer an mir gehandelt wird – ich vergesse es nie.
7. Bedenke, ehe Du mich schlägst, daß meine Kiefer mit Leichtigkeit die Knöchelchen Deiner Hand zerquetschen könnten, daß ich aber keinen Gebrauch von ihnen mache.
8. Ehe Du mich bei der Arbeit »unwillig« schiltst, »bockig« oder »faul«, bedenke: vielleicht plagt mich ungeeignetes Futter, vielleicht war ich zu lange der Sonne ausgesetzt oder habe ich ein verbrauchtes Herz.
9. Kümmere Dich um mich, wenn ich alt werde – auch Du wirst einmal alt sein.
10. Geh' jeden schweren Gang mit mir. Sage nie: »Ich kann sowas nicht sehen« oder »es soll in meiner Abwesenheit geschehen«. Alles ist leichter für mich mit Dir. Ich unterschreibe das voll und ganz. Nur die fünfte Bitte scheint mir zu bescheiden: Sprechen Sie viel mit Ihrem Hund, soviel wie möglich, immer. Der Klang Ihrer Stimme schafft Harmonie zwischen Ihnen und Ihrem Hund, und es tut auch Ihnen gut, vor allem wenn Sie allein sind.

Bemerkungen zum Thema Wolf

Der Wolfs- und Hundeforscher Erik Zimen hat drei Jahre inmitten eines Wolfsrudels und vieler Königspudel gelebt und die Verhaltensweisen und Tätigkeiten registriert und gezählt. Bei den Wölfen waren es 362 verschiedene, die Pudel zeigten noch zu zwei Dritteln gleiche Eigenschaften. Verloren hatten sie nur diejenigen, die sie im Zusammenleben mit den Menschen nicht mehr benötigten. Sie werden deshalb Ihren Hund besser verstehen, wenn Sie Grundlegendes über Wölfe wissen.

● Im Wolfsrudel herrscht eine sorgfältig abgestufte Rangordnung vom Rudelchef, der auch eine Wölfin sein kann, bis zum Prügelknaben; eine gemeinsame Kindererziehung und eine biologisch bedingte Geburtenkontrolle.

● Es gibt regelrechtes Babysitting, bei dem rangniedrige Wölfe auf die Jungen aufpassen, wenn die höherrangige Mutter mit auf die Jagd geht.

● Verschiedene Generationen der gleichen Familie leben miteinander in einem System, das vor allem darauf abgestellt ist, das Rudel zu schützen.

● Wer so gut organisiert zusammenlebt,

muß über deutliche und unterschiedliche Verständigungsmittel verfügen. Da Wildtiere leise sein müssen, sind es eine Vielzahl von optischen Signalen: Haltungen und Bewegungen einzelner Körperteile, vor allem von Schwanz und Ohren, sowie eine deutlich ausgeprägte Gesichtsmimik. So können feinste Regungen und Stimmungen mitgeteilt werden. Sie alle gehören zu einem genau festgelegten Zeremoniell, zu streng beachteten Umgangsformen, durch die sich oft die Rangordnung entscheidet. Zimen: »Einem Wolf sieht man an, was er meint.«

● Wenn Wölfe heulen – sie bellen kaum –, ist das weder eine Drohung, noch eine Klage: Durch Heulen werden verirrte Wölfe zum Rudel zurückgeleitet, durch Heulen wird das Gruppengefühl des Rudels gestärkt, die Stimmung ist freundlich, das Zusammengehörigkeitsgefühl groß, so wie wenn wir Menschen gemeinsam singen.

● Wie groß der Teamgeist eines Wolfsrudels ist, zeigt sein Verhalten, wenn es die Witterung eines Wildes aufnimmt: Die Tiere drängen sich zusammen, die Nasen dicht bei dicht auf die Beute ausgerichtet, so als würde das Rudel zu einer einzigen Supernase. Sekunden der Erstarrung, dann prescht das Rudel los, und die Jagd beginnt.

So viel, so wenig zu den Wölfen.

Was Sie daraus für Ihren Hund lernen können

● Das Wichtigste ist wohl das Rudelgefühl, das einige Rassen wie zum Beispiel die Pudel ganz auf den Menschen übertragen haben. Ihr Hund braucht seine Menschen, er fühlt sich nur in der Gemeinschaft wohl. Das sollten Sie bedenken, wenn Sie Ihren Hund viel alleinlassen müssen.

● Lernen Sie zu verstehen, was der Hund Ihnen sagen will. Er sagt es mit Ohren, Fell und Schwanz (→ Seite 65 und 66).

● Auch eine Hündin kann ein Alphatier sein (→ Hundewissen von A bis Z, Seite 113) und die Chefin einer Menschenfamilie werden.

● Achten Sie darauf, daß in Ihrem Familienrudel die Rangordnung bewahrt bleibt und nicht der Hund der Chef wird.

● Die Hündin erwartet von Ihnen, daß Sie ihr bei der Aufzucht der Jungen helfen.

Hunde legen Wert auf Teamgeist und erwarten ihn von uns.

● Wenn Hunde uns warnen oder uns etwas sagen wollen, bellen sie. Das haben sie im Zusammenleben mit uns gelernt, es ist ein Teil ihrer Sprache geworden (→ Seite 62).

● Wenn Hunde heulen ist es:
der Ruf nach dem Rudel, wenn man sie allein läßt;
der Ruf nach der Partnerin, wenn eine läufige Hündin in der Nachbarschaft ist und
der alte Chorgesang, wenn sie musizieren.

Partnerschaft Mensch – Hund

Ein Hund ist kein Spielzeug und kein Schmusetier. Er ist ein eigenständiges Lebewesen – noch immer den uralten Naturgesetzen der Raubtiere unterworfen, wenngleich er sich dem Menschen so angepaßt hat, wie kein zweites Tier. Mensch und Hund sind Partner auf Gegenseitigkeit. Denn mit einem Hund kann man ja richtig Freundschaft schließen. Es entsteht ein Verbundensein, das über ein Nur-Zusammenleben, ein Sich-aneinander-gewöhnt-haben weit hinausgeht. Es ist ein gegenseitiges Verstehen, das manchmal weder Worte noch Zeichen bedarf.
Voraussetzung für diese enge Mensch-Hund-Beziehung ist allerdings, daß man seinen Hund nicht als vierbeinige Alarmanlage, als Spielzeug für die Kinder oder Prestigesymbol betrachtet, sondern als Partner sieht, ohne sein Hundsein, sein Anderssein zu vergessen. Denn der Hund ist in der engen Bindung an den Menschen immer noch ausreichend Hund geblieben. Wie der Hovawartfachmann und intime Hundekenner Fred Graf mir schrieb: »Nur der Mensch hat sich in seinem ununterbrochenen Anspruch auf ›Veränderung‹ gewandelt, ohne die Domestikation gänzlich an sich selber zu vollziehen. Letzteres hindert den Zweibeiner gelegentlich, einen geeigneten Hausgenossen abzugeben, der

◁
Gegenüberliegende Seite: Supersprung aus dem Stand. Zwei Dackel-Mischlinge bei ihrem täglichen Spieltraining.

Hund als ›geborener Domestik‹ gerät dabei allzu leicht ins Abseits.«

Und der Forscher Erik Zimen meint dazu: »Der Zuneigung des Hundes zum Menschen entspricht die Zuneigung des Menschen zum Hund. Sieht man von den erschreckenden Fällen ab, in denen die deformierte Psyche des Menschen körperlich und psychisch deformierte Hunde hervorbringt, kann man feststellen, daß nicht nur der Hund dem Menschen, sondern auch der Mensch dem Hund Partner ist. Der Hund hilft dem Menschen. Und der Mensch läßt den Hund in seinem Spiel-, Bewegungs- und Fortpflanzungstrieb Hund sein. Und das ist es, was mein Interesse am Hund wachhält: seine große Abhängigkeit vom Menschen und zugleich seine Selbständigkeit, seine Lebensfreude und seine Fähigkeit, Herrchen oder Frauchen so gründlich zu durchschauen.« Und doch ist der Hund Hund geblieben und noch immer ein »soziales Raubtier« wie sein Stammvater Wolf. Das ist das Erstaunliche und Beglückende. Er – das »wilde Tier« – wird kurz nach der Geburt in den sozialen Verband der Menschen,

einer ihm fremden Art integriert, zu der er eine sehr enge Bindung eingeht. Sein Genosse Mensch besorgt ihm die Nahrung, übernimmt die Fürsorge für die Jungen, schützt ihn vor Wind und Wetter, behandelt seine Krankheiten und bestimmt, allerdings mit Ausnahmen, seine Sexualpartner. Dennoch ist der Hund ein eigenständiges Wesen geblieben. Darüber kann ich immer staunen, genauso wie über die Sinnesleistungen, in denen er sich gewaltig von uns unterscheidet. Betrachten wir gemeinsam, wie ein Hund die Welt wahrnimmt.

Warum der Hund ein guter Wächter ist

Sie sitzen zu Hause und lesen die Zeitung. Alles ist friedlich und ruhig. Plötzlich hebt ihr tiefschlafender Hund den Kopf und beginnt zu knurren. Als die Türklingel ertönt, schlägt er bellend an: Schon vor dem Klingeln hatte er gehört, daß sich ein Fremder Ihrer Wohnung näherte. Weil der Hund so gut hören kann, haben die Menschen ihm die Rolle eines Wächters übertragen.

Bemerkungen über das Hundeohr

Das Hörvermögen des Hundes ist wesentlich größer als das des Menschen. Er nimmt Schwingungen wahr, die unser Ohr nicht mehr aufnehmen kann. Das menschliche Hörvermögen liegt etwa zwischen 16 000 und 20 000 Schallschwingungen pro Sekunde; der Hund kann Töne zwischen 70 000 und 100 000 Schwingungen wahrnehmen. Die lautlose Hundepfeife im Ultraschallbereich funktioniert aufgrund dieser Fähigkeit. Ein Hund hat 17 Muskeln, um sein Ohr zu bewegen, und Hunde mit natürlichen Stehohren (→ Hundewissen von A bis Z, Seite 124) können diese wie Radarschirme zur Ortung von Geräuschen verwenden.

Bemerkungen über die Hundenase

Wenn ein Hund Menschen oder seinesgleichen kontaktet, hat er immer die Nase vorneweg. Sein Geruchssinn sagt ihm, ob er den Menschen gut kennt, ob dieser ihm sympathisch ist oder ob er ihm mißtrauen muß. Dasselbe gilt für den Umgang mit Hundekollegen: Es gibt Hunde, die sich von Anfang an »nicht riechen können« (→ Seite 58).
Sein überragender Geruchssinn befähigt den Hund
● die Spuren von Wild zu verfolgen und es zu stellen (Gehilfe bei der Jagd);

● die Spur eines Verbrechers zu wittern, ein verlorengegangenes Kind zu suchen oder in den raffiniertesten Verstecken Rauschgift aufzuspüren (Gehilfe der Polizei);
● Menschen zu finden, die bis zu sieben Meter unter Schnee oder dem Schutt eingestürzter Häuser begraben sind (Helfer bei Lawinen- und Erdbebenkatastrophen; → auch Hundewissen von A bis Z, Seite 122).

Der Hund sieht die Welt durch die Nase.
Unser wichtigstes Sinnesorgan, mit dem wir unsere Umgebung wahrnehmen, das uns mitteilt, wie es um uns aussieht, ist das Auge. Beim Hund ist es die Nase. Für das, was eine Hundenase in Eindrücke umsetzen kann, fehlt uns die Vorstellungskraft. Hierzu ein paar »unvorstellbare« Beispiele:
● Ein Hund riecht, ob wir wütend, traurig oder ängstlich sind, ob wir ihn mögen oder ablehnen.
● Er kann unsere innere Erregung riechen, wenn wir lügen.
● Folgt er einer Fährte, weiß er, wie alt sie ist und in welche Richtung sie führt.

Der Hund als Wächter (Airedale Terrier). Das warnende Schild für Besucher hier auf lateinisch: »Hüte dich vor dem Hund«.

● Er schnüffelt an Straßenecken, Laternenpfählen, Bäumen und Autoreifen, welche Hunde vor ihm da waren, und er hinterläßt ihnen Nachrichten von sich selbst. Deshalb sollten wir unseren Hund schnüffeln lassen (→ auch Seite 68).

● Natürlich kennt der Hund Ihren spezifischen Geruch sehr genau. Trotzdem sollten Sie ihn nicht verwirren, indem Sie dauernd Ihr Parfüm oder Ihr Rasierwasser wechseln.

Ein weiterer Beweis für die hervorragende Geruchsleistung des Hundes ist die Luftwitterung. Dabei steckt er die Nase in den Wind und nimmt Geruchspartikel auf, die in der Luft schweben.

Kommt der Hund neu zu Ihnen ins Haus, sei es als Welpe oder als Erwachsener, sollten Sie das erste halbe Jahr »markentreu« sein und ihr Duftbild nicht verändern. Nur so kann Ihr Hund sich Ihren Geruch wirklich einprägen. Und noch eine Bitte: Parfümieren Sie sich nicht zu stark. Denn dann sind Sie für Ihren Hund eine echte Geruchsbelästigung. Denken Sie immer daran, daß er zwar neben Ihnen, aber in einer völlig anderen Sinneswelt lebt.

Der Geschmackssinn des Hundes

Er ist bisher nicht genau erforscht worden, aber mit dem hochsensiblen Geruchssinn eng verbunden: Die Vorliebe des Hundes für bestimmte Futtersorten wird mit Sicherheit vom Geruchssinn beeinflußt. Die Zunge (das Geschmacksorgan) hat beim Hund zwei wichtige Zusatzfunktionen:

● Aufgrund ihrer besonderen Beweglichkeit dient sie zur Flüssigkeitsaufnahme.

● Sie erfüllt die Aufgabe, beim Schwitzen Abkühlung zu verschaffen. Durch das hechelnde Atmen wird verdunstetes Wasser abgegeben. Die Zunge ersetzt also die so gut wie nicht vorhandenen Schweißdrüsen.

Warum ein Hund auf Bewegung reagiert

Wenn Ihr Hund in Windrichtung auf Sie zukommt, Sie also nicht riechen kann, muß er sich auf seine Augen verlassen. Der Hund ist von Natur aus weitsichtig und daher vor allem auf die optische Wahrnehmung von Bewegung eingestellt – ein Erbe aus seiner jagenden Wolfsvergangenheit. (Das sollte Sie oder Ihr Kind warnen, nie vor einem Hund davonzulaufen. Erst dadurch wird sein Jagdinstinkt geweckt.) Wenn Sie ruhig stehen bleiben, wird er Sie erst auf kurze Entfernung erkennen. Dann reagiert er aber schnell und nahezu automatisch. Diese Fähigkeit wird von Jägern bei Apportierhunden und Pointern genutzt, sie macht es aber auch dem Blindenhund möglich, seinen Herrn sicher über verkehrsreiche Straßen oder durch dichte Menschenmengen zu führen. Windhunde besitzen die Fähigkeit, die kleinste Regung über weite Entfernungen zu erkennen; durch ihren schmalen Kopf haben sie einen Blickwinkel von etwa 270° und können sogar nach hinten sehen.

Bemerkungen zum Hundeauge

Obwohl das Gesichtsfeld (→ Hundewissen von A bis Z, Seite 115) des Hundes größer ist, als das des Menschen, ist sein plastisches Sehvermögen wesentlich eingeschränkt. Seine Sehfähigkeit wird bei abnehmender Helligkeit besser, das bewirkt eine reflektierende Schicht im Augenhintergrund, die seine Augen bei Lichteinfall aufleuchten läßt. So kann er auch noch bei Dunkelheit Bewegungen wahrnehmen. Was sich da bewegt, sagt ihm sein Geruchssinn: Durch ihn erfaßt er seine Umwelt. Das bemerke ich immer wieder, seit mein Hund blind geworden ist. Er ist bei weitem nicht so behindert wie ein blinder Mensch. Wenn wir miteinander spazieren gehen, er immer an der Leine, damit ich ihn vor Hindernissen warnen kann, merkt niemand, daß er nichts sieht. Er marschiert flott seiner Nase nach und schnüffelt wie eh und je. Nur: Andere Hunde erspäht er nicht, sondern riecht sie erst, wenn sie relativ nahe sind.

Der Tastsinn

Die tief in der Haut sitzenden Schnurrbarthaare des Hundes haben eine gewisse Tastfunktion, da sie in empfindlichen Nervenzellen endigen. Sie sind jedoch für den Hund nicht so wichtig wie die Schnurrhaare für die Katze. Weitere Zonen mit Tastsinneszellen sind die Lippen, die Pfoten und der Nasenspiegel (→ Hundewissen von A bis Z, Seite 121).

Der schwedische Forscher Dr. Zottermann hat eine Art von Infrarotempfänger in der Nase des Hundes festgestellt. Das könnte erklären, warum Hunde lebend im Schnee begrabene Menschen orten können, erfrorene Leichen jedoch nicht.

Was ein Hund über seine Sinne wahrnimmt

Das Zusammenwirken seiner Sinne befähigt den Hund zu Leistungen, die uns sinnesgeschädigte Zivilisationsmenschen staunen lassen.

● Ein Hund merkt, daß wir vorhaben fortzugehen.

● Er schläft fest bei voll aufgedrehtem Fernseher, wird aber wach, wenn wir zum Beispiel mit Wurstpapier rascheln.

● Schlittenhunde können selbst in der Nacht die einmal eingeschlagene Richtung beibehalten, während Skiläufer mit Kompaß dasselbe nicht schaffen.

● Hunde schauen für ihr Leben gern vom Fenster auf die Straße (Großstadt) oder beobachten von einem erhöhten Platz aus die Umgebung (auf dem Lande), obgleich ihr Gesichtssinn nach Ansicht einiger Forscher nicht allzu gut sein soll.

● Ein Hund kann das Geräusch des Familien-Autos von anderen Motoren unterscheiden.

Leistungen und Fähigkeiten, die wir nur zum Teil erklären können, die uns aber zeigen, daß wir mit einem Wesen zusammenleben, das die Natur mit Sinnesorganen ausgestattet hat, die ihm noch immer ein Überleben in der Wildnis ermöglichen würden.

Der Trab neben dem Fahrrad, die beste Möglichkeit, dem Hund die nötige Bewegung zu verschaffen. Im Bild ein Hovawart Rüde, Blond.

▷

Folgende Doppelseite: Ein Pointer in seiner typischen Stellung, mit der Nase hoch im Wind.

Der Hund und sein Verhalten

Im Zusammenleben mit dem Hund fallen uns Reaktionen auf, die wir für sehr »menschlich« halten. Das ist meistens der Fall, wenn wir dem Hund diese Reaktion eigentlich nicht zugetraut hätten. Doch was ist »typisch menschlich«, was »typisch Hund«? Seelische Reaktionen auf eine Situation können sehr ähnlich sein.

Als ich Zoologie studierte, gab es eine junge Wissenschaft, die sich mit der Seele der Tiere befaßte. Folgerichtig nannte man dieses neue Gebiet »Tierpsychologie«.

Heute blüht dieser Wissenschaftszweig, und sein Name ist zu einem griffigen Schlagwort geworden: Verhaltensforschung.

Was ist Verhaltensforschung?

Verhaltensforschung oder Ethologie ist die Lehre von der Erforschung des Verhaltens der Tiere und des Menschen (Verhalten ist die Art und Weise wie jemand handelt, sich benimmt, auf etwas reagiert) unter besonderer Berücksichtigung der stammesgeschichtlichen Entwicklung. Das heißt: Wie sind die Bewegungen, Lautäußerungen, Körperhaltungen entstanden, welche Ursprünge haben sie, was bedeuten sie?

Auf den Hund bezogen heißt das: Was will er uns mit seinen arttypischen Verhaltensweisen sagen, mit Schwanzwedeln, Fellsträuben, Ohren aufstellen, Hochspringen oder Bellen? Wie kann man sein Wesen, seine Ausdrucksformen und seine Bedürfnisse verstehen lernen? Ich will versuchen, aus dem, was die Wissenschaft erforscht hat, so viel in die Praxis und Alltagssprache umzusetzen, daß Sie verstehen, warum sich ein Hund in bestimmten Situationen

entsprechend verhält, und wie Sie aus diesem Verständnis das Beste für Ihr Zusammenleben mit ihm machen können.

Die Verhaltensweisen des Hundes

Bestimmt werden die Verhaltensweisen aus der Natur des Hundes, die trotz der langen Gemeinschaft mit dem Menschen noch viele seiner wölfischen Eigenschaften aufweist:

- Er ist ein Raubtier und deshalb gut zur Jagd geeignet.
- Er hat ein ausgeprägtes Revier- und Territorialverhalten, deshalb ist er ein guter Wächter.
- Sein Sozialverhalten, die Herkunft aus einer Rudelgemeinschaft, macht ihn so gesellig.

Zu diesem Erbe seiner Vorfahren hat sich der Hund durch das Zusammenleben mit dem Menschen eine Intelligenz zu eigen gemacht, die auf Erinnerungsvermögen an erlebte Erfahrungen beruht. Mit ihrer Hilfe kann er das angebotene Verhaltensrepertoire je nach Situation variieren.

Deshalb muß man zwei Gegensätze unterscheiden:

1. Gewisse Reaktionen (zum Beispiel die Reaktion auf die optische Wahrnehmung einer Bewegung) laufen nahezu automatisch ab.

2. Gleichzeitig ist er auch ein eigenständig handelndes, feinfühlendes Individuum, das eigene Entscheidungen fällt.

Hundeverhalten ist also die Summe aus:

- angeborenen Verhaltensweisen der Spezies Hund;
- speziellem Verhalten verschiedener Rassen;
- erlerntem Verhalten durch Erziehung und Zusammenleben mit dem Menschen;
- umgesetzten Emotionen und Gefühlswerten, die sich ebenfalls aus seiner Gemeinschaft mit dem Menschen ergeben haben.

Für einen Menschenhund ist eine ideale Zuwendung, ein Lob, genauso wichtig wie eine materielle, ein Leckerbissen. Denn ein Hund kennt Gefühle wie Liebe (Zuneigung), Neid oder Eifersucht. In Eric H. W. Aldingtons Buch »Von der Seele des Hundes« fand ich ein schönes Beispiel:

Der eifersüchtige Piet

Piet hatte zeitlebens eine Abneigung gegen das Bürsten auf dem Tisch – vielleicht war er kitzlig. Auf jeden Fall entzog er das jeweilige Körperteil der Bürste und entwickelte darin eine große Geschicklichkeit. Dann kam ein neuer, kleiner Hund ins Haus: Henry genoß es, gebürstet zu werden. Das schaute sich Piet nicht lange

an: Er kletterte über einen Stuhl auf den Kosmetiktisch und stellte sich quer über Henry und sah seinen Herrn stumm an. »Gerührt setzte ich den Kleinen zu Boden und bearbeitete nun Piet, der sich dies ungewöhnlich geduldig, zuvorkommend und zufrieden gefallen ließ, während unten Henry wütend kläffend den Tisch umsprang.«

Spezielles Verhalten verschiedener Rassen

Durch Menschenzüchtung wurden einige Rassen für uns nicht nur »schwer durchschaubar«, Züchter haben ihnen auch spezielle Eigenschaften und Verhaltensweisen gegeben, die es mir wiederum möglich machen, den Charakter der Rassen (→ Rasseteil Seite 128 bis Seite 166) zu beschreiben. Wie soll man zum Beispiel den Gesichtsausdruck eines Bobtails deuten, der sich hinter einem Haarvorhang verbirgt, wie den eines Dobermanns oder Bullterriers, deren Gesichtshaut so straff anliegt, daß man kaum Regungen erkennen kann (was der Volksmund mit »falsch« bezeichnet) oder den eines Bassets, dessen

Charaktereigenschaften und Verhaltensweisen werden vererbt. Besonders lebhaft sind Foxterrier. Hier ein Drahthaar-Foxterrier mit 9 Wochen altem Welpen.

Der Mops ist lange verkannt und als mürrisch angesehen worden. Dabei ist er ein fröhlich-heiterer Hund.

Hautfalten eine Seelenlage vortäuschen, die gar nicht vorhanden ist?

Was den Charakter angeht, so verhalten sich Rassen wie Pyrenäenhunde oder Schlittenhunde, Terrier und Dackel als ausgesprochen dominant, sie wollen mit fester Hand erzogen werden. Trotzdem versuchen sie immer wieder, die Rangordnung innerhalb der Familie zu verändern. Das passiert Ihnen bei Meutehunden wie Beagles oder Bassets nicht. Bei ihnen wie bei den Pudeln oder Windhunden ist die Autorität des Menschen gesichert.

Man hat immer wieder verschiedene Rassen in Familienhand (also nicht unter Laborbedingungen) auf ihr wesensmäßiges Verhalten hin beobachtet und ist dabei zu Ergebnissen gekommen, die Hundehalter bei der Wahl ihrer Rasse beeinflussen sollten.

Verhaltensquerschnitt aus den USA

Einfach zu erziehen sind: Dobermann, Welsh Corgie, Mittelpudel, Zwergpudel
Zu den schwer erziehbaren gehören: Basset Hound, Dackel, Foxterrier, Dalmatiner, Pekinese

Besonders lebhaft sind: Foxterrier, West Highland White Terrier, Schnauzer, Yorkshire Terrier
Als ausgesprochen ruhig gelten: Bloodhound, Basset Hound, Neufundländer, Australien Shepherd
Besonders gute Wächter sind: Schnauzer, West Highland White Terrier, Scottish Terrier, Dobermann, Deutscher Schäferhund
Weniger wachsam sind: Bloodhound, Neufundländer, Bernhardiner, Basset Hound, Vizla
Kinder werden abgelehnt von: Zwergschnauzer, Dackel, Afghane und Schäferhund
Kinder werden geduldet von: Dalmatiner, Riesenschnauzer, Mittelschnauzer, Collie, Hovawart, Dobermann und Berner Sennenhund
Kinder werden geliebt von: Bulldogge, Bullterrier, Dogge, Boxer, Rottweiler, Neufundländer, Leonberger.
Persönliche Anmerkung: Es gibt Hunde, die das genaue Gegenteil dieser beschriebenen verkörpern. Das ist der Nachteil von verallgemeinernden Untersuchungen und spricht für das Individuum Hund. Wenngleich die Mimik einiger Rassen für uns schwer verständlich ist (→ Seite 55), spricht der Hund doch in den meisten Fällen mit seinem Gesichtsausdruck und dazu noch mit Ohren, Fell und Schwanz (→ Körpersprache, Seite 57). Hier kann ich mir die Bemerkung nicht verkneifen, daß das Kupieren von Schwanz und/oder Ohren eine Barbarei war, die den Hund einiger wichtiger Ausdrucksmittel beraubt. (→ Hundewissen von A bis Z, Seite 119)

Wedeln als Ausdruck verschiedener Stimmungslagen

Auch jeder Hunde-Laie weiß, daß ein wedelnder Hund ein freundlicher Hund ist. So heißt es zumindest. Daß aber Wedeln eine sehr abgestufte Ausdrucksform verschiedener Stimmungslagen ist, weiß nicht jeder. Und wie soll ein Boxer mit kupiertem Stummelschwanz sich uns verständlich machen, ob er nun fröhlich, wohlgesonnen, aufgeregt ist oder sich in einer Konfliktsituation befindet, bei der sein Schwanz sein Hin- und Hergerissensein ausdrückt? Mit Wedeln spricht der Hund sowohl den Menschen wie seine Artgenossen an.

Mit kräftigem, schnellen Wedeln signalisiert er Hund und Mensch, daß er freundlich gesonnen ist. Meine Bassetrüden haben speziell für weibliche Artgenossen ein Kreiswedeln – der Schwanz dreht sich wie ein Propeller – als Ausdruck von größtem Interesse.

Mit langsamem, kurzem Wedeln, manchmal nur ein paar Klopfern auf den Boden, wenn der Hund liegt, wird dem Menschen gesagt, daß er ihm gut ist.

Ein aufgestellter Schwanz, der sich wie ein langsamer Scheibenwischer von einer Seite zur anderen bewegt, ist ein bedrohliches Konfliktwedeln zwischen Begrüßung und Ablehnung. Der Hund weiß noch nicht, was er tun soll.

Ein fest zwischen den Beinen eingezogener Schwanz bedeutet Zurückhaltung bis Angst.

Ein waagerecht getragener Schwanz drückt ein Gefühl großer Zufriedenheit aus.

Sie sollten bei Ihrem Hund weitere Wedelvarianten beobachten. Denn nur durch genaues Beobachten lernt man die Hundesprache verstehen.

Ein Hund hat zwei Sprachen

Eine für den Umgang mit Artgenossen und eine zur Verständigung mit den Menschen. Zum Teil verwischen sich ihre Grenzen, nur die Nasen-Geruchssprache (→ Bemerkungen über die Hundenase, Seite 49) bleibt uns verschlossen. Zur Hundesprache gehören des weiteren das Lautgeben (Lautsprache, → Seite 62) und die Haltung und Mimik, die durch den ganzen Körper (daher Körpersprache), durch den Schwanz, die Ohren, das Gesicht und das Fell artikuliert werden. Auch der an den Menschen angepaßteste Hund sollte sich mit Artgenossen verständigen können, selbst wenn er es für sein Leben eigentlich gar nicht braucht.

Wenn er die Regeln von Hund zu Hund nicht beherrscht, ist er kein Hund mehr, und Sie können nur schwer mit ihm spazieren gehen, weil er nicht weiß, wie er sich den anderen Vierbeinern mit Fell und Schwanz gegenüber benehmen soll. Er wird unsicher oder ängstlich reagieren, sich von anderen Hunden völlig fernhalten oder aber ein aggressiver Raufer werden.

Akita-Junghunde im Spiel. Die Phase im Bild könnte eine Unterwerfungsgeste sein.

Wie Hunde sich kennenlernen: Der Nasenkontakt

Was passiert, wenn sich zwei Hunde treffen? Hunde stellen sich anderen Hunden
mit der Nase vor. Sie können es immer
wieder beobachten: Zwei Hunde begeg-
nen sich das erste Mal, beide gehen mit
vorgestreckter Schnauze aufeinander zu,
bis sich ihre Nasen fast berühren. Sie beschnuppern sich und stellen dabei fest, ob
sie »sich riechen« können. Nach dieser
Geruchskontrolle entwickelt sich die
freundschaftliche oder ablehnende Haltung zueinander. Die Verhaltensforscher
nennen diese Begrüßung »Nasenkontakt«.

Voraussetzung für den richtigen Ablauf
des Kennenlernens ist, daß beide Hunde
normal und nicht neurotisch sind und daß
sie ein ungestörtes Verhältnis zu anderen
Hunden haben.

Daß dem so ist, liegt an Ihnen, den Damen
und Herren Hundebesitzern. Wenn Sie
Ihren Hund als Welpen immer auf den
Arm genommen haben, sobald ein anderer Hund auf ihn zukam; wenn Sie ihn von
jeder Hundebegegnung ferngehalten

und dadurch jeden Kontakt unterbunden
haben, dürfen Sie sich nicht wundern,
wenn Ihr Hund später keinen anderen
Hund kennenlernen möchte. Das sind
dann die Hunde, die sich vor Angst schreiend jedem Nasenkontakt oder Beschnüf-
feln entziehen oder die sich kläffend und
knurrend auf jeden Hund stürzen. Sie sind
anderen Hunden gegenüber entweder
schreckliche Feiglinge oder sie haben ein
völlig unnatürliches Überlegenheitsgefühl,
das sie jedes Maß vergessen läßt (Dackel
greift Schäferhund an). Trotz aller Zuwendung ihrer Menschen sind sie Außenseiter,
denn der Kontakt von Hund zu Hund
gehört nun einmal zu einem Hundeleben.
Jeder Hundebesitzer sollte seinen Hund
von klein auf an solche Begegnungen
gewöhnen, damit er die Regeln kennen-
lernt und beachtet. Junge Hunde kann
man eigentlich mit jedem Hund Kontakt
nehmen lassen, ihnen droht keine Gefahr.
Denn kein noch so verzüchteter erwachsener Hund vergißt das Naturgesetz »Jungtiere beißt man nicht«.
Die Verhaltensforscherin Dr. Dorit Fedder-
sen-Petersen spricht den Pudeln allerdings

die Fähigkeit ab, sich mit anderen Hunden zu verständigen oder zu verstehen. Gezüchtet wurde immer nur mit den menschenfreundlichsten Tieren, auf Verständigung mit anderen Hunden hat niemand Wert gelegt, und so haben sich die wölfischen Eigenschaften langsam abgebaut, die menschlichen hingegen zugenommen: Pudel legen nur noch Wert auf Kontakt mit ihrem Menschen.

Die Regeln der Hundebegegnung

Wie alles in der Hundewelt so sind auch die Begegnungen strengen Gesetzen unterworfen:

Wer einmal Nasenkontakt gehabt hat, muß beim nächsten Mal den anderen anwedeln, das bedeutet »Hallo Freund« oder anknurren, was »Bleib mir vom Hals« heißen soll. Daß er ihn kennt, hat sein hervorragendes Geruchsgedächtnis gespeichert. Ob er ihn mag oder nicht, können Sie nur konstatieren, aber kaum ändern. Und das Warum nie ergründen.

Sehr selbstbewußte oder große Hunde haben noch eine dritte Möglichkeit: sie ignorieren gewisse Hunde und gehen an ihnen vorbei, als ob sie Luft wären.

Das Beriechen der Hinterseite ist erst der nächste Schritt nach dem Nasenkontakt. Diese Analkontrolle ist kein »Pfui«, sondern eine ganz natürliche Sache, denn unter dem Schwanz liegen die Drüsen, die einem Hund über den anderen Auskunft geben. Die Wissenschaftler nennen diese Zone »Analgesicht« (→ Hundewissen von A bis Z, Seite 113), und ein Hund, der es frei und offen mit erhobenem Schwanz jedem anderen Hund zeigt, ist ein selbstbewußter Hund.

Von der Rangordnung der Hunde untereinander hängt es ab, wer beim anderen »Paßkontrolle« machen darf. Denn bei Hunden spielt die Rangordnung (die soziale Einstufung) eine dominierende Rolle. Nicht nur im ständigen Zusammenleben gibt es eine Rangordnung, sondern ebenso bei gelegentlichen Treffs. Auch in der Hundewelt gibt es Siegernaturen und permanent Unterlegene. Um festzustellen, wer der Ranghöhere ist, werden Rangordnungskämpfe ausgetragen. Wie können Sie diese Situation rechtzeitig erkennen? Vorausgesetzt, daß beide

Weitere Szene aus der Hundebegegnung: Die Analkontrolle. Im Bild zwei Mischlingshunde.

Große Hunde stehen in der Rangordnung meist über kleineren. Im Bild Zwergschnauzer und Riesenschnauzer.

Hunde sich normal und natürlich verhalten, läuft eine Begegnung so ab:

Von der Hundebegegnung bis zum Hundekampf

Nach dem Nasenkontakt stellen sich die Hunde parallel nebeneinander und beschnuppern sich am Hinterteil. So lange dabei freundlich mit dem Schwanz gewedelt wird, ist nichts zu befürchten.

Ängstliche Hunde machen sich bei einer solchen Begegnung ganz steif und ihre Rückenhaare sträuben sich. Das ist Unsicherheit und muß kein Anzeichen für die Bereitschaft zum Kampf sein. Je sicherer der andere ist, um so harmloser die Situation.

Fühlen sich aber beide Hunde gleich stark und gleichgestellt und einer hört mit dem Wedeln auf, dann wird auch der andere seinen Schwanz steif machen und seine Haare sträuben, womit er signalisiert: »Das lasse ich mir nicht gefallen.« Beide beginnen, sich langsam im Kreis umeinander zu drehen, wobei sie sich mit den Schultern anrempeln. Läßt nun einer den Schwanz sinken und bedeckt so sein Anal-

gesicht, dann sagt er damit: »Ich will keinen Ärger!« und die Sache ist ausgestanden. Der andere ist der Ranghöhere. Daraus kann durchaus eine Hundefreundschaft entstehen.

Gibt keiner nach und wechseln die Hunde in eine T-Stellung über – einer steht quer vor dem anderen –, kann es zur Rauferei kommen, wobei der Hund am Querbalken des T der defensive, der am Längsbalken der offensive ist.

Doch noch können Sie die Rauferei verhindern. Nicht dadurch, daß Sie Ihren Hund aus der Begegnung wegreißen, damit riskieren Sie den sofortigen Beginn der Rauferei. Keiner der Hunde darf sein Gesicht verlieren, sonst wird er den nächstbesten, nichtsahnenden Hund anfallen, um seinen Ärger an ihm abzureagieren. Bringen Sie die Hunde durch ein strenges Kommando auseinander: Oft ist die »höhere Gewalt« des Herrn ein guter Grund, die Affäre unblutig zu beenden. Lenken Sie die Hunde voneinander ab; die Situation und der Gehorsam Ihres Hundes bestimmen die Methode Ihres Eingreifens. Wenn Sie die Gelegenheit, die Hunde rechtzeitig zu trennen, verpaßt haben, kann es zum Kampf kommen. So furchterregend er auch erscheint, ist er meist doch nicht so ernsthaft. Das gilt allerdings nur, wenn beide Hunde den Umgang mit anderen Hunden gelernt haben und beide Hunde die Gesetze des Hundeverhaltens beachten. Eine ungeregelte Beißerei unter instinktschwachen Hunden dagegen kann recht blutig ausgehen. Je lauter so ein Kampf verläuft, desto ungefährlicher ist er. Verletzungen gibt es dabei meist nur an den Lefzen, wenn die Hunde mit den Zähnen aneinander geraten.

Wenn einer der Hunde sich unterwirft oder aufgibt, ist der Kampf beendet. Vorausgesetzt beide Hunde sind instinktsicher. Ich will hier bewußt keine Regeln aufstellen, wie man es früher gerne tat. Die Hundeindividuen und die Situationen sind für Verallgemeinerungen zu verschieden. Die Hundebesitzer können den Kampf nur beenden, wenn sie beide Hunde gleichzeitig trennen. Am besten ist es, ihnen »den Boden unter den Füßen zu entziehen«. Dabei können Sie von Ihrem Liebling allerdings gebissen werden. Tragen Sie

ihm es nicht nach, im Kampf sind Hunde wie in Trance: sie hören nichts, sie spüren nichts, sie kennen nur den Gegner.

Hunde an der Leine geben viel öfter Anlaß zu einer Rauferei als solche, die an Alleinbegegnungen mit anderen Hunden gewöhnt sind. Durch die Leine als verlängertem Arm seines Herrn fühlt jeder Hund sich doppelt so stark. Doch dieses Wissen nützt nur wenig, wenn sich in den Parks, den wahren Plätzen der Hundebegegnungen, der Leinenzwang durchsetzt.

Begegnungen von zwei Rüden enden immer damit, daß beide Hunde ihr Bein heben. Das gehört zum Ritual und stärkt das Selbstbewußtsein. Dazu sollten Sie Ihrem Hund auch an der Leine Gelegenheit geben.

Zwei Hündinnen sollte man immer auseinanderhalten: Sie erkennen bei einem Kampf keine Regeln an, und sie kämpfen brutal. Versuchen Sie deshalb, in hundereichen Parks durch Zuruf schon vorher zu erkunden, ob sich ein Rüde oder eine Hündin nähert. Und leinen Sie Ihren Rüden erst ab, wenn Sie eine Begegnung herbeiführen wollen.

Was die Lauffähigkeit angeht, werden Bassets meist unterschätzt. Sie können schnell und sehr ausdauernd sein.

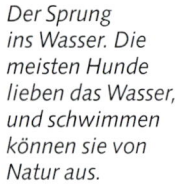

Der Sprung ins Wasser. Die meisten Hunde lieben das Wasser, und schwimmen können sie von Natur aus.

Eine Hündin läßt sich von einem Rüden nur selten das Analgesicht kontrollieren.

Merksätze für Hundekontakte:
1. Je mehr Hunde ein Hund kennt, um so freier und natürlicher verhält er sich.
2. So schnell wird unter Hunden nicht gebissen: Zuerst wird immer gedroht und Theater gespielt.
3. Es gibt Rassen, die anderen Hunden gegenüber sehr zurückhaltend sind wie Foxterrier oder Bullterrier. Sie sollte man nicht behelligen.
4. Es gibt nichts Schöneres als Hundebekanntschaften: Eine halbe Stunde gemeinsames Spielen verschafft soviel Bewegung wie ein zweistündiger Spaziergang.

Die Lautäußerungen des Hundes
»Wie spricht der Hund?« ist ein Kommando, mit dem manche Hundebesitzer ihren Liebling auffordern zu bellen. So sind für den Menschen die Lautäußerungen des Hundes, gipfelnd im Bellen, das Synonym für die Hundesprache schlechthin. Ich habe mir im Lauf der Zeit aufgeschrieben, was meine Hunde so alles hervorbringen.

Hier das Repertoire ihrer Lautsprache: sie bellen, kläffen, schlagen an, wuffen, blaffen, jodeln, knurren, jaulen, heulen, schreien, kreischen, winseln, wimmern, schniefen, fiepen und brummen. Und das alles gibt es auch gemischt, doch dafür habe ich keine Ausdrücke. Dabei habe ich in meiner Aufzählung nur Laute für Mitteilungen und keine Schmerzäußerungen notiert.

Den Hund verstehen lernen: Ein Hund kann vor freudiger Erwartung kreischen oder aus Angst schreien, aus Langeweile winseln und vor dem Eindösen fiepen. Diese Lautsprache, verbunden mit der Körpersprache, müssen Sie deuten lernen. Wenn Sie zum Beispiel nach Hause kommen und Ihr Dackel überschäumend vor Freude mit dem Schwanz und dem ganzen Hinterteil wedelt, seinen Körper hin und her kringelt, wie ein Gummiball auf und ab

hüpft, jodelt und bellt, daß Ihnen und ihm die Ohren dröhnen, dann ist das eine Begrüßung, die nach Antwort verlangt. Sie antworten dann »Ist ja gut, gaanz braaav« und Ihr Hund wird sich beruhigen. Wenn ihr Hund eine eintönige Tonfolge von »wu-wu-wu-wu« von sich gibt und Sie dabei anschaut und heftig mit dem Schwanz wedelt, ist es Zeit zum Spazierengehen. Ein lautes, langandauerndes »Wau-wau-wau« kann soviel wie »Wirtschaft« bedeuten, der Hund will sein Fressen haben. Ein dumpfes Knurren mit gesträubten Haaren und »hau-hau« sagt, daß jemand vor der Etagentür ist und gleich klingeln wird und ein aufgeregtes »Wa-wa-wa«, daß er schon geklingelt hat.

<u>Wichtig: Die Reaktion des Menschen</u>
Ein guter Hundehalter versteht jede Äußerung seines Hundes und, wie es sich in der Hund-Mensch-Beziehung gehört, reagiert auch richtig darauf. Richtig heißt, in einer wohldosierten Mischung von Überhören und Darauf-Eingehen. Denn ein allzu gehorsamer Hundeherr macht sich schnell zum Dienstboten des Hundes, und jeder Hund merkt das und nutzt es schamlos aus.

<u>Das Bellen:</u> Unter den vielen Hunden, die ich inzwischen kenne, gibt es Schwätzer, Schweigsame, Lärmer und bedächtig Redende. Es gibt ungeniert herzhafte Beller, vergleichbar mit Menschen, die gern ihre Meinung sagen. Ich kann im großen Spazierpark unterscheiden, wer da in der Nähe oder Ferne bellt: Boxer und andere Hunde mit massigem Kopf sprechen rauh und wie mit vollem Mund. Dalmatiner und Setter sind melodisch jodelnde Sänger und Collies sagen eintönig immer wieder das gleiche. Kritisch betrachtet kann man sagen: Bellen ist weniger eine Sprachäußerung, als eine in Töne umgesetzte Gemütsbewegung, die der Hund erst im Zusammenleben mit den Menschen entwickelt und perfektioniert hat.

<u>Wichtig für die tägliche Praxis:</u> Je besser Sie das Bellen Ihres Hundes verstehen und je mehr Sie darauf eingehen, um so mehr wird auch der Hund es anwenden.

<u>Bei den Jagdhunden</u> (→ Hundewissen von A bis Z, Seite 118) wird das Bellen bewußt eingesetzt, um dem Jäger die Mitteilungen zu machen, die der Hund

aufgrund besserer Sinnesleistungen in Erfahrung bringt: er bellt auf der Fährte; er gibt Sichtlaut, wenn er das Wild erblickt; er gibt Standlaut, wenn er das waidwunde Wild gestellt hat; wenn es schon tot ist, signalisiert er Totverbellen.

Und wie steht es mit dem Spruch »Bellende Hunde beißen nicht!«? Ein Hund, der bellt, braucht nicht zu beißen. Er warnt und vertreibt so den Fremden. Und – ein Hund, der bellt, ist selten in der Stimmungslage, beißen zu wollen. Wer beißen will, macht das schweigsam und schnell.

Wie der Mensch mit seinem Hund spricht

Ihre Antwort auf das Bellen ist das Sprechen mit dem Hund, das Reden mit den Händen, sind die Gesten der Zärtlichkeit (→ Seite 65). Wenn Sie sich mit Ihrem Hund unterhalten wollen, müssen Sie zuerst die Barriere des Vor-sich-selbst-Genierens abbauen, denn vermutlich haben auch Sie zunächst Hemmungen, ehe Sie das fröhlich-zärtliche Wortgeklingel über die Lippen bringen, das die Hunde so lieben. Sagen Sie ohne Scheu und

Jeder vierte Hundehalter ist Besitzer eines Mischlings. Im Bild links ein Schäferhund-Dackel-Mischling, daneben ein Rottweiler-Schäferhund-Mischling.

zunächst auch ohne Zeugen: »Du-bist-brav-jaaa-lieb-guut-feiiiner-schöööner-Susi-Huuund«. Denken Sie daran, daß Bellen etwas Emotionelles hat und verhalten Sie sich in Ihrer privaten Hundesprache genauso emotionell. Es kommt dabei auf den Singsang, die Stimmlage, das Beruhigende an und nicht auf den Sinn. Ihr Hund wird sich freuen.

Wie wirksam diese Sprache sein kann, merkte ich, als sich mir im Englischen Garten in München ein Dobermann in den Weg stellte. Mein freundliches »Geh!«, mein scharfes »Fort!« nützten nichts, der Dobermann stellte sich stur. Ich schaltete auf freundlich um, suchte lächelnd den Blickkontakt und sagte dann: »Mein-guuuter-feiiiner-dooofer-Doberhund«. Der wedelte kurz und schlug sich, ein Bein hebend, in die Büsche. Seitdem bin ich vom Lob und der Freundlichkeit als Mittel der zwischenmenschlich-hundlichen Beziehungen überzeugt.

Anmerkung: Das wichtigste beim Blickkontakt ist das Lächeln, die Aura von Freundlichkeit, sonst wird das Fixieren nämlich als Drohgeste aufgefaßt.

Die Gesten der Zärtlichkeit

Da uns zwei der wesentlichen Verständigungsmöglichkeiten des Hundes fehlen – wir können weder mit dem Schwanz wedeln noch die Ohren aufstellen oder anlegen –, ergänzen wir die Sprache durch Gesten, um dem Hund unsere Zuneigung zu zeigen. Wir streicheln ihn. Aber nicht so, wie man eine Katze zum Schnurren bringt: durch Streicheln mit flacher Hand und mit dem Strich; das mögen Hunde nicht so sehr. Hunde lieben das Kraulen mehr.

Ich unterscheide sechs Möglichkeiten der Zärtlichkeitsbeweise:

1. das Kraulen der Brust, das besonders Rüden lieben;
2. das Kraulen der Schwanzwurzel, es löst wohlige Gefühle aus;
3. das Kraulen unter dem Kinn, sanft und mit den Fingerspitzen;
4. das Reiben der Ohrmuscheln und Kraulen hinter dem Ohr;
5. der leichte Klaps und das Tätscheln des Rückens – aber bitte nicht als Abart des menschlichen Schulterklopfens;
6. die flache Hand auf Rücken oder Bauch legen und dort eine Zeitlang liegenlassen.

Wenn sich Ihr Hund dann revanchiert, indem er Ihre Hand leckt, sagen Sie nicht »Pfui!«, sondern lassen Sie ihn. Danach waschen Sie sich die Hände.

Von Hund zu Hund: Wenn Hunde sich die Meinung sagen

Hunde untereinander haben sehr subtile Methoden, sich die Meinung zu sagen. Das geschieht mit dem ganzen Körper, dem Schwanz, den Ohren und dem Fell. Wenn ein Hund sich erwartungsvoll auf etwas zubewegt, dann ist alles an ihm positiv und aufwärtsgerichtet: Körper, Kopf, Ohren, Hals und Schwanz. Der Hund vergrößert sein Erscheinungsbild. Diese Größe soll den anderen einschüchtern, aus der Erwartungshaltung wird aktive Drohung. Die Verhaltensforscher nennen das Imponiergehabe.

Imponieren: Das bedeutet, die Zähne zeigen, ohne sie unbedingt gebrauchen zu wollen; das ist Sich-größer-Machen als man ist, indem man das Fell sträubt, den Kopf hochhebt, die Ohren aufstellt, die Beine durchdrückt und den Schwanz steif und manchmal kerzengerade in die Luft reckt. Dazu dreht man dem Gegner die Breitseite zu und starrt ihn an. (→ Hundewissen von A bis Z, Seite 117). Durch eine solche Begegnung kann die Rangordnung von zwei Hunden auch ohne Kampf entschieden werden.

Hier möchte ich noch zum Nachdenken anregen: Wenn Größe für den Hund bedeutsam und bedrohlich ist, wie erscheinen dann wir ihm? Je nach Hunderasse sind wir doppelt bis sechsmal so groß. Deshalb mein Rat: Versuchen Sie, Ihre Größe nicht auch noch bewußt einzusetzen. Und: Bei dominanten Hunden ist Ihre Größe Ihre Chance, mit ihnen fertig zu werden. Beißunfälle mit Hunden geschehen fast nur, wenn der Mensch dabei hinfällt und seine überlegene Größe verliert.

Die Abwehrbewegung: Sie ist das Gegenteil des Imponiergehabes, der Hund will sich nicht auf etwas zubewegen. So wird denn alles nach unten gesenkt, der Kopf, die Ohren und der Schwanz, das Fell liegt glatt an. Der Hund will nicht drohen, er möchte so schnell wie möglich weg.

Was uns die Ohren verraten

Am besten können wir die Stimmung und die Absicht des Hundes »von den Ohren ablesen«, vor allem bei Hunden mit natürlichen Stehohren, aber auch ein Spaniel oder Basset mit extremen Hängeohren kann noch einiges damit sagen. Grob gesagt bedeuten:

Aufrecht gestellte Ohren: Wachsamkeit, Aufmerksamkeit und Selbstvertrauen;
nach vorne gestellte oder zur Seite gedrehte Ohren: Angriffsbereitschaft;
zurück- oder angelegte Ohren: Unsicherheit.

Zwei Seelen wohnen in des Hundes Brust, wenn er mit aufgestellten Ohren bellt und hinten wedelt. Das passiert häufig bei einem Hund hinter dem Gartenzaun. Er muß sein Revier verteidigen, möchte aber freundlich sein. Wie er letztlich reagieren wird, weiß niemand, im Moment er selber nicht.

Im allgemeinen kann man sagen:
● Je selbstsicherer ein Hund ist, desto bewegter ist sein Schwanz, desto freier pendelt oder wedelt er hin und her.
● Ist der Schwanz hart und unbeweglich, dann ist der Hund zurückhaltend, vorsich-

tig oder sogar ängstlich. Ein solcher Hund kann aus Angst zubeißen.

• Auch wer seinen Schwanz eingekniffen trägt, ist eher ein Underdog, abgesehen von den Windhundrassen, die nach dem Willen der Züchter den Schwanz immer zwischen den Beinen tragen.

Was es mit dem Wedeln auf sich hat, haben Sie bereits erfahren (→ Seite 56). Sie dürfen allerdings das Hin- und Herzukken eines aufgereckten Schwanzes nicht mit Wedeln verwechseln. Ein aufgereckter Schwanz bedeutet vorwärts gerichtete Erregung. Hier müssen Sie im Gesicht des Hundes mitlesen. Ein böses Gesicht und ein aufgereckter bewegter Schwanz heißt: Vorsicht. Weitere Kennzeichen dafür sind: ein gesträubtes Fell, vor allem an der Schwanzwurzel.

Wie der Hund durch sein Fell spricht

Von den Wölfen hat er es übernommen: Der Hund kann einzelne Partien seines Fells sträuben. Am deutlichsten ist das an der Schwanzwurzel ausgeprägt. Wenn sich dort die Haare stellen, will der Hund mir sagen: »Bis hierher und nicht weiter.« Das »Weiter« ist dann ein tiefes Knurren – und den Rest habe ich noch nicht ausprobiert. Wölfe machen dasselbe mit ihren Gesichtshaaren, sie können sich eine regelrechte Drohmaske zurecht sträuben. Gesträubtes Fell und aufrechte Rute als Drohgebärde gehören zusammen. Sinkt die Rute in die Gerade herunter, stimmt das Gesamtbild der Drohung nicht mehr: Der Hund ist unsicher.

Wird das Fell glatt, wirkt der Hund kleiner, alles zeigt nach unten: Er gibt auf. Am liebsten würde er sich wegmogeln. Die absolute Geste des Aufgebens: Der Hund legt sich auf den Rücken.

Wenn Hunde lachen

In meinem Bekanntenkreis habe ich einige Leute, die mir versichern, daß ihr Hund lachen kann. Das habe ich nie bezweifelt, nur daß es etwas ganz Besonderes sein soll, daß ihr Hund der einzig lachende Hund sei, oder aber, daß nur diese Rasse (Barsois) zum Beispiel lachen könne. So etwas Seltenes ist das Lachen bei Hunden nicht. Wenn ein Hund die Lippen nach hinten strafft, die Mundwinkel hochzieht und den Fang leicht öffnet, dann setzt er

sein Spielgesicht auf, eine Mimik, die dem menschlichen Lächeln gleichzusetzen ist. Da der Hund dabei die Zähne nicht zeigt, ist es leicht zu erkennen und kaum mit dem Drohgesicht zu verwechseln. Dieses »Lachen« zeigt er sowohl Menschen als auch Artgenossen gegenüber.

Der Geruch als Verständigungsmittel

Ich habe den Vergleich »Der Hund sieht die Welt durch die Nase« geprägt und so besitzt er auch eine Nasen-Geruchssprache, die uns verschlossen bleibt. Schon bei der Hundebegegnung (→ Seite 58) habe ich davon gesprochen. Alltäglich erleben Sie es bei Sparziergängen, wenn der Hund überall schnüffeln und der Rüde sein Bein heben muß. Und daß dies ein Muß ist, darüber sind sich alle Hundefreunde und -kenner einig. Viele Umweltbewußte halten dieses Bepinkeln von Bäumen, Zäunen und Hausecken für umweltschädigend und für das Wachstum der in Mitleidenschaft gezogenen Pflanzen nicht gerade förderlich. Ihrem Hund zu verbieten, das Bein zu heben bedeutete jedoch eine Einschränkung seines Artverhaltens. Das Beinheben der Rüden dient nicht nur zum Entleeren der Blase, es ist vor allem das Abgeben geruchlicher Signale für andere Hunde. Dabei geht der Rüde sorgfältig dosiert mit seinem Urin um. Die Verhaltensforscher nennen das bildhaft markieren, weil es zunächst dazu dient, die Grenzen des eigenen Reviers abzustekken und für andere Hunde geruchlich zu kennzeichnen. Außerhalb des eigenen Territoriums signalisiert es: »Hier war ich!« – und der Größte ist, wer sein Bein am höchsten heben kann.

Der beste Markierer im Revier

Fax war ein Jagdterrier, ein ebenso hübscher wie überzogen selbstbewußter Hund. Meist kam er federnd daher, als ob er vor Kraft kaum gehen könne. Wenn er sein Bein hob, wurde er zum Zirkushund. Ihm war keine Markiermarke zu hoch, um sie nicht auszulöschen. So balanzierte er zuweilen auf zwei Beinen, wenn vor ihm ein großer Hund dagewesen war und manchmal ging er sogar mit seinen Hinterbeinen an einer Wand hoch, um seinen Urin ganz gezielt abzugeben. Er war der beste Markierer weit und breit.

▷
Gegenüberliegende Seite: »Wie Hund und Katze«? Entgegen dem langgehegten Vorurteil kommt die Freundschaft zwischen Hund und Katze recht häufig vor. Im Bild eine Hovawart-Hündin mit Hauskatze.

Warum der Hund schnüffelt und schnuppert

So wie Menschen sich die Gegend ansehen oder die Zeitung lesen, schnüffelt und schnuppert ein Hund. Denn er erlebt seine Welt in einer Vielzahl von Geruchsbildern und alle Spuren ringsum haben für ihn Nachrichtenwert. Sind es Urinspuren, dann muß ein Rüde die vorhandene Markierung mit seiner Duftmarke überdecken. Im übrigen gibt es auch dominante Hündinnen, die das machen. (Normalerweise markieren Hündinnen nicht, sie lassen sich auslaufen. Ihre natürliche Haltung dabei ist die Hockstellung.) Hunde verewigen sich vor allem da, wo es vorher schon andere gemacht haben. Dieses Sammeln und Verteilen von Duft-Botschaften ist für alle Hunde, vor allem aber für Rüden, sehr wichtig. Wenn Sie es verhindern, können Sie ihm, überspitzt gesagt, seelischen Schaden zufügen.

Hunde schätzen Gerüche, die für Menschen heikel sind. Und da sie eine so gute Nase haben, stellen sie diese auch in geringsten Konzentrationen fest. Deshalb brauchen wir uns nicht zu schämen, wenn uns der Hund den Kopf unter den Rock steckt oder hinten an unserer Hose riecht. Für einen Hund ist der Mensch mit einer Wolke von Gerüchen umgeben, aus der sich der Hund seine Lieblingsdüfte ausfiltert. Auch das ist eine Form von Verständigung und Kontakt.

Vom Graben und Scharren

Das aus der wölfischen Vergangenheit überlieferte Vergraben von Knochen und Fleischresten hatte ursprünglich den Sinn, Vorrat anzulegen und das Fleisch reifen zu lassen. Obwohl der Hund als Hausgenosse des Menschen nicht mehr auf die Beschaffung von Futterreserven angewiesen ist, hat er diese Verhaltensweise bis heute beibehalten. So vergräbt er Futterreste und gelegentlich auch ein Spielzeug im Garten. Mit der Nase wird das aufgewühlte Erdreich dann wieder über die Löcher geschoben. Die gleichen Bewegungen werden auch in der Wohnung gemacht (scharren auf dem Zimmerboden), wenn er dort etwas »vergraben« will.

Der Hund und die Liebe

Dies ist ein eher trauriges Kapitel, vor allem für Rüden. Denn bei ihnen sind die sexuellen Bedürfnisse nicht auf eine bestimmte Zeit begrenzt wie bei Hündinnen (→ Hundewissen von A bis Z, Seite 120), sondern sie bestehen das ganze Jahr über. So sollen in der Großstadt 90 Prozent aller Hunde aufgrund sexueller Frustration verhaltensgestört sein.

Ersatzhandlungen gegen sexuelle Frustration

Es kann passieren, daß Hunde ihren Menschen als Sexualpartner ansehen und versuchen, mit ihm Liebe zu machen, oder auf jungen oder rangniedrigeren Rüden aufreiten.

Das Aufreiten ist eine Ersatzhandlung und hat nichts mit Sodomie oder Homosexualität zu tun. Es ist der untaugliche Versuch des Hundes, mit seinen Nöten fertig zu werden.

Das Beinklammern kann recht peinlich sein: Der Hund klammert sich mit seinen Vorderläufen an ein Menschenbein und führt mit dem Becken kräftige Stöße aus. Menschenbeine sind nicht nur begehrt, weil wir ihm als enge Partner erscheinen, sie sind auch praktischer zu handhaben als ein Kissen. Sie sollten an solchen Ersatzhandlungen weniger Ärgernis nehmen als vielmehr Mitleid mit dem Hund haben. Strenge Strafen sind unangemessen, meist genügt ein Verweis. Wenn allerdings überzogen selbstbewußte Hunde ihren Menschen durch Klammern dominieren, dann ist das eine Frechheit, die man energisch abstellen sollte. Ich erinnere mich an eine Dame, an deren Bein meist ihr Dackel hing und sich auch nicht stören ließ, wenn sie mit dem Hund am Bein durchs Zimmer ging.

Wenn Rüden eine läufige Hündin riechen

In dieser Situation flippen die Rüden völlig aus. Sicheres Anzeichen, daß der Rüde den Urin einer läufigen Hündin riecht: Er schnüffelt häufig an der Duftmarke, hebt immer wieder den Kopf und starrt in schweigender Konzentration in unbestimmte Ferne, dann klappert er mit den Zähnen: Die chemische Botschaft ist sehr stark. Und nun müssen Sie Ihre Leine gut festhalten, denn der bravste und häuslichste Hund versucht jetzt, zu der unbekannten Liebsten zu kommen.

Im Frühjahr, wenn die Läufigkeiten der Hündinnen in der näheren und weiteren Nachbarschaft zusammenfallen, packt es die Rüden mächtig. Sie werden unruhig und versuchen, eine dieser Hündinnen zu erreichen. Zu diesem Zweck graben sie sich unter Zäunen durch, springen oder klettern über dieselben, entwischen durch die Haustüre, laufen beim Spaziergang davon: alles Dinge, an die sie sonst nie denken würden. Oder aber sie singen mit rundem Maul und in den Nacken gelegtem Kopf ihre Lieder in die Luft, wobei es sie manchmal vorne richtig hochreißt.

Ein Wort an die Besitzer von Hündinnen
Wenn man die Hündin nicht durch eine Hormonbehandlung von der Läufigkeit befreien will (→ Seite 100), ist der beste Weg für Besitzer von Hündinnen, sich in dieser Zeit möglichst unauffällig zu machen. Das heißt: Man trägt die Hündin, wenn sie nicht zu schwer ist (sonst bringt man sie ins Auto), aus dem Haus zu einem für Rüden unzugänglichen Platz, wo sie sich lösen kann. Denn nur wenn man die Spur zum Haus unterbricht, kann man vermeiden, daß die Rüden vor der Haustür auf der Lauer sind.

Eine grobe Rücksichtslosigkeit ist es, die Hündin in diesem Zustand frei laufen zu lassen. Abgesehen davon, daß von einem bestimmten Zeitpunkt an auch die Hündin wegläuft und streunt, zwingt man Rüdenbesitzer, mit einem an der Leine zerrenden Hund der verwinkelten Spur der Hündin nachzukeuchen. Ich kenne sogar Leute, die glauben, sie und ihre Hündin hätten Anspruch auf Rücksichtnahme. Sie lassen die Hündin frei laufen und rufen dem Rüdenbesitzer zu, doch seinen Hund anzuleinen, da ihre Hündin läufig sei. Rüdenbesitzer, die diesen Aufforderungen trotz allen Risikos nicht nachkommen, kann ich angesichts solcher Unvernunft durchaus verstehen.

4 bis 6 Wochen saugen die Welpen bei der Hundemutter. Im Bild eine säugende Irish Setter-Hündin mit 3 Wochen alten Welpen.

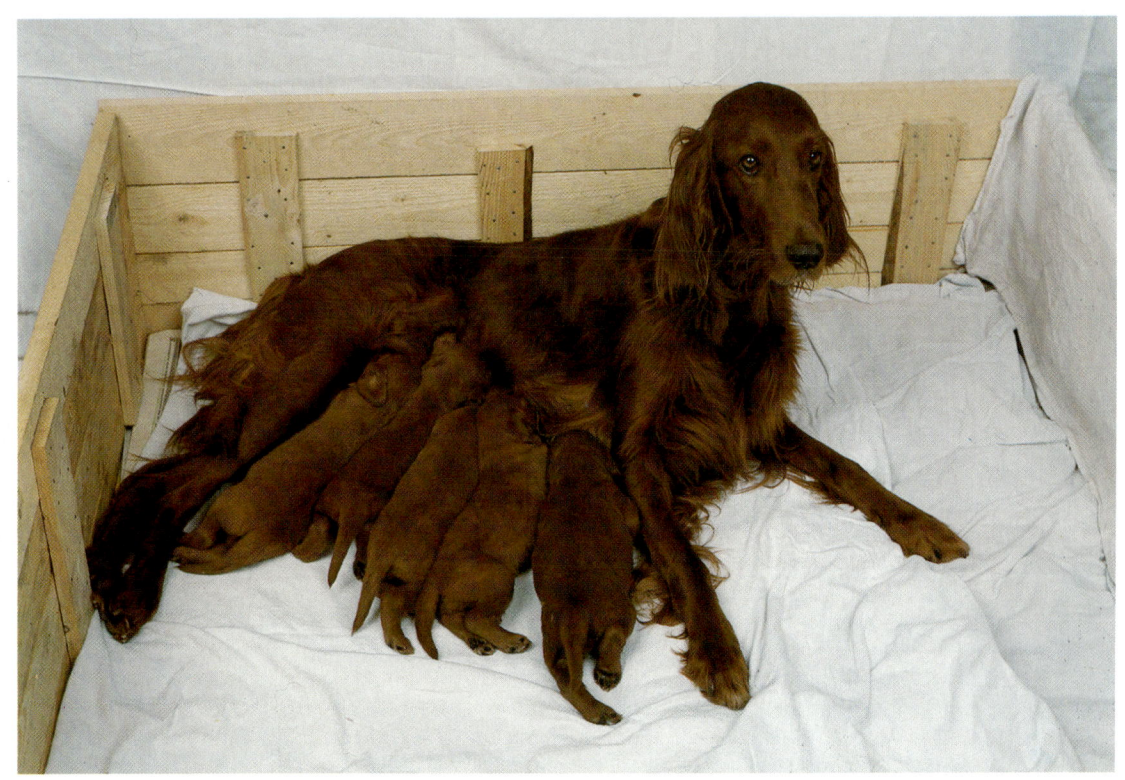

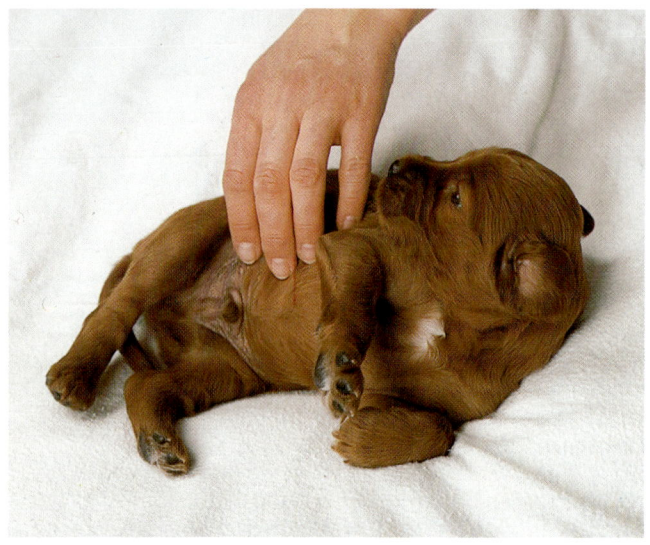

Geschlechts-kontrolle beim Welpen und zugleich körperlicher Kontakt zum Menschen. Die Bindung an den Menschen erfolgt in der 3. bis 7. Lebenswoche. Im Bild ein Irish Setter-Welpe, 3 Wochen.

Bei einem geglückten Akt dauert das Hängen (das ist die Zeit, in der Rüde und Hündin unlösbar miteinander verbunden sind) etwa 15 Minuten. Alle Versuche, es künstlich zu beenden, sind brutal und können beide Hunde schwer verletzen.

Wenn eine Hündin Mutter wird

Ich beschreibe dieses Ereignis nicht als Gebrauchsanweisung für Amateurzüchter, sondern um Sie als Hundebesitzer über den Verlauf der Trächtigkeit der Hündin und die Geburt der Welpen zu informieren. Da keine Hündin aus irgendwelchen gesundheitlichen Notwendigkeiten Junge bekommen muß, bitte ich Sie herzlich, dafür zu sorgen, daß es keinen Nachwuchs gibt. Jeder von uns kann dazu beitragen, daß Hundezucht verantwortungsbewußt – das heißt begrenzt – betrieben wird. Sollte es ungewollt passieren, können Sie der Hündin am 4. bis 6. Tag nach dem »Fehltritt« vom Tierarzt eine die Trächtigkeit verhindernde Spritze geben lassen. Wollen Sie das nicht, müssen Sie mit einer durchschnittlichen Tragezeit von etwa 60 Tagen rechnen. Nicht selten kommen die Welpen früher zur Welt. Besprechen Sie die Geburt mit Ihrem Tierarzt, mit jeman-

dem, der Erfahrung mit Hundegeburten hat und besorgen Sie sich spezielle Literatur zu diesem Thema (→ Bücher, die weiterhelfen, Seite 170).

Lesen Sie bitte dazu auch die Stichworte »Läufigkeit« (→ Seite 120) und »Scheinträchtigkeit« (→ Seite 123) im Hundewissen von A bis Z.

Trächtigkeit und Geburt

Wird die erfolgreich gedeckte Hündin trächtig, kann der Tierarzt oder ein erfahrener Züchter zwischen dem 22. und 28. Tag die Jungen fühlen. Nach der 5. Woche wird der Bauch dicker, die Geburt erfolgt im allgemeinen zwischen dem 60. und 63. Tag, laut Statistik meist um 3 Uhr morgens früh.

Achten Sie darauf,
● daß die Hündin während der Trächtigkeit geschont wird und
● qualitativ bessere Nahrung bekommt;
● daß Sie ihr eine Wurfkiste einrichten und
● die Hündin an das Geburtslager gewöhnen müssen (→ auch Bücher, die weiterhelfen, Seite 170).

An Ihnen liegt es, ob Sie sich trauen, die Geburt ohne Hilfe durchzuführen. Etwa 24 Stunden bevor die Wehen einsetzen, wird die Hündin unruhig. Dann können aber noch Stunden bis zur Ankunft der Welpen vergehen. Sie müssen in dieser Zeit ganz ruhig sein, die Hündin braucht das und spürt Ihre eventuelle Panik. Die Geburt des ersten Welpen dauert am längsten, so lange sich die Hündin jedoch ruhig verhält, verläuft die Geburt natürlich. Die Zahl der Welpen liegt zwischen 4 (Zwergpudel) und 8 (Bernhardiner); auch Beagles können große Würfe haben. Anweisungen zur Geburtshilfe kann ich nicht geben, da ich keine Erfahrung darin habe.

Der Hund –
die beste Medizin

Unser treuestes Heimtier, so entdeckten Mediziner, Psychologen und Soziologen, ist nicht nur Wächter und Gesellschafter des Menschen, es ist auch eine Art Medizin. Die Haltung eines Hundes dient der Erhaltung der körperlichen wie seelischen Gesundheit:
● Zahlreiche Ärzte empfehlen einen Hund als Dauertherapie gegen Bewegungsmangel und die daraus resultierenden Krankheiten.
● Einig sind sich Mediziner und Psychologen auch darüber, daß ein Hund das beste Heilmittel gegen den Streß im täglichen Berufsleben ist.
● Noch wichtiger wird seine Bedeutung für den Menschen nach dem Ausscheiden aus dem Berufsleben: Ein Hund vermittelt nicht nur das Gefühl, noch gebraucht zu werden, er fordert den Menschen täglich und hält und verschafft ihm weiterhin Kontakte. Das ist in unserer Zeit der Isolation und Frühpensionierungen besonders wichtig.

Der Hund als Bewegungshelfer
Bewegungsmangel ist die Ursache für eine Reihe von körperlichen Verfallserscheinungen, deren Summe zu echten Krankheiten führt. Schon die einfachste Art der körperlichen Bewegung, das Spazierengehen, kann diesen Verfallserscheinungen entgegenwirken. 85 von 100 Ärzten haben die Frage, ob Zufußgehen dazu beiträgt, die Lebenserwartung zu erhöhen, mit einem eindeutigen Ja beantwortet. Jeder Hundebesitzer muß regelmäßig spazierengehen, jeder zweite ist pro Woche 10 bis 20 Stunden zu Fuß unterwegs. Das hält gesund.

Der Hund als Heiler
Diese regelmäßigen Spaziergänge können auch in der Rehabilitation eingesetzt werden. Die amerikanische Professorin Erika Friedmann hat Patienten nach einem Infarkt befragt und beobachtet und dabei eindeutig festgestellt, daß Heimtierbesitzer eine viermal höhere Überlebenschance

haben als Patienten ohne Heimtiere. Sie kam zu folgender Erkenntnis: Nicht nur die körperliche Aktivität durch einen Hund wirkt lebensverlängernd, auch als Gesellschafter und Objekt der Fürsorge hat der Hund eine direkte physiologische Wirkung.

Der Hund am Krankenbett
Lebensbejahung durch ständigen Kontakt mit dem eigenen Hund ist die positive Erfahrung, die Alterskliniken in den USA und in Australien gemacht haben, als das übliche Hundehaltungsverbot aufgehoben wurde.
Bei uns setzt sich Professor Wolfgang Piotrowski, Direktor der Neurochirurgischen Klinik in Mannheim für diese Therapie ein. Er verspricht sich vom Zusammenleben von Hund und Patient eine beruhigende Wirkung, vor allem in Einrichtungen der Strahlentherapie oder in Nachsorgekliniken für Krebskranke. Dackel, Pudel oder Schnauzer wären als »Hund im Krankenzimmer« vorzuschlagen. Das Hygieneproblem (→ auch Seite 103), das sich dabei zunächst aufdrängt, ist lösbar.

Der Hund und das seelische Wohlbefinden
Ein Hund kann die Lebensqualität eines Menschen deutlich verbessern:
● Er vermag psychologisch zentrale Bedürfnisse zu erfüllen; zum Beispiel das Vermeiden von Einsamkeit und Lange-

Eine Handvoll Hund: der 4 Tage alte Welpe, aus dem einmal ein kräftiger Entlebucher Sennenhund wird.

71

weile, das Herstellen von sozialen Kontakten oder das Erleben von Dankbarkeit und Verständnis.

● Er verhilft seinem Herrn zu einem positiven Selbstwertgefühl, zu Selbstbejahung und Selbstvertrauen.

Der Hund als Lebenshilfe

Nach Ansicht der meisten Psychotherapeuten ist der Hund ein idealer Gefährte für Menschen, die an speziellen Gemütsstörungen oder seelisch bedingten Fehlfunktionen leiden. Dr. Marcel Heimann vom Mount Sinai Hospital in New York begründet das so: »Für den Gemütskranken ist der Hund oft der Anker, der ihn vor dem wirklichen Versinken in die Krankheit bewahrt. Bei der Sorge für seinen Hund lernt der Ichbezogene, eigene Wünsche hinter der Betreuung anderer Lebewesen zurückzustellen. Der Hund bietet auch ein Ventil für überströmende Liebesgefühle bei Menschen, die aus irgendeinem Grund einer solchen Liebe gegenüber Menschen nicht mehr fähig sind.«

Hunde sind wichtige Kontaktspender für streßgeplagte, noch nicht kranke Menschen, die sich in schwierigen Situationen befinden. Der Kontakt mit dem Hund baut negative Affektzustände ab. Angstzustände werden durch Streicheln des Hundes gedämpft, durch den körperlichen Kontakt tritt sogar eine Senkung des Blutdrucks auf.

Der Hund als Lebensverlängerer

Für ältere Menschen gibt es kaum ein besseres Rezept, gesund und ausgeglichen zu bleiben, als mit einem Hund zusammenzuleben. Für einsame alte Menschen ist der Hund oft die letzte hauchdünne Wand, die sie von der Resignation, der Selbstaufgabe, trennt.

Für körperlich behinderte Menschen ist der Hund eine große Lebenshilfe. Hier ein Rottweiler-Schäferhund-Mischling als verkehrssicherer Begleithund.

Die Erziehung des Hundes zum Hausgenossen

Es gibt zahlreiche Bücher über Hundeerziehung mit unterschiedlichen Ansichten und Tendenzen. Ich habe mich in diesem Ratgeber für Hunde nur auf wenigen Seiten mit dieser Thematik befasst, die Ihnen aber trotzdem Nutzen bringen sollen. Deshalb beschränke ich mich auf die wichtigsten Übungen, die aber dann auch wirklich »sitzen« sollten.

Grundkurs für Erzieher

Ganz allgemein ist zur Erziehung des Hundes zu sagen: Je früher Sie anfangen, sich mit dem Hund zu beschäftigen, um so besser und leichter ist es, ihm etwas beizubringen. Die ersten Erfahrungen, die ein Hund mit den Menschen macht, sind für sein ganzes Leben bestimmend.

Autorität muß sein!

Falls Sie ein Anhänger der antiautoritären Kindererziehung sein sollten, vergessen Sie es. Unter Menschen ist das Geheimnis gut miteinander auszukommen, dem anderen gegenüber tolerant und freundlich zu sein, gegebenenfalls auch einmal nachzugeben. In der Hundeerziehung ist Autorität das Geheimnis des Erfolges. Jeder Hund braucht die Autorität, wenn er sie vermißt, macht er was er will, und es gibt Protest: Er gehorcht gar nicht. Zu Ihrer Beruhigung: Auch ohne Autorität werden Sie von Ihrem Hund zwar weiter geliebt, doch er respektiert Sie nicht mehr. Mit Autorität meine ich hier nicht Macht, die mit Angst regiert, sondern die selbstverständliche Überlegenheit eines Anführers, der konsequent auf der Befolgung seines Willens besteht. Das wiederum in einer Mischung aus liebevollem Einfühlungsvermögen und bestimmender Strenge, die jedoch von Lob übertroffen wird.

Merksätze für die Erziehung des Hundes

1. Bringen Sie Ihrem Hund so wenig wie möglich bei, das aber ganz genau und gewissenhaft.
2. Bringen Sie Ihrem Hund alles Notwendige bei, das für ein gutes Zusammenleben erforderlich ist — auch für das Zusammenleben mit den Nachbarn.
3. Bevor Sie mit dem Hund zu üben beginnen, üben Sie mit sich selbst. Als Hundelehrer muß man einige Tugenden und Eigenschaften haben, auf die man im normalen Alltag nicht so achtet (→ Seite 74).
4. Der Ablauf der Übungen soll für den Hund zu einem Ritual werden. Verhalten Sie sich deshalb beim Einüben pedantisch und pingelig, auch wenn das Ihrem eigentlichen Naturell widerspricht. Mit lässiger Großzügigkeit bringen Sie niemandem etwas bei, auch nicht dem klügsten Hund.

Eigenschaften,
die ein Hundeerzieher braucht

Bei allen Erziehungsübungen sollte das Klima freundlich sein. Deshalb muß ein Hundelehrer neben Autorität folgende Eigenschaften haben:

Viel Geduld: Wie begriffsstutzig oder ablenkbar sich Ihr Hund auch erweist, sie dürfen nie die Nerven oder die Lust verlieren. Sollte der Hund auch unwillig sein, Sie müssen die Freude an jeder Übung behalten und sie auch zeigen.

Konsequenz: Wiederholen Sie jede Übung so lange, bis sie wirklich sitzt. Lassen Sie eine Übung nie durch den Hund abbrechen, nur Sie dürfen sie beenden. Und wiederholen Sie die Übung immer wieder, später als Bestandteil eines Übungsrituals. Es darf Ihnen niemals langweilig werden.

Freundlichkeit: Hundeerziehung ist keine Herrschaft des Einschüchterns und der Drohungen. Die Stimmung während der Übungen soll harmonisch und freundlich sein, was nicht heißt, daß man dem Hund alles durchgehen läßt. Freundliche Strenge ist wohl die richtige Bezeichnung.

Entspanntsein: Stehen Sie nicht unter Druck oder Streß und bringen Sie sich auch selbst nicht in Terminzwang, bis wann Sie eine Übung beendet haben wollen. Je entkrampfter und ruhiger Sie mit dem Hund üben, um so leichter gelingen die Übungen. Es baut sich keine Spannung auf, die den Hund unruhig macht.

Richtige Selbsteinschätzung fängt damit an, welche Rasse Sie sich aussuchen: Paßt sie wirklich zu Ihnen oder ist sie »eine Nummer zu groß«? Sie können aber auch an Schwierigkeiten wachsen. Die Kategorien »Komplementärhund« oder »Resonanzhund« sind zwar nur ein grobes Raster, aber als Entscheidungshilfen doch recht nützlich. Der Komplementärhund ergänzt mit seinen Eigenschaften den Menschentyp, das heißt also: ein ausgeglichener Hund für einen Choleriker, ein lebhafter Hund für einen Phlegmatiker; der Resonanzhund liegt mit seinem Menschen auf der gleichen Welle: ein ausgeglichen-beweglicher Hund bei einem Sanguiniker, ein Hund mit gedämpftem Temperament bei einem Melancholiker.

Schulen Sie Ihre Stimme, ein wenig so, als wollten Sie die Schauspielprüfung able-

Je mehr man dem jungen Hund beibringt, um so leichter hat man es in den späteren Jahren. Im Bild drei English Bulldog-Welpen im Alter von 8 Wochen bei den ersten Erziehungsübungen.

gen. Üben Sie so lange, bis Sie Befehl, Lob und Tadel im richtigen, dem Hund verständlichen Tonfall ausdrücken können. So erkennt der Hund, ob Herrchen entschlossen, zufrieden oder unzufrieden ist. Da Hunde sehr gut hören, brauchen Sie nicht zu brüllen, der Tonfall macht die Musik. Verwenden Sie immer die gleichen Worte und prägen Sie sich diese Worte ein. Die Worte sind die Schlüssel zum Gehirn Ihres Hundes, sie lösen den Ablauf von Handlungen aus, den wir gehorchen nennen. Und reden Sie bei den Übungen nicht zuviel. Nur beim Lob darf Ihre Stimme singen und klingen.

Kontrollieren der Bewegungen: Beobachten Sie sich bei einer Übung im Spiegel oder, zwar aufwendiger, aber besser: Lassen Sie sich von Ihrem Partner mit Video aufnehmen. Haben Sie Ihren Körper in der Gewalt, Ihre Arme und Hände? Oder zappeln Sie herum? Hunde sind Meister im Verstehen der Körpersprache. Die Leistungen von Artistenhunden beruhen darauf, daß der Hund auf feinste Bewegungen reagiert. Wenn nun Körpersprache und gesprochener Befehl nicht übereinstimmen, wird der Hund unsicher. Versuchen Sie sich zu jedem Befehl eine passende Handbewegung anzugewöhnen, bei »Sitz« ein Senken der flachen Hand, bei »Komm« ein lockendes Handwinken.

Die Veranlagungen des Haustieres Hund

Im Spiel lernen, das ist das große Erfolgsgeheimnis aller sozialen Wesen. Hunde lernen für ihr Leben gern. Die Natur hat ihnen Anlagen mitgegeben, die die Erziehung zur Folgsamkeit leicht machen. Anlagen, die erklären, warum gerade der Hund zu unserem liebsten Heimtier geworden ist. Da gibt es
● den Meutetrieb, das Bestreben, sich einer Gruppe anzuschließen.
● die Unterordnungsbereitschaft bedingt, daß das Zusammenleben in der Gruppe funktioniert! Der Hund, da er noch ganz Wolf geblieben, unterwirft sich zunächst seinem Vater, später dem Rudelführer. Als sein Herr haben Sie diese Rollen übernommen und müssen sie ausfüllen. Das erwartet Ihr Hund von Ihnen. Hinzu kommt
● die Führigkeit, die Veranlagung, innerhalb einer Gruppe (Familie) den angewiesenen Platz einzunehmen und immer wieder zur Gruppe zurückzukommen. Dieses »Bei-der-Gruppe-Bleiben« ist im Bringtrieb des Hundes verankert: Beute wird aufgenommen und gebracht. Weitere arttypische Anlagen des Hundes sind:
● ein sehr gut funktionierendes Wahrnehmungsvermögen,
eine wache Aufmerksamkeit,
● eine gute Auffassungsgabe und
● ein sehr ordentliches Gedächtnis. Hierzu muß man wissen, daß ein Hund nur die direkt aufeinander folgenden Ereignisse miteinander verknüpfen kann. Nicht zu vergessen für den Erfolg des Lehrprogramms ist
● die Liebe und Zuneigung, die ein Hund seinem Herrn entgegenbringt. Sie machen ihn zum hochmotivierten Schüler.

Die Stimme seines Herrn

Ihr Hund hört Ihnen gern zu, vor allem, wenn Sie freundlich mit ihm reden – und das sollten Sie häufig tun. Auch wenn ihm Ihre Worte am Anfang noch wenig sagen, auf den Tonfall Ihrer Stimme achtet er genau und weiß instinktiv, richtig darauf zu reagieren.

Lob als Grundlage

Während der Erziehungsübungen, ob mit dem Welpen oder mit dem erwachsenen Hund, soll zwischen Mensch und Hund Harmonie herrschen. Je entspannter der Mensch, um so lernwilliger der Hund. Lob ist für jeden Hund etwas »Seelennotwendiges«, es baut ihn auf, motiviert ihn und macht ihn glücklich. Wobei Lob etwas Grundsätzliches ist und nichts mit einer Belohnung zu tun hat.

»Lob mit Worten« und »körperliches Lob«: Während einer Übung wird nur mit Worten gelobt, ein Tätscheln oder Kraulen würde den Hund ablenken und aus der Übung reißen. Wie ich schon sagte, ein Lob muß singen und klingen, es muß mit Gefühl aus dem Herzen kommen, der Hund hat dafür ein feines telepathisches Gespür. Loben Sie mit einfachen Worten und genieren Sie sich nicht vor sich selbst oder vor einem Fremden, der Sie zufällig beobachtet.

Befehle in exaktem Tonfall

Deutlich vom Lob und der Lobstimme abgesetzt sollen die Befehle und Kommandos erfolgen. Ihre Einsilbigkeit wie »Komm«, »Platz« oder »Sitz« verlangt nach einem klaren, eindeutigen Tonfall. Befehle sind ernstgemeint, und so sollen sie auch klingen. »Bitte« ist kein Wort in der Mensch-Hunde-Verständigung, wie höflich Sie auch von Natur aus sein mögen. Mir fällt es auch nicht leicht, auf dieses »Bitte« zu verzichten.

Der Tadel soll Schärfe haben

Die »Strafe mit Worten«, der Tadel, das »Pfui«, oder »Nein« sollte scharf akzentuiert werden, in knappem, durchdringendem Tonfall. Hier lernt der Hund sogar zwischen einem kleinen und einem großen »Pfui« zu unterscheiden. Benutzen Sie das Strafwort »Pfui« oder »Nein« nur für diesen Zweck, verbannen Sie es sonst aus Ihrem Wortrepertoire. Sie können das Strafwort verschärfen, indem sie vor dem Hund mit der Hand auf den Boden schlagen oder den verbotenen Gegenstand schlagen, nie aber den Hund. Für mich ist der Tadel die wesentliche Strafe in der Erziehung; ein Klaps, ein Schlag oder das Nackenschütteln verwirren den Hund eigentlich nur.

Strafe muß sein?

Versuchen Sie doch mal mit mir wie ein Hund zu denken.
Die Situation: Ein Welpe nagt an einem Teppich, wobei für ihn nur das Nagen wichtig ist. Er weiß von dem Teppich nichts, und Nagen ist eine Art Naturtrieb. Sie wollen ihm das abgewöhnen und sind verbittert über die Mißhandlung Ihres Teppichs. Also schimpfen Sie lautstark und geben dem Hund einen Klaps.
Die Reaktion des Hundes: Als Sie zu schimpfen begannen, hatte der Hund seine Aufmerksamkeit Ihnen zugewendet, also kam die Strafe von Ihnen, der Teppich war inzwischen vergessen.
Die Folgen: Das einzige, was der Welpe lernt, wenn so etwas häufiger geschieht: Nach Schimpfen folgt ein Klaps, und der

Mensch tut weh. Er wird also, wenn Sie wieder schimpfen, mit Beschwichtigungsgesten wie Wedeln und Nackenbeugen reagieren, und die Vermenschlicher werden das als »schlechtes Gewissen« oder »Schuldbewußtsein« deuten. Dabei hat ein Hund weder ein gutes noch ein schlechtes Gewissen, und der Begriff Schuld ist ihm unbekannt. Und alles das hat nichts mehr mit dem Teppich zu tun, der weiter benagt wird.
Richtig machen Sie es so: Der Welpe nagt am Teppich, der Mensch, nicht schimpfend, sondern so unbeteiligt wie möglich, wirft ihm seinen Schlüsselbund ans Hinterteil. Der Hund erschrickt, und da er voll und ganz mit dem Teppich beschäftigt ist, hat ihn der Teppich erschreckt. Nach einigen Wiederholungen weiß er, Teppichnagen bringt Schmerz am Hinterteil. So einfach ist das: Immer wenn es darum geht, dem Hund etwas abzugewöhnen, müssen Sie eine Situation erfinden, die ihm den Eindruck vermittelt, die unangenehmen Folgen kämen von der unerlaubten Tätigkeit und nicht von Ihnen. Das ist leichter als es scheint. Da Hunde weder Lüge noch Hinterlist kennen, können Sie sie täuschen, wenn Sie Ihre Mimik und Bewegungen unter Kontrolle behalten und schweigen.

Merksätze zum Strafen

1. Es geht nicht darum, einen Hund zu strafen, sondern darum, ihm unerwünschtes Tun zu verleiden.
2. Jede Korrektur durch Tadel muß ganz genau im richtigen Augenblick erfolgen, damit sie vom Hund auch verstanden wird.

▷
Gegenüberliegende Seite: Die Aufzucht und Erziehung eines Hundes erfordert soviel Zeit wie die eines Kindes. Im Bild: Heidi mit ihrem 8 Wochen alten Chow Chow Welpen.

Die Entwicklungs-phasen der Welpen

Man kann es nicht oft genug betonen, und ich wiederhole es hier noch einmal, daß die Erziehung am besten klappt, wenn bestimmte Übungen in bestimmten Zeiträumen abgehalten werden: den Entwicklungsphasen des Welpen, in denen er für sein ganzes Leben geprägt wird. Die Forscher J. P. Scott und J. L. Fuller haben das herausgefunden, Eberhard Trumler hat die Untersuchungen ausgebaut und vor allem popularisiert. Genauso wichtig wie die Ausnutzung des ersten Lebensjahres für die Erziehung, ist die Lebenszeit bis zur 10. Woche, in der der Welpe bei seiner Mutter und seinem Züchter war. Achten Sie deshalb beim Kauf darauf,
● daß die Welpen in einer Umwelt leben, die der ähnlich ist, die er bei Ihnen vorfinden wird;
● ob die Hunde in Ruhe aufwachsen und nicht in einer streßigen Umgebung leben;
● daß die Welpen Menschenkontakt haben. Ein supermoderner Zwinger mit Kunststoffmulden als Wurfkisten ist nicht wichtig.

Von der 10. bis zur 12. Woche: die Sozialisierungsphase
Das ist die Zeit, in der der Welpe zu Ihnen kommt, in der gerade die Partnerschaft zwischen Hund und Mensch geprägt wird. Aber auch der Kontakt zu anderen Hunden ist in dieser Zeit wichtig. Was lernen wir dem Welpen in diesen Wochen?
● Er wird zur Stubenreinheit erzogen (→ Seite 80).
● Er geht die ersten Schritte an der Leine (→ Seite 81).
● Er lernt das Autofahren (→ Seite 84).
● Er darf und soll mit anderen Hunden kontakten (→ Seite 58).
● Beim häufigen Spiel nehmen wir ihm immer die Beute weg – er lernt dadurch, die Beute zu bewachen und zu verteidigen. Um ihn nicht zu frustrieren, gleichen Sie die Situation mit Lob aus.
Es sind zwei Wochen, die für Sie und den Welpen ein volles Programm bedeuten. Er darf jedoch nicht überanstrengt werden.

Üben Sie nie länger als eine Viertelstunde. Brechen Sie eine Übung aber nicht ab, weil der Hund nicht mehr mag, sondern er muß die Übung zu Ende führen. Konsequenz und Geduld sind jetzt die wichtigsten Erziehungsmittel.

Von der 13. bis zur 16. Woche: die Rangordnungsphase
In dieser Zeit begreift der Hund am besten, daß Tadel und Strafe die Folge von Dingen sind, die er nicht tun darf. Er versteht, daß sein Herr die Autorität ist, der er sich unterordnen muß und daß alles Lob von diesem Herrn kommt. Menschlich gesehen befindet er sich jetzt im Kindergartenalter.
Wenn Sie versäumen, in dieser Phase Ihre Autorität durchzusetzen, wird Ihr Hund sein Leben lang der Boß in Ihrer Familie sein.
Jetzt lernt er auch, daß man Menschen nicht anspringen darf. Er lernt »Sitz«, »Platz«, »Komm«, daß Betteln nicht erlaubt ist und daß er allein zu Hause bleiben muß. Außerdem bringen Sie ihm »Aus« und »Pfui« bei (→ Seite 83 bis Seite 85).

Von der 17. bis zur 24. Woche: das Umgebungsbewußtsein
Eine kritische Zeit, in der sich das Umgebungsbewußtsein manifestiert. Der Hund erfaßt den Lebensraum, in dem er lebt und reagiert auf alle Veränderungen nervös und ängstlich. Bringen Sie ihm jetzt nichts Neues bei, sondern vertiefen Sie alles Gelernte.
Zwischen dem 5. und 6. Monat (20. bis 24. Woche) beginnt der Hund selbständig zu werden: Nach der Vorschulzeit ist er nun »schulreif« geworden und benötigt eine feste Hand und noch mehr Geduld. Jetzt können Sie ihm das richtige Gehen an der Leine beibringen mit Wenden, Anhalten und Setzen (→ Seite 83).

Vom 6. bis 12. Monat: die Pubertätsphase
In der Phase der Pubertät benimmt sich Ihr Hund flegelhaft. Er versucht, manches »Gelernte« zu vergessen, sich aufzulehnen und probiert, ob Sie wirklich sein Rudelchef sind. Wenn Sie ihn jetzt nicht zu grundsätzlichem Gehorsam erziehen, haben Sie ihn verzogen. Ab dem 7. Monat hebt der Rüde sein Bein, und die Hündin

kann zum ersten Mal läufig werden.
Theoretisch muß der Hund an der Leine
oder frei laufend allen Ihren Kommandos
Folge leisten. Hoffentlich tut er es in der
Praxis auch. Gewöhnen Sie ihm jetzt unerwünschtes Bellen ab, indem Sie besänfti-
gend auf ihn einreden und dabei immer
das gleiche Wort »Ruhig« wiederholen.
Hier habe ich Ihnen in Kurzfassung erläu-
tert, wann Sie Ihrem Welpen am besten
was beibringen. Sollten Sie sich aber einen
schon älteren Hund angeschafft haben,
müssen Sie nicht verzagen. Da Hunde bis
ins hohe Alter lernfähig und lernwillig
bleiben, steht nichts im Wege, ihm auch
jetzt noch zum Beispiel das richtige Gehen
an der Leine beizubringen. Trotzdem gilt:
Je früher Sie mit der Erziehung eines Hundes beginnen, um so leichter ist es für Sie
und den Hund und um so besser wird er
sein Leben lang das Gelernte beherrschen.
Die beiden Grundregeln der Hundeerziehung besagen:
● Bringen Sie den Hund dazu, daß er
versteht, was Sie von ihm wollen.
● Hat der Hund einen Befehl verstanden,
soll er ihn auch ausführen.

Anmerkung: Geben Sie nie Befehle mit
bittender Stimme, sondern bestimmend.
Schreien ist überflüssig.

Die Erziehung des Welpen

Bevor Sie dem Welpen die Umgangsformen beibringen können, die ihn zum
angenehmen wohlerzogenen Hund machen, müssen Sie ihn bei sich haben. Zwei-
fellos ist es am besten, ihn selbst abzuho-
len. Lassen Sie ihn nicht schicken, Hunde
sind keine Versandobjekte (→ Seite 12).

Abholen und Eingewöhnen
Besuchen Sie den Züchter, bei dem Sie
Ihren Welpen kaufen, mindestens zwei-
mal: Wenn Sie sich Ihren Welpen aus-
suchen und wenn Sie ihn abholen. Können
Sie Ihren Welpen inzwischen besuchen
und mit ihm etwas spielen, um so besser.
Mit 10 Wochen kommt er zu Ihnen. 6 Wo-

chen, wie manche Verhaltensforscher verlangen, halte ich für zu früh, viele Welpen saugen dann noch.

Holen Sie ihn mit dem Auto ab, nehmen Sie eine zweite Person mit, die fährt, während Sie sich um ihn kümmern. Achten Sie darauf, daß vorsichtig und ruhig gefahren wird: Der Hund soll ans Auto gewöhnt und nicht abgeschreckt werden. Eine feuchtigkeitsundurchlässige Decke ist nützlich und ein Tuch aus dem Zwinger, damit es unterwegs nach Zuhause riecht. Der Welpe soll es außerdem schön warm haben, dann wird er die Fahrt gut überstehen.

Während der ersten Nächte müssen Sie konsequent sein; der Welpe muß an seinen Schlafplatz gewöhnt werden. Bestimmen Sie, wo er bei Ihnen schlafen soll. Wenn er heult und jault, beruhigen und streicheln Sie ihn ein wenig, bleiben Sie aber nicht zu lange bei ihm. Nach einigen unruhigen Nächten geht dann die Eingewöhnung ihren natürlichen Gang. Aus dem neuen Welpen wird schnell Ihr Hund. Über die Gesundheitsfürsorge des Welpen lesen Sie im Kapitel »Wenn der Hund krank ist« (→ Seite 95).

Erziehung zur Stubenreinheit

Sauberkeit und Stubenreinheit ist das erste, was wir dem Welpen beibringen, weil es für das Zusammenleben doch sehr wichtig ist, daß der Hund nicht in die Wohnung macht. Stubenrein, das heißt, daß der Hund sich nur auf Spaziergängen oder im Garten entleert und ankündigt, wenn er zwischen diesen Zeiten einen Drang verspürt. Es dauert etwa drei Wochen, bis der Welpe soweit ist. Drei Wochen in äußerster Konsequenz. Da der gefüllte Magen den größten Druck auf die Blase ausübt, muß der Welpe unmittelbar nach jeder Mahlzeit ausgeführt werden. Lassen Sie ihn nicht selber marschieren, sondern tragen Sie ihn an einen Platz mit Gras oder weichem Untergrund, wo andere Hunde auch schon waren. Diesen »Stammplatz« behalten Sie bei, dann wird er bald begreifen, was Sie von ihm erwarten.

Wie man einen Welpen trägt: In den ersten Lebenswochen trägt die Hundemutter ihre Jungen am Nackenfell. Das ist aber nicht mehr die richtige Methode, wenn wir ihn stubenrein machen. Außer-

Die erste Erzieherin im Leben eines Hundes ist seine Mutter. Sie bringt ihm die Grundlagen des Wohlverhaltens bei. Im Bild ein Airedale Terrier mit 11 Wochen altem Welpen.

dem transportiert er sich so schlecht. Auch ist der Hund kein Baby, das man unter den Arm faßt und hochhebt. Dabei hebt man ihm die Schultern vom Körper ab, die nur durch den großen Sägemuskel am Brustkorb ansitzen. Das tut dem Hund weh. Das Tragen soll aber Wohlbefinden auslösen. Am einfachsten faßt man mit der einen Hand unter seinen Brustkorb und unterstützt ihn mit der anderen unter seinem Po.

Lassen Sie dem Welpen Zeit und achten Sie darauf, daß er seinen See und sein Häufchen macht. Verlieren Sie weder Geduld noch Nerven, wenn er draußen nichts gemacht hat, das aber sofort in der Wohnung nachholt.

Loben Sie ihn überschwenglich und liebevoll nach jedem richtig vollbrachten Geschäft. Aber erst, wenn er wirklich fertig ist, sonst behält er einen Rest zurück, den er dann nach Gutdünken verteilt.

Lassen Sie ihn sein Geschäft an der Leine machen, auch wenn Sie einen Garten haben, dann ist er das gewohnt und man hat ihn auch später unter Kontrolle. Versuchen Sie, das Lösen mit einem Befehl zu verbinden wie »Braver Hund« oder »Mach Häufchen«. Vielleicht lernt er so, sich auf Kommando zu entleeren, was später nützlich sein kann und hilft, daß er sich da löst, wo wir es gerne hätten. Der Welpe in seinem Korb sollte warm liegen, ein kalter Welpe kann seine Blase nicht unter Kontrolle halten. Wacht er auf, gehen Sie sofort wieder mit ihm hinaus, damit er sich lösen kann.

In der Nacht stellen Sie sein Lager dicht neben Ihrem Bett auf, damit Sie hören, wenn er wach wird. Dann heißt es wieder aufstehen. Das ist keine leichte Zeit.

Macht er in die Wohnung und Sie sind dabei, ist das ein »Pfui«. Es muß sofort nach der Tat kommen, sonst ist es zwecklos.

Vermeiden Sie jede Dramatik, die Erziehung zur Stubenreinheit ist keine Tragödie, sie ist harte Arbeit. Jedes »Vergehen« wird sofort weggewischt, die Stelle mit einem Desinfektionsmittel gesäubert. Dessen Geruch verleidet es dem Hund, zum Wiederholungstäter an gleicher Stelle zu werden. Ist dann der Welpe stubenrein, freut sich sein Mensch.

Gewöhnung an Halsband und Leine

Mit der Grundschulung in Stubenreinheit hat der Welpe das Halsband kennengelernt und auch die Leine. Das Halsband ist für den Welpen zunächst ein lästiger Fremdkörper, den er abstreifen möchte. Die Leine empfindet er als Einschränkung seiner Beweglichkeit, er wird an ihr nach vorne zerren und nach hinten sich sträuben. Beides aber muß er tragen und ertragen lernen, denn frei laufen kann ein Hund erst dann, wenn er jeden Befehl befolgt.

Man gewöhnt den Hund an das Halsband, indem man es ihn zunächst nur für kurze Zeit tragen läßt, am besten beim Spiel und beim Essen, weil er dann durch Angenehmes abgelenkt ist. Hat er sich an das Halsband gewöhnt, leinen Sie ihn an.

Erste Leinen-Geh-Übungen machen Sie an einem vertrauten Ort in der Wohnung oder im Garten. Lassen Sie sich von ihm führen, loben Sie nur und ziehen Sie nicht. Wenn jetzt einer zerren darf, ist es der Hund. Der Trick dabei: Der Hund muß annehmen, daß nicht Herr und Leine den Zug auf ihn ausüben, sondern daß er es tut, weil er sich sträubt.

Anmerkung: Weder Halsband noch Leine sind ein Spielzeug; lassen Sie den Hund nicht darauf herumkauen, das untergräbt die Autorität.

Erziehungsübungen

Praxis »Leine«

Das Zerren an der Leine ist ein Privileg des jungen Hundes, das viele erwachsene Hunde – man kann es an den durch die Gegend gezerrten Hundebesitzern beobachten – leider nicht aufgegeben haben. Richtiger gesagt: Ihre Besitzer haben es ihnen nicht abgewöhnt. Dabei ist es gleichgültig, ob ein Haushund das »Gehen bei Fuß« gelernt hat, wie es der Hundesport vorschreibt.

Wichtig ist, daß der Hund den Leinenbereich respektiert, das heißt, an der Leine geht ohne zu ziehen. Wichtig ist auch, daß er die Leine nicht als »Marterinstrument«, sondern als eine kontaktverstärkende Verbindung zu Ihnen empfindet.

Durch Korrektur im richtigen Moment gewöhnen Sie ihrem Hund die Untugend des Ziehens ab. Das bedeutet, jedesmal wenn der Hund sich richtig ins Halsband legt, holen Sie ihn mit einem kräftigen Ruck der Leine zurück an Ihre Seite, ohne Geschrei, ganz still. Anschließend lassen Sie die Leine sofort wieder locker. Wiederholen Sie die Rückreißer unmittelbar dann, wenn sich der Hund wieder in die Leine drängt. So verbindet er das unerwartete, für ihn unangenehme Ereignis des Rucks mit dem um seinen Hals liegenden Halsband, und er vermeidet, sich wieder hineinzudrängen. Eine Bitte: Rucken Sie kräftig, aber emotionslos. Der Hund will Sie mit seinem Ziehen nicht ärgern, er weiß eben noch nicht, was von ihm verlangt wird.

Sind Sie bei dieser Korrektur zimperlich, ziehen Sie die Leine nur zurück, wenn der Hund nach vorne zieht, dann bewirken Sie das genaue Gegenteil: Sie trainieren Ihrem Hund einen harten, unempfindlichen Hals an und haben bald eine Zugmaschine an der Leine, die Ihnen Arme und Gelenke ausleiert. Ich weiß aus Erfahrung, wie strapaziös das ist. Machen Sie es richtig, gewöhnen Sie dem Hund recht schnell das Ziehen ab.

Praxis »Gehen an der Leine«

Nehmen Sie die Leine in die rechte Hand, den Hund an die linke Seite und marschieren Sie los, der Hund läuft freudig mit. Loben Sie ihn, vermindern Sie aber nicht das Tempo. Dabei ist es ziemlich gleichgültig, ob »seine Vorderläufe in der Höhe der Beine seines Herrn sind« wie es in den üblichen Ausbildungsanleitungen heißt. Sie haben keinen Maschierroboter neben sich, sondern einen lebendigen Hund. Solange er mitläuft, ohne zu ziehen, ist das wunderbar.

Wechseln Sie ohne Kommando die Richtung, rechtsum und wieder zurück. Da die Leine vor Ihrem Körper von rechts nach links liegt, können Sie den Hund mit dem Schwung Ihres Körpers mitnehmen. Der Hund wird aufschließen und aufmerksam mitgehen. Da alles flott geschieht, macht es dem Hund Spaß, und er kommt freudig mit. Klappt das einigermaßen, erweitern Sie die Übung.

Praxis »Anhalten und Setzen«

Wenn Sie stehenbleiben, soll der Hund sich setzen. Das ist vor allem beim Überqueren von Straßen wichtig. Das Wunschziel dieser Übung: Jedesmal, wenn Sie stehen bleiben, setzt sich Ihr Hund auch ohne Kommando.

Und so üben Sie: Halten Sie die Leine in beiden Händen so, daß der Hund den Kopf etwas heben muß. Gehen Sie langsamer und bleiben Sie dann stehen. Vielleicht setzt sich Ihr Hund jetzt schon von selbst. Wenn nicht, halten Sie die Leine leicht gespannt und drücken mit der linken Hand sanft sein Hinterteil nach unten, bis sich der Hund setzt. Dabei muß er parallel zu Ihnen sein und noch den Kopf hoch halten. Dann lockern Sie die Leine langsam und vorsichtig und sagen dabei »Brav-Siiitz«. Warten Sie eine Sekunde und beenden Sie die Übung dann durch Lob. Sie ist nur dann wirklich beendet, wenn der Hund sitzengeblieben ist.

Sonst brechen Sie mit »Neiiin« ab und fangen wieder von vorne an. Je exakter und pingeliger Sie das machen, um so mehr gehen die Übungsabläufe wie ein Ritual in den Hund über – und Hunde lieben Rituale.

Üben Sie dieses Gehen-Wenden-Anhalten-Setzen auf jedem Spaziergang. Wollen Sie eine Straße überqueren, lassen Sie den Hund sich setzen, lösen Sie den Befehl mit einem »Los!« oder »Dalli!« auf, überqueren mit ihm schnell die Straße und halten Sie drüben wieder kurz mit Setzen an. So merkt er, daß die Übung erst drüben beendet wird und bleibt aufmerksam.

Praxis »Das Liegen«

Ein Hund, der sich wunschgemäß hinsetzt, legt sich auch hin. Das Kommando dafür ist eigentlich »Platz«, doch das benötigen Sie, wenn Sie ihn in der Wohnung auf seinen Platz schicken wollen. Sagen Sie also »Leg dich«.

Üben Sie das Liegen, indem Sie dem sitzenden Hund mit der rechten Hand die Vorderläufe nach vorne ziehen und mit der Linken seinen Rücken hinunterdrücken. Sagen Sie dabei »Leg dich« und loben Sie ihn, wenn er liegt. Will er gleich aufstehen, drücken Sie ihn wieder hinunter, sagen »Nein« und »Leg dich«. Diese Übung können Sie in die folgende überleiten.

Praxis »Bleib« (1. Teil)

Soll der Hund liegenbleiben, auch wenn Sie sich von ihm entfernen, dann geben Sie ihm den Befehl »Bleib«. Dazu halten Sie ihm die flache Hand vor das Gesicht. Üben Sie mit viel Lob und so lange, bis die Übung klappt. Das Setzen und das Liegen auf Befehl ist für die Tierarztpraxis nützlich, vor allem, wenn der Hund sich auf dem Untersuchungstisch hinsetzen soll. Achten Sie stets darauf, daß Sie nur dann einen Befehl geben, wenn Sie ihn auch ausführen lassen. Nicht befolgte und dann nicht korrigierte Befehle gefährden die ganze Erziehungsarbeit.

Praxis »Bleib« (2. Teil)

Das Kommando »Bleib« benutzen wir sonst, wenn der Hund in einem Raum bleiben soll. Üben Sie, wie schon beschrieben, indem Sie dem Hund die flache Hand vors Gesicht halten und dazu den Befehl »Bleib« geben. Dann ziehen Sie die Hand langsam zurück. Läßt sich der Hund durch die Zeigehand nicht aufhalten, schieben Sie ihn unter »Bleib« auf seinen Platz zurück. Üben Sie das unter verschiedenen

So sieht ein richtiger Spaziergang aus: Nicht der Hund bestimmt Tempo und Richtung, sondern der Mensch.

83

Bedingungen immer wieder, wobei der Befehl »Bleib« und das Sichtzeichen flache Hand zusammengehören. Das Sichtzeichen ist eine Art optischer Befehl, die Unterstützung des Wortes durch eine gleichbedeutende, gleichbleibende Geste.

Praxis »Platz«

»Platz« heißt für den Hund, seinen Korb oder den ihm zugewiesenen Platz aufzusuchen und dort zu bleiben. Geht der Hund freiwillig dorthin, sagen Sie auch »Platz« und loben ihn. Folgt er nicht, führen Sie den Hund zu seinem Platz und machen Sie mit ihm eine kombinierte »Liegen«-»Bleib«-Übung.

Variieren Sie den Befehl »Platz« von sanft bis energisch, je nach der Situation. Halten Sie den Hund dabei mit der linken Hand auf seinem Platz fest, am Anfang richtig, dann symbolisch, indem Sie die Hand frei über ihm lassen. Entfernen Sie sich langsam von ihm mit dem Kommando »Bleib« und dem Sichtzeichen flache Hand. Beherrscht der Hund die Übung, bringen Sie ihm noch das Sichtzeichen »Platz« bei: ein ausgestreckter Arm, der in Richtung Platz deutet.

Praxis »Aus« und »Pfui«

Die beiden Strafworte benutzen Sie auch, um den Hund zu veranlassen, das, was er im Fang hat – ob Spielzeug, Knochen oder etwas Undefinierbares – jederzeit und ohne Murren herzugeben. Das ist zwar gegen seine Natur, kann aber lebensrettend sein. Ich denke an einen spitzen Wildknochen, an ein Stück Plastik oder einen Giftköder. Je jünger der Hund ist, mit dem Sie üben, um so leichter ist es für Sie, ihm, dem Knurrenden, eindrucksvoll die Beute abzunehmen.

Mit dem Kommando »Aus« fassen Sie mit festem Griff von oben über seine Schnauze, drücken dabei die Lefzen gegen die Zähne und zwingen ihn so, den Fang zu öffnen. Darauf ein Lob. Das machen Sie immer wieder, bis es klappt. Diese Übung muß wirklich sitzen, denn der Kampf um die Beute mit einem erwachsenen Hund, vor allem einer großen Rasse, ist wesentlich aussichtsloser als bei einem Welpen. Versucht ein Hund davonzulaufen oder sich mit seiner Beute zu verstecken, dürfen Sie die Übung weder abbrechen noch ein

heiteres Fang-mich-Spiel oder eine wütende Verfolgungsjagd daraus machen. Mit kühler Überlegenheit müssen Sie Sieger bleiben. Sollte der Hund bei dieser Übung Sie direkt bedrohen, dann sollte auch die Strafe direkt und offensichtlich von Ihnen kommen. Hier nützt keine indirekte Strafe, denn Ihr Status als Rudelführer steht auf dem Spiel.

»Pfui« sagen Sie bei allem, was der Hund nicht soll. »Pfui« ist:

- ins Zimmer machen;
- Unrat aufnehmen;
- sich im Schmutz wälzen;
- fremde Leute anspringen;
- bei jedem Geräusch bellen;
- etwas Stehlen – nicht etwas gestohlen haben, denn hier hilft das »Pfui« nur bei der Tat selbst.

Das »Pfui« wird in scharfem Ton ausgesprochen, es kann durch Aufstampfen mit dem Fuß (draußen) oder durch Händeklatschen (drinnen) verstärkt werden. Bei besonders sturen Hunden hilft manchmal nur ein »Pfui« mit einer Ohrfeige.

Praxis »Auto«

Gewisse Regeln für das Ein- und Aussteigen in ein Auto muß der Hund lernen. Das Einsteigen, damit er sich von Fremden nicht in deren Auto locken läßt und das Aussteigen, damit er den Verkehr nicht gefährdet.

Blockieren Sie das Einsteigen durch ein »Stopp« – Sichtzeichen flache Hand vors Gesicht –, der Hund soll sich vor der geöffneten Wagentüre hinsetzen. Den Weg ins Auto geben Sie mit »Platz« frei. Wichtig ist, daß der Hund ohne die Kombination von »Stop« und »Platz« nicht ins Auto darf, beziehungsweise nicht ins Auto springt.

Beim Aussteigen ist es umgekehrt: Sie öffnen die Tür mit dem Kommando »Platz« oder »Bleib«, heraus darf der Hund erst auf »Komm«.

Ein Hund, den man ans Auto gewöhnt hat (→ Der Hund im Auto, Seite 109), wird es als erweitertes Revier betrachten und so gegen Fremde verteidigen wie er es mit Wohnung oder Garten tut. Ein Hund, der für Stunden im Auto bleibt, bleibt auch in der Wohnung allein.

Praxis »Komm«

Das Befolgen des Kommandos »Komm«, das den Hund zum Herrn holt, ist eine einfache Übung. Da der Welpe bei seinem Herrn bleiben will, müssen Sie nur von ihm weggehen und dabei »Komm« sagen. Das klappt in kurzer Zeit. Klar, daß Sie kräftig loben, wenn er kommt.

Diese Anleitungen werden Ihnen die Erziehung Ihres Hundes zu einem gehorsamen Hausgenossen leichter machen. Haben Sie mehr Ehrgeiz, bitte. Benutzen Sie Ihr Wissen und machen Sie weiter.

Ausbildung und sportliche Betätigung

Hunde lernen für ihr Leben gern. Das können Sie ausnützen, wenn Sie mit Ihrem Hund weiterarbeiten wollen. Erkundigen Sie sich nach Möglichkeiten bei den Hundesportverbänden (→ Adressen rund um den Hund, Seite 167). Treten Sie in den Club Ihrer Hunderasse ein, dann können Sie sich an rassetypischen Ausbildungsprogrammen beteiligen oder Ausstellungen besuchen. (→ Hundewissen von A bis Z, Seite 117). Das hängt ganz von Ihren Aktivitäten ab: Ihr Hund ist immer bereit.

Ausstellungen

Haben Sie den Ehrgeiz, mit Ihrem Hund an Ausstellungen teilzunehmen, machen Sie sich mehr Freude als dem Hund. Sie können verreisen, Sie lernen neue Leute kennen und Sie bekommen eventuell einen Preis. Für den Hund bedeutet eine Ausstellung nur Streß. In ihrem eigentlichen Sinn aber sind Ausstellungen Zuchtschauen, die für die Hundezucht förderlich sind. Deshalb ist es gut, wenn es außer Züchtern, die ja Ausstellungen beschicken müssen, auch Hundehalter gibt, die »just for fun« mitmachen und dafür sorgen, daß dort möglichst viele Hunde gezeigt werden. Denn für die Besucher, die Eintritt bezahlen, ist die breite Show wichtig und die Teilnahme von seltenen Rassen. Voraussetzung ist der Eintritt in den Rasseclub. Dort erfahren Sie alles Weitere (→ auch Hundewissen von A bis Z, Seite 113).

In der Hundeschule lernen Hunde aller Rassen mit ihren Frauchen und Herrchen richtiges Gehen an der Leine.

Der Hund und seine Ernährung

Nicht alles, was schmeckt, ist gesund. Das wissen Sie von sich selbst, und bei Ihrem Hund können Sie sich in Sachen Ernährung nicht auf seinen Instinkt verlassen. Da er mit Ihnen lebt, sind Sie auch für seine Nahrung verantwortlich. Diese Verantwortung ist sogar im Tierschutzgesetz verankert.

Seinen Hund richtig zu ernähren, muß man lernen. So wie man auch lernen muß, sich selbst richtig zu ernähren. Wie schwer das ist, zeigen die vielen Übergewichtigen. Denn der Familienhund ist heute den gleichen Risiken ausgesetzt wie seine Menschen; jeder dritte ist zu dick und ißt das Falsche.

Ihr Hund, ob Dackel, Cocker Spaniel oder Dogge, stammt von den Wölfen ab, und die lebten nicht von Fleisch allein. Sie fraßen ihre Beutetiere, ob Maus, Rebhuhn oder Hirsch mit Haut, Federn und Haar, mitsamt ihrem Magen- und Darminhalt und ihrem Blut. So deckten sie ihren Eiweißbedarf (durch das Muskelfleisch), versorgten sich mit dem nötigen Fett, den Kohlenhydraten (durch den Darminhalt) und Mineralien (durch das Blut des Beutetieres).

Sie fraßen schnell und in großen Brocken, um diese an einem ruhigen Platz wieder herauszuwürgen und dort in aller Ruhe zu verzehren. Reste der Beute wurden eingegraben und durch die Reifung (Fäulnisprozeß wie beim Käse) bekömmlicher.

An Ihrem Hund können Sie einiges aus der wölfischen Vergangenheit wiederentdecken:

● Anatomisch betrachtet ist er noch immer ein Fleischfresser, das sehen wir an seinem Gebiß und können es am Verdauungstrakt erkennen.

● Auch der Hund schlingt und kann häufig die Grenzen seines Hungers nicht erkennen.

● Er gibt auch leicht das Zuviel wieder von sich, ohne daß wir gleich eine Krankheit vermuten müssen.

● Er vergräbt gerne Fleisch und frißt mit Wonne Wieder-Ausgegrabenes und Gammmelig-Gewordenes. (Im Boden gereiftes Fleisch ist nicht giftig, im Topf Verdorbenes dagegen schon.)

● Die Haare und Federn der Beutetiere mit ihren darmreinigenden Wirkungen ersetzt der Hund durch das Fressen von Gras. Soweit ist Ihr Hund noch der Ex-Wolf.

Was Menschen ihren Hunden geben

Beutetiere kann man nirgends kaufen, zudem hat sich der Familienhund stärker der menschlichen Ernährung angepaßt. Trotzdem braucht er artgerechte Nahrung, die seiner Natur entspricht. Obwohl die Wissenschaft inzwischen zahlreiche Erkenntnisse über richtige Hundeernährung gewonnen hat, gibt es noch immer verschiedene Meinungen bei den Hundebesitzern und -züchtern, die ich in vier Gruppen einteilen möchte:

1. Die Bequemen, Sparsamen und Konservativen: Sie füttern ihren Hund mit Speiseresten und glauben, er könne sich von dem ernähren, was von ihren eigenen Mahlzeiten übrig bleibt. Das ist die schlechteste und ungesündeste Methode, einen Hund zu ernähren, auch wenn Sie

◁

Gegenüberliegende Seite: Ein richtig ernährter Hund ist gesund, kraftvoll und hat Temperament. Im Bild eine Neufundländer-Hündin, schwarzweißer Farbschlag.

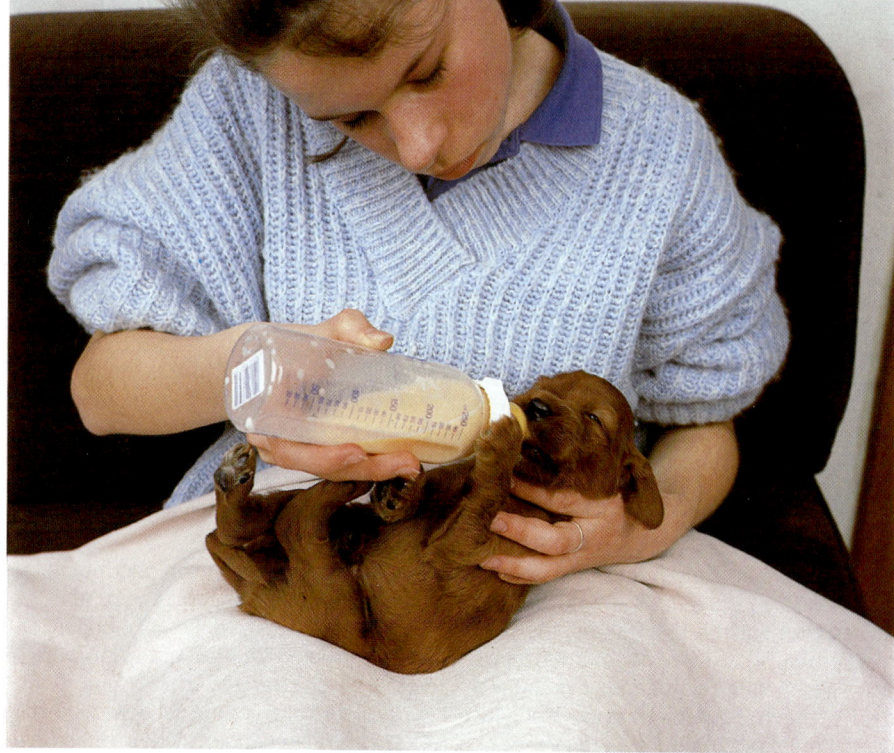

jemanden kennen, dessen Hund damit alt geworden ist.

2. Hundebesitzer, die im Hund den reinen Fleischfresser sehen: Sie geben ihm reichlich Innereien und Muskelfleisch oder Knochen und machen ihn damit langsam und sicher krank (wenig Stuhlgang, Nierensteine und Ekzeme). Zum Teil verfüttern sie das Fleisch auch noch roh und riskieren, daß sich der Hund mit Salmonellen infiziert oder an der Aujeszkyschen Krankheit (einer Virusinfektion, die durch rohes Schweine- und neuerdings auch durch Rindfleisch übertragen wird) stirbt.

3. Die Menschen, die für ihren Hund speziell einkaufen und kochen: Sie halten ihr Futter für »die beste aller Ernährungsformen«. Wie gut es wirklich ist, hängt vom Wissen um die richtige Hundeernährung ab.

4. Die Verfütterer von Fertignahrung: Sie sind fortschrittlich und haben es bequem. Diese maßgerechte Ernährung, die alles für den Hund Lebensnotwendige enthält, ist optimal. – Feinschmecker dürfen sie nicht mit Fertiggerichten für Menschen vergleichen.

Was ist richtige Hundeernährung?

Wer zu viel ißt, wird dick, und wer falsch ißt, wird krank. Diese Gesetze gelten gleichermaßen für Hund und Mensch. Für die Praxis bedeutet das: Bei der idealen Hundenahrung müssen die Grundnährstoffe Eiweiß, Fett und Kohlenhydrate im richtigen Verhältnis zueinander stehen. Dazu kommen noch die notwendigen Vitamine und Mineralstoffe. Mengenmäßig soll die Nahrung so abgestimmt sein, daß der Hund weder abmagert noch zu dick wird. Das klingt ganz einfach, ist aber in der Praxis nicht leicht zu verwirklichen, wenn Sie die Hundenahrung selbst zubereiten.

Es gibt heute genaue Untersuchungen darüber, wieviele kKalorien/kJoule kleine und große Hunde benötigen. Deshalb habe ich als Anhaltspunkt bei den einzelnen Rassebeschreibungen (→ Seite 128 bis Seite 166) den täglichen Nahrungsbedarf in kKalorien und kJoule angegeben. Die ideale Hundenahrung, das wissen wir aufgrund von Forschungsergebnissen, soll mindestens 30% Eiweiß, 5% Fett, bis zu 5% Rohfaser (Ballaststoffe) und höchstens 50% Kohlenhydrate enthalten. Hinzu kommen 2% Kalzium und Phosphor (als Ersatz für die Knochen des Beutetiers). Das alles ist in der Fertignahrung enthalten, die sich außerdem so genau dosieren läßt (siehe Angaben auf dem Etikett), daß man einem etwa 12 kg schweren Cocker Spaniel die für ihn täglich notwendigen 840 kKalorien/3 520 kJoule oder einem Deutschen Schäferhund mit einem Gewicht von 30 kg die von ihm benötigten 1 700 kKalorien/7 116 kJoule exakt geben kann.

Woran erkennt man den falsch ernährten Hund?

Aus der Beobachtung der Verdauung können Sie Fehler in der Ernährung erkennen:
● Ist die Stuhlmenge klein, schwarz und übelriechend, bekommt der Hund zuviel Fleisch.
● Heller bis weißer und harter Stuhl (Slangausdruck »Kalkfabrik«) deutet auf zu umfangreiche Knochenfütterung hin.
● Sehr große Haufen sind ein Zeichen für eine geringwertige Ernährung, die vom Körper nicht ausgenutzt wird.
● Dünner heller Stuhlgang oder Durchfall bedeutet: Der Hund hat Milch getrunken oder zuviel Leber, Lunge, rohes Pferdefleisch, Pansen oder Euter gefressen.
Verstopfungen oder zu harter Stuhl lassen sich mit Euter auf natürliche Weise erweichen.
Dünnen Stuhlgang kann man mit Mohrrübensaft, geriebenem Apfel, mit unter das Futter gemischten Semmelbröseln oder mit Kamillen- oder dünnem schwarzen Tee wieder normalisieren.
Anmerkung: Der Kot des richtig ernährten Hundes ist gut geformt, weder zu weich noch zu hart, mittelbraun bis hell und mengenmäßig der Größe der Rasse angepaßt.
Der Hund frißt Kot: Dieses Verhalten läßt darauf schließen, daß der Hund zuviel Fleisch bekommt. Darauf reagiert sein Körper mit Säureüberschuß. Eine natürliche Gier nach säureausgleichenden alkalischen Stoffen treibt ihn zu Aas (das vergrabene Fleisch der Wolfsahnen) oder zu Kot, in denen das saure Eiweiß in basisches Ammoniak umgebildet worden ist. Basenbildner sind auch Obst und Gemüse, die Sie allerdings nur kurz kochen dürfen.
Der Hund ist zu dick: Diese Tatsache wird häufig zu spät konstatiert, da das Auge der Liebe Rundlichkeit nur schwer wahrnimmt. Und da es schmächtige wie kräftige Vertreter einer Rasse gibt, sind die Rippen ein Indiz für den normalgewichtigen Hund: Sie müssen sie sehen oder mit den Fingerspitzen ertasten können (→ auch Hundewissen von A bis Z, Seite 114).

Erziehung zum richtigen Freßverhalten

Damit Ihr Hund nicht zum gierigen Allesfresser oder zum mäkeligen Appetitlosen wird, müssen Sie ihm bereits im Welpenalter »Tisch-Sitten« beibringen. Gewiß spielt auch die Veranlagung eine Rolle bei der Lust oder Unlust an den Freßnapf zu gehen. Und es gibt auch Rassen, die verfressen sein können wie zum Beispiel Spaniels und Dackel oder solche, die zu Appetitlosigkeit tendieren wie etwa Setter und Kleinpudel. Kastrierte Rüden neigen allgemein zur Verfressenheit.
Wichtig ist:
● Wenn man die Mahlzeiten konsequent zur gleichen Zeit am gleichen Ort serviert, läßt sich auch ein angeborener Vielfraß normalgewichtig halten. Hunde, die bei Tisch ihre Häppchen bekommen, werden mit Sicherheit zu dick und immer verfressener.
● Appetitlose Hunde kann man – sofern der Tierarzt eine Erkrankung ausgeschlossen hat – durch Vitamin-B-Gaben (Bierhefe in Pulverform) oder durch Appetitwecker – wie beispielsweise etwas Katzenfertignahrung oben auf die übliche Mahlzeit verteilt – zum Fressen bringen. Davor ist ein Fasttag angebracht.
Manche Hunde haben so lange keine Lust zum Fressen, bis sie die ersten Bissen von Frauchens Hand bekommen. Das ist zwar ein Fehler in der Eßerziehung, aber was bleibt einem liebevollen Hundebesitzer in so einem Fall anderes übrig?

Hundemahlzeiten hausgemacht

Wer seinen Hund hausgemacht ernähren will, muß ihm täglich eine Mahlzeit kochen. Fleisch, in gulaschgroße Stücke geschnitten, bildet die Grundlage für die richtige Hundemahlzeit. Wegen der Infektionsgefahr muß alles Fleisch abgekocht werden. Am besten ist Herz, Leber, Pansen oder Muskelfleisch, auch Hühnerhälse oder -mägen und Seefisch kann man ab und zu füttern. Dazu kommt gekochter Reis, Vollkornbrot, gekochte und zerdrückte Kartoffeln oder eingeweichte Flocken im richtigen Mengenverhältnis. Wer auf biologische Kost schwört und verschiedene Getreidekörner im Hause hat, kann auch Hafer, Gerste oder Hirse als Beifutter verwenden. Die Körner müssen gequetscht werden und sollen in der beim Fleischkochen anfallenden Brühe rund 2 Stunden ausquellen. Wichtige Beigaben: Ein Eßlöffel Sonnen-

blumenöl oder Schweineschmalz, Bierhefe, Quark und Knochenmehl, etwas angedämpftes Gemüse oder ein Vitamin-Mineralstoff-Präparat.

Wechselt man diese Zusammensetzung der Mahlzeiten ab, entspricht man den Erkenntnissen der Ernährungswissenschaftler, daß Hunde keine sturen Gewohnheitsfresser sind, sondern durchaus Abwechslung mögen; wobei sich natürlich auch bei ihnen Vorlieben und Abneigungen entwickeln.

Schwieriger als die Zubereitung einer guten Hundemahlzeit ist die Berechnung der richtigen Menge und vor allem der richtigen Zusammensetzung. Die Kalorien kann man in meinem »Kalorienkompaß« (→ Bücher, die weiterhelfen, Seite 170) nachschlagen, die Nährstoffzusammensetzung ist selbst in der Fachliteratur kaum zu finden, da sie für manche Dinge wie Kopffleisch oder Kutteln noch nie berechnet wurde. Deshalb bin ich im Laufe der Jahre Anhänger der Fertignahrung geworden und ernähre meine Hunde bestens damit. Nicht ausschließlich, denn dreimal in der Woche gibt es Hühnerherzen oder -mägen mit Getreide-Gemüseflocken, die etwa eine Stunde in der gekochten Fleischbrühe geweicht werden. Das lieben meine Hunde sehr, genauso wie gelegentlich eine Pansen-Kutteln-Mahlzeit. Und da Hunde Zähne haben, mit denen sie beißen oder kauen wollen, gibt es in kleinen Portionen als Knespelknochen Kalbsrippenstücke mit Knorpelenden oder Kauknochen aus Büffelhaut.

Cocker Bina und die Jagdschüssel

Binas Frauchen schwor auf hausgemachte Hundemahlzeiten. Sie war mit Hunden aufgewachsen, und da hatten die Hunde immer frisches rohes Fleisch bekommen. Die Autoren ihrer kleinen Bibliothek von Hundebüchern empfahlen dasselbe und als sie las, daß der Nährwert von gekochtem Fleisch nur zwei Drittel von dem des rohen betrage, gab es für sie keine Diskussion. Der Fertignahrung stand sie ablehnend gegenüber, mochte sie selbst doch auch keine Mahlzeiten aus der Dose und – ein emotioneller Grund – Versuchshunde wurden mit Fertignahrung gefüttert. Das hatte sie gelesen. Sie machte sich viel Mühe in der Zusammensetzung der

Junge Hunde brauchen mehr Nährstoffe als erwachsene, da Wachstum und Gewichtszunahme große Energieleistungen sind. Im Bild: Wolfsspitzwelpen, 5 Wochen alt.

Mahlzeiten und Bina war zwar etwas zu dick und hatte immer mal wieder Ekzemprobleme, aber sonst wohl gesund. Bis zum Tag, als es die leckere Jagdschüssel gab: viel rohes Rehfleisch mit ein paar gekochten Nudeln und etwas Sahnesauce. Bina bekam Fieber, Brechdurchfall und einen Kreislaufkollaps. Die Diagnose: Salmonellose. Nach einem ausführlichen Gespräch mit dem Tierarzt – Bina wurde gerade noch gerettet – gibt es nur noch gekochtes Fleisch und zweimal in der Woche Trockennahrung.

<u>Anmerkung:</u> Rohes Fleisch ist nicht nährwertreicher als gekochtes. Bindegewebshaltiges Fleisch ist in gekochtem Zustand sogar besser verdaulich. Rohes Wild ist zudem gesundheitsgefährdend, rohes Schweinefleisch und Rindfleisch kann für Hunde tödlich sein (→ Seite 88).

Fertignahrung ist ideal

Ich habe mir den größten Betrieb für Hunde-Fertignahrung angesehen und war von der Sauberkeit, der Qualität der Grundstoffe, den Kontrollen und der wissenschaftlichen Exaktheit der Nahrungszusammensetzung sehr beeindruckt. Im übrigen ist das Futtermittelgesetz wesentlich strenger als das Lebensmittelgesetz, und so muß auf jeder Packung Fertignahrung die genaue Zusammensetzung des Inhalts aufgeführt sein. Meine Hunde bestätigen mir durch ihre Gesundheit und die richtige Verdauung, daß ich sie damit gut ernähre.

Was ist Fertigfutter?
Fertigfutter ist Vollnahrung, das heißt: Alles, was der Hund braucht, ist darin enthalten. Es wird hergestellt als <u>Dosenfutter</u> (= Naßfutter) in verschiedenen Geschmacksrichtungen, zu dem noch Beikost wie Gemüse gefüttert werden soll und als <u>Trockenfutter,</u> das durch den Entzug von Wasser besonders haltbar und konzentriert ist (30 Gramm entsprechen 100 Gramm Dosenfutter), in seiner Zusammensetzung

aber dem Dosenfutter gleicht.
Da ein Hund über einen wesentlich stärker entwickelten Geruchssinn verfügt als wir, haben die Laborfachleute Düfte in diese Nahrung praktiziert, die wir nicht wahrnehmen können, unser Hund aber wohl.

»Mein Hund frißt kein Fertigfutter«
Manche Hunde gewöhnen sich tatsächlich nie daran. Die beste Praxis gegen diesen Satz ist jedoch, ihn von Anfang an, wenn er zu uns kommt, damit zu ernähren. Ein Fasttag wirkt da Wunder. Außerdem gibt es so viele unterschiedliche Sorten, daß eine davon auch Ihrem Hund schmecken wird. Sie ist dann der Einstieg in die richtige Ernährung – und in eine einfache dazu, denn:
● Sie sparen sich das Kochen, da Fertignahrung keimfrei ist.
● Sie müssen nichts schneiden, abwiegen oder überlegen.
● In fünf Minuten hat der Hund seine Mahlzeit, die beste, die Sie ihm geben können.
<u>Anmerkung:</u> Das stärkere Trinkbedürfnis des Hundes bei Trockenfutterernährung

Ein Kilo Hund: Im Bild ein Yorkshire-Welpe, 9 Wochen, auf der Waage. Bis er erwachsen ist, muß er sein Gewicht noch verdreifachen.

So sehen gut genährte Welpen aus. Von links nach rechts, oben: Pekinesen-Mischling, 4 Wochen; Kuvasz, 6 Wochen alt. Unten: Beagle, 9 Wochen; Rauhhaardackel, 6 Wochen alt.

ist übrigens nicht darauf zurückzuführen, daß Trockenfutter Salz enthält, sondern daß ihm die Flüssigkeit fehlt, die der Hund sonst mit jeder Nahrung bekommt.

Diät für den Hund

Von Tierernährungsspezialisten wurde eine Fertignahrung für kranke Hunde entwickelt, die man nur über den Tierarzt beziehen kann:

- Allergie-Diät für Hunde, die normale Nahrung nicht vertragen;
- Herz-Diät für chronisch Herzkranke;
- Magen-Darm-Diät bei Krankheiten des Magen-Darm-Traktes und bei Lebererkrankungen;
- Nieren-Diät bei Nierenerkrankungen und Blasensteinen;
- Aufbau-Diät für Rekonvaleszenten, für trächtige und säugende Hündinnen, für Welpen vor und nach der Schutzimpfung;
- Abmagerungsdiät für den zu dicken Hund (→ Hundewissen von A bis Z, Seite 114).

Regeln für den Hundetisch

Einen Hund richtig zu ernähren, kostet Geld. Je nach Größe der Rasse und Einkaufsmöglichkeit zwischen 2,– und 10,– DM pro Tag. Egal, was Sie füttern, ob Fertignahrung oder Selbstgemachtes, ob Ihr Hund groß oder klein ist, folgende Regeln sind für alle Hunde gültig:

1. Der erwachsene Hund bekommt eine Mahlzeit und möglichst immer zur gleichen Zeit.
2. Die beste Fütterungszeit ist der Mittag. Dann kann sich der Hund so lösen, daß er nachts nicht heraus muß.
3. Das Futter darf weder zu heiß noch zu kalt sein; Raumtemperatur ist richtig. Frißt der Hund seine Ration nicht auf, kürzt

man die nächste um das Übriggelassene. Ein gesunder Hund kann aber bis zur Hälfte mehr fressen, als er braucht.

4. Essensreste bleiben nicht im Napf. Der Freßnapf ist immer sauber und leer.

5. Der Wassernapf dagegen ist immer frisch gefüllt. Ein Hund soll trinken können, wann er will, wobei das einzige Getränk für den Hund frisches Wasser ist.

6. Suppige Nahrung sollte man nicht verfüttern, da sie nicht genügend sättigt und vom Körper zu wenig ausgenutzt wird.

7. Nach einer Mahlzeit braucht der Hund Ruhe. Spazieren geht man vor dem Essen, das macht Appetit.

Sonderregeln für den jungen Hund

In der 10. bis 14. Lebenswoche des Welpen
● werden die Freßgewohnheiten für das ganze Hundeleben festgelegt;
● wird entschieden, ob sich das Knochengerüst kräftig und gesund entwickelt;
● können durch falsche Ernährung Mangelschäden entstehen;
● lernt der Hund »Tischsitten« und nicht zu betteln.

Junge Hunde brauchen mehr Nährstoffe als erwachsene, da Wachstum und Gewichtszunahme große Energieleistungen sind. Deshalb muß die Nahrung qualitativ auch besonders hochwertig sein. Zu achten ist vor allem auf ausreichend Vitamine und Mineralstoffe (Schwerpunkt Kalzium und Phosphor) und hochwertige Eiweiße. Das alles – und in der richtigen Zusammensetzung – ist in spezieller Fertignahrung für Welpen enthalten. Damit können Sie Ihren Hund schon von klein auf an Fertigfutter gewöhnen. Diese Spezialnahrung kann das erste Lebensjahr über gefüttert werden.

Wie oft und wann füttert man junge Hunde?

Zeitraum	Anzahl der Fütterungen	erste Fütterung	letzte Fütterung
3. Lebensmonat	5	7 Uhr	19 Uhr
4./5. Lebensmonat	2	8 Uhr	18 Uhr
6./7. Lebensmonat	2	9 Uhr	17 Uhr
8.–12. Lebensmonat	2	9 Uhr	15 Uhr
nach einem Jahr	1	13 Uhr od. 18 Uhr (oder während des Tages zwei kleinere Fütterungen)	

In der Wachstumsphase ist der Energie- und Nährstoffbedarf eines Welpen – bezogen auf das Körpergewicht – doppelt so hoch wie beim erwachsenen Hund. Darauf müssen Sie besonders Rücksicht nehmen. In der folgenden Gewichtstabelle sehen Sie, wieviel Ihr Hund zunehmen muß.

Gewichtstabelle für Hunde vom 3. bis zum 9. Monat
(Durchschnittliche monatliche Zunahme in Gramm)

Monat Rasse	3.	4.	5.	6.	7.	8.	9.
sehr groß	7000	6000	6000	5000	3000	3000	3000
groß	3500	3500	3000	2750	2500	1750	1500
mittelgroß	2250	2000	1500	1000	1000	750	750
klein	1250	1250	1000	600	600	400	400
Zwerge	600	500	500	250	150	100	100

Das bedeutet, daß Sie einen Welpen regelmäßig wiegen sollen. Bei Leichtgewichten geht das auf einer Babywaage; bei schwereren und größeren Hunden ist es auch kein Problem: Wiegen Sie zunächst sich, nehmen Sie dann den Hund auf den Arm und wiegen Sie sich noch einmal. Die Differenz ergibt das Gewicht des Hundes.

Wenn der Hund krank ist

Ein gesunder Hund zeigt sich im Aussehen und Verhalten normal. Das bedeutet:
- er ist seinem Naturell entsprechend munter,
- sein Appetit ist gut,
- sein Fell glänzt und
- seine Augen sind klar.

Ihr Ziel und Ihre Verpflichtung sind, den Hund gesund zu erhalten. Das erreichen Sie, indem Sie ihn richtig ernähren, regelmäßig mit ihm spazierengehen, ihn ständig pflegen und ihm seelische Zuwendung schenken.

Wie erkennt man eine Krankheit?

Beobachten Sie Ihren Hund aufmerksam und wenn sich im »Erscheinungsbild Gesundheit« etwas ändert, gehen Sie lieber zweimal zuviel als einmal zuwenig zum Tierarzt. Denn ein Hund kann Ihnen nicht sagen: »Ich habe Kopfschmerzen« oder »Mir tut der Bauch weh«; der Tierarzt aber hat gelernt, solche Beschwerden zu diagnostizieren und das möglichst Richtige dagegen zu unternehmen. Sie sind der »Dolmetscher« zwischen Hund und Tierarzt. Deshalb gebe ich Ihnen einige Hilfen an die Hand, mit denen Sie mögliche Krankheiten erkennen können und sich in kritischen Momenten richtig verhalten. Denn selbst ein sorgsam behüteter Hund kann sich verletzen, anstecken oder etwas fressen, was ihn krank macht.

Symptome, die als Anzeichen verschiedener Krankheiten auftreten können:

Durchfall kann unter anderem auf falscher Ernährung beruhen oder eine Folge von Schneefressen (→ auch Seite 42) sein. Möglicherweise ist aber auch eine Verschiebung im Gleichgewicht der Darmbakterien ursächlich. Diese Diagnose sowie die Ursache für Blut im Stuhl (Vergiftungsgefahr!) muß vom Tierarzt festgestellt werden.

Erbrechen ist nicht immer ein Zeichen von Krankheit; es gehört zum Hundeverhalten, wenn er zu schnell oder zuviel gefressen hat. Häufiges Erbrechen kann auf einen verschluckten Fremdkörper hinweisen, ebenso auf eine Vergiftung. Erbrechen mit Fieber bedeutet stets eine schwere Erkrankung. Nur der Tierarzt kann die Krankheitsursache feststellen.

Fieber zeigt immer Infektionskrankheiten oder Entzündungen an. Ein Besuch beim Tierarzt ist unbedingt notwendig. Äußere Anzeichen bei Fieber: glanzloses Fell, trockene heiße Nase, trübe Augen, Mattigkeit und fühlbar größere Körperwärme als normal. Zuverlässig ist stets nur die mit dem Thermometer rektal gemessene Temperatur (→ Seite 99).

Schlittenfahren deutet meist auf eine Verstopfung oder Überfüllung der Analdrüsen hin oder auf einen Fremdkörper wie einen Grashalm am After oder auf einen beginnenden Abszeß (→ auch Seite 33). Zum Tierarzt!

Kopfschütteln läßt ein Stück verhärtetes Ohrenschmalz (Ohrpfropf), eine Ohrenentzündung oder einen Fremdkörper, zum Beispiel eine Granne im Ohr vermuten. Hier muß der Tierarzt helfen.

Sich nicht Schütteln nach dem Aufstehen (Hunde pflegen so ihre Muskulatur wieder ins Lot zu bringen) ist ein schlechtes

◁

Gegenüberliegende Seite: Das Wohlverhalten beim Tierarzt ist Bestandteil der Hundeerziehung. Im Bild: Augenuntersuchung beim Yorkshire.

Zeichen für den Allgemeinzustand (→ Hundewissen von A bis Z, Seite 124).

Lahmen kann eine Fraktur, Verletzung, Verstauchung, einen Bänderriß oder Gelenkverschleiß anzeigen. Weitere mögliche Ursachen: Kreislaufstörungen, Altersschwäche, Dackellähme.

Mit Husten und Niesen reagiert der Hund, wenn er einen Fremdkörper in den Hals-Nasen-Raum bekommen hat, oder auch auf Abgase. Damit kann sich aber ebenso eine Erkältung oder Halsentzündung oder Husten ankündigen. Werden die Symptome von Fieber begleitet, besteht der Verdacht auf Staupe (→ Seite 97).

Starker Maulgeruch ist entweder ein Anzeichen für faule Zähne, für eine Zahnfleischentzündung, für falsche Ernährung oder für eine Gastritis. Stellen Sie den Hund dem Tierarzt vor.

Eine Geschwulst kann ein harmloser Grützbeutel, aber auch bösartig sein. Da sie sich rasch vergrößern und gefährlich werden kann – Zivilisationshunde neigen zu Krebs –, sollten Sie den Tierarzt aufsuchen.

Ständiges Kratzen und Beißen kann auf Flohbefall (→ Hundewissen von A bis Z, Seite 117) oder ein Ekzem (langwierige Behandlung) hinweisen. Da sich Hunde aber auch an Stellen kratzen und beißen, an denen sie Schmerzen haben, sollten Sie vorsorglich zum Tierarzt gehen.

Der Tierarzt soll zum Hausarzt werden

Ist Ihr Hund krank, gehört er in die Hand eines erfahrenen Tierarztes. Je besser ein Tierarzt Ihren Hund kennt, um so leichter erkennt er Veränderungen und um so sicherer kann er Diagnosen stellen und geeignete Behandlungsmethoden anwenden. Sie sollten deshalb den Tierarzt nicht wechseln, wenn er Ihr Vertrauen gewonnen hat und ihn zu Ihrem Hausarzt machen. Das heißt zwar nicht, daß er ins Haus kommt; Tierärzte behandeln lieber in ihrer Praxis, da sich die Hunde dort disziplinierter verhalten als in der Sicherheit der gewohnten Umgebung.

Gesundheitsvorsorge beginnt im Welpenalter. Im Bild: Zwergspitz-Hündin mit Welpen, Apricot/Orange.

Ebensowenig wie unsere Ärzte es schätzen, wenn wir mit selbst bestimmten Diagnosen zu ihnen kommen, lieben Tierärzte solche vorgefaßten Befunde. Sie schätzen es aber, wenn Sie ihnen präzise die Umstände schildern, die Sie veranlaßt haben, ihn aufzusuchen. Sie müssen für Ihren Hund sprechen.

Krankenversicherung. Es gibt auch Versicherungen, die die Tierarztkosten für den Hund erstatten. So bieten einige den Krankenschein für Hunde an. Für einen erschwinglichen Monatsbeitrag werden 80 Prozent von jeder Tierarztrechnung bezahlt, eingeschlossen sind auch die Impfkosten (→ Adressen rund um den Hund, Seite 167).

Der Besuch beim Tierarzt

Ein gut erzogener Hund läßt sich vom Tierarzt ohne Schwierigkeiten

- ins Maul und in die Ohren schauen,
- die Pfoten hochheben und
- auf einen Tisch stellen.

Dieses Wohlverhalten beim Tierarzt ist Bestandteil der Hundeerziehung. Aber auch Sie müssen beim Tierarztbesuch einige Regeln beachten:

1. Der Hund soll sauber sein.
2. Er bleibt im Wartezimmer angeleint.
3. Der Kontakt zu anderen Patienten soll wegen Ansteckungsgefahr vermieden werden.
4. Dem Arzt weitschweifige Krankenberichte ersparen und nur das Wesentliche schildern.

Den ersten Kontakt zum Tierarzt stellen Sie her, wenn Sie den Welpen zur Entwurmung und zur Impfung bringen. So lernt auch der junge Hund seinen Doktor kennen.

Gesundheitsvorsorge: Wurmkur und Impfungen

Die Wurmkur

Jedes Hundebaby bekommt von seiner Mutter Spulwürmer mit. Eine weise Einrichtung der Natur, weil dadurch bereits beim Welpen Abwehrstoffe gegen diese Würmer entwickelt werden. In der Natur regelt sich das Wurmproblem von selbst; Sie müssen Ihren Welpen zum Tierarzt bringen. Zum ersten Mal im Alter von 8 Wochen (ist der Welpe älter, wenn Sie ihn zu sich holen, fragen Sie den Züchter, ob er entwurmt ist), 4 Monate später wird die Wurmkur wiederholt. Würmer schwächen die Widerstandskraft gegen Infektionskrankheiten. Kontrollieren Sie bitte auch später den Kot auf Würmer – zum Beispiel auf spaghettiähnliche Spulwürmer oder auf reiskörnerartige Bandwurmglieder (Bandwürmer sind beim Hund seltener, müssen aber unbedingt sofort bekämpft werden), und wiederholen Sie gegebenenfalls die Wurmkur. Das ist besonders wichtig, wenn der Hund mit Kindern zusammenlebt.

Impfungen gegen Infektionskrankheiten

Hunde sind vom Welpenalter an von verschiedenen Infektionskrankheiten bedroht, gegen die nur regelmäßige Impfungen sicheren Schutz bieten. Die fünf gefährlichsten sind:

Die Staupe

Eine Virusinfektion, die in drei Formen auftritt:

- als Darmstaupe mit Durchfall;
- als Lungenstaupe mit Lungenentzündung;
- als nervöse Staupe mit Lähmungen.

Anzeichen: Fieber, Durchfall, Husten, tränende und verklebte Augen. Im fortgeschrittenen Stadium Krämpfe und Bewegungsstörungen.

Sie ist keine reine Welpenkrankheit. Durch systematische Impfung wurde sie stark zurückgedrängt, ist aber nicht verschwunden.

Jede Rasse hat ihre typischen Krankheiten. Bullys, im Bild ein zweijähriger Rüde, neigen zu Bandscheibenvorfällen.

Die Tollwut

Die schlimmste aller Viruserkrankungen ließ sich bisher nicht ausrotten oder eindämmen.

Anzeichen: Abnormes Verhalten, Beißwut, Lähmungen und Krämpfe, Schluckbeschwerden.

Die Schutzimpfung der Hunde ist besonders wichtig, da so die Übertragungskette vom erkrankten Wildtier auf den Menschen unterbrochen wird. In Tollwutsperrbezirken ist die Impfung für den Hund unter Umständen lebensrettend, da freilaufende Hunde als tollwutverdächtig getötet werden können, wenn sie nicht die gelbe Marke mit der Jahreszahl der letzten Impfung am Halsband tragen. Sie erhalten diese Marke vom Tierarzt, bei dem Sie Ihren Hund impfen lassen. Auch Auslandsreisen sind nur mit einer Eintragung im Impfpaß (→ unten) möglich.

Die Parvovirose

Eine Viruskrankheit, die häufig auf Ausstellungen oder Körungen, wo viele Hunde zusammen sind, übertragen wird.

Anzeichen: Plötzlich auftretender, blutiger Durchfall, starkes Erbrechen, das ebenfalls blutig werden kann. Der Hund wird apathisch, verweigert die Nahrungsaufnahme und leidet unter starkem Flüssigkeitsmangel.

Da Streß ansteckungsfördernd ist, sind Hunde aus Händlerzwingern anfälliger. Die Parvovirose ist mit der Katzenseuche verwandt und wird mit dem Impfstoff Felidovac-P bekämpft.

Ein vollkommener Impfschutz wird erreicht, wenn der entwurmte Welpe mit 8 Wochen die erste Grundimpfung gegen Staupe, Hepatitis und Leptospirose mit SHL bekommt. Diese Grundimmunisierung sollte vom Züchter veranlaßt werden. Die zweite Grundimpfung erfolgt in der 12. bis 14. Lebenswoche erneut mit SHL, in Tollwutbezirken zusätzlich mit T. Diese Grundimmunisierung wird jährlich gegen Leptospirose und Tollwut, alle zwei Jahre gegen Staupe und Hepatitis erneuert. Die Impfungen selbst sind schmerzlos und werden in den internationalen Impfpaß eingetragen.

Der Internationale Impfpaß enthält nicht nur die Angaben über die notwendigen Impfungen, sondern auch über den Ge-

Die ansteckende Leberentzündung

(Auch H.c.c. = *Hepatitis contagiosa canis* genannt) ist ebenfalls eine Viruskrankheit und in ihrem Erscheinungsbild der Staupe ähnlich.

Anzeichen: Fieber, Entzündungen im Nasen-Rachen-Raum, Durchfall und deutliche Schmerzempfindlichkeit im Bauch. Der Impfstoff ist immer mit dem gegen Staupe kombiniert und heißt SH.

Die Stuttgarter Hundeseuche oder Leptospirose

Diese Bakterien-Infektion wird durch verschiedene Leptospiren-Erreger hervorgerufen, einige sind auch auf Menschen übertragbar (sie verursachen ansteckende Gelbsucht).

Anzeichen: Fieber, Müdigkeit, Erbrechen, Appetitmangel, Mandelentzündungen, Magen-, Darm- und Nierenerkrankungen, häufig auch Schwäche in den Hinterläufen. In schweren Fällen Gelbsucht und Bewegungsstörungen.

Die Impfung verhindert die Übertragung wie Erkrankung.

burtsort, die Rasse, den Besitzer. So ist dieser Impfpaß zugleich ein Personalausweis für den Hund, der zeigt, daß er gegen wesentliche Infektionskrankheiten und vor allem gegen die Tollwut geimpft ist. Dieses Dokument wird vom Tierarzt ausgestellt und ausgegeben, auch die Art des Impfstoffes wird eingetragen. Alle Angaben sind in Deutsch, Englisch und Französisch.

Was Hundehalter können müssen

Es gibt einige medizinische Handgriffe, die Ihnen der Tierarzt nicht abnehmen kann, die Sie aber beherrschen sollten, um Ihrem Hund Hilfe leisten zu können. Dazu gehören:

Fiebermessen: Die normale Körpertemperatur des Hundes liegt zwischen 38,2 und 38,8 Grad. Was darüber liegt, ist Fieber (→ Hundewissen von A bis Z, Seite 119). Sinkt die Körpertemperatur unter 37,8 Grad, bedeutet das beim Hund Untertemperatur, Sie müssen sofort mit ihm zum Tierarzt.

Und so wird gemessen: Den Hund am besten auf einen Tisch stellen, eine Hilfsperson hält den Kopf des Hundes in der Armbeuge, mit der anderen Hand wird die Rute hochgehalten. Ein mit Vaseline eingefettetes Thermometer vorsichtig etwa 2 cm tief in den After einführen und nach einer Minute wieder herausnehmen. Der Hund soll sich während des Messens nicht bewegen. Reden Sie ihm gut zu und loben Sie ihn.

Eingeben von Medikamenten in Form von Pulver oder Tabletten:
Das Medikament in ein Hackfleischbällchen einrollen und dem Hund möglichst tief in den Fang hineingeben. Darauf achten, daß er es wirklich hinunterschluckt.

Tabletten ebenfalls mit Hackfleisch eingeben oder: Den Fang öffnen, die Oberlippe zurückziehen und den Unterkiefer herunterdrücken, dann die Tablette so weit wie möglich über die Zunge schieben. Den Fang leicht zuhalten. Ein gleichzeitiger freundlicher Klaps lenkt den Hund ab, und er schluckt. Vorsicht, manche Hunde spucken noch nach einer Minute die Tablette wieder aus.

Eine andere Methode: Einen Würfel Fleisch oder ein Stück Fleischwurst einschneiden, die Tablette in den Schlitz stecken und dem Hund geben.

Eingeben von Tropfen und anderen Flüssigkeiten: Tropfen auf die Zungenspitze oder hinter die Fangzähne geben.

Bei Flüssigkeiten die Lefze auf einer Seite ein wenig herausziehen, so daß eine kleine Mulde entsteht, in die man die Flüssigkeit langsam einträufeln läßt. Dabei den Kopf des Hundes etwas hochhalten.

Verabreichen von Zäpfchen: Das geschieht am besten wieder mit einer Hilfsperson: Während die eine den Hund beruhigt und streichelt oder ihn auf dem Schoß festhält, führt die andere das Zäpfchen mit dem Finger langsam und möglichst weit in den Darm ein. Dabei einen Plastikhandschuh tragen. Eventuell mit dem Thermometer nachschieben. Den Schwanz gegen den After drücken, damit der Hund es nicht wieder auspreßt.

Ein Verband muß richtig angelegt werden und auch wirklich sitzen. Am besten kann das ein Tierarzt.

Kontakthalten und Festhalten des Hundes bei Untersuchungen oder Behandlungen: Während der Untersuchung ständig mit dem Hund sprechen und ihn beruhigend am Nacken halten. Soll er möglichst bewegungslos gehalten werden, ihn so in den Arm nehmen, daß sein Kopf in der Armbeuge liegen kann, vom Behandelnden abgewandt. Die andere Hand hält die Schulter. Unsichere Kandidaten oder bissige Hunde bekommen vorher einen Schnauzenverband. Soll der Hund bei der Behandlung liegen, fassen beide Hände die unten liegenden Läufe, wobei die Unterarme den Hund fixieren. So kann man ohne Kraftaufwand auch große Hunde halten. Wichtig dabei ist eine beruhigende Stimmung.

Anlegen eines Schnauzenverbandes: Aus einem 1 m langen Stück kräftiger Binde oder einer Krawatte eine Schlinge machen und dem Hund über den Fang streifen. Unter dem Fang einfach verknoten, die Enden kreuzen und hinter den Ohren zu einer Schleife binden.

Anlegen eines Druckverbandes: Einen Stoffbausch direkt auf die Wunde legen, eine Binde mehrfach darumwickeln. Nach jeder dritten Bindetour noch etwas Watte dazwischenlegen. Straffer Sitz wird erreicht, wenn man beim Binden die Rolle ab und zu wendet (Laien legen Verbände meist zu locker an). Blutet die Wunde trotz Druckverband weiter, muß die Blutzufuhr oberhalb der Wunde zum Körper hin abgebunden werden (mit einem Gummischlauch, einem Hosenträger oder ähnlich elastisch-festem Material). Der Verband muß alle halbe Stunde für kurze Zeit gelockert werden.

Jeder Unfallhund gehört sofort zum Tierarzt!

Der Transport zum Tierarzt

Hunde lieben die Besuche beim Tierarzt nicht, auch wenn sie keine schlechten Erfahrungen gemacht haben. Die anderen aufgeregten Hunde, der Geruch nach Angst und Medikamenten machen selbst sonst furchtlose Hunde ängstlich. Deshalb den Hund immer gut anleinen.

Als Transportmittel für Ihren verletzten Hund können Sie einen großen, offenen Pappkarton verwenden, den Sie mit einer Decke ausschlagen, für kleine Hunde genügt eine Tragetasche oder ein Transportkorb.

Fahren Sie mit dem Auto zum Tierarzt und falls ein Eingriff vorgenommen wird, nehmen Sie eine zweite Person mit. Sie kann den Hund auf der Rückfahrt beruhigen oder auch halten.

Tiertaxi, Tiertransporte sowie der Tierärztliche Notdienst, dessen Telefonnummern Sie beim örtlichen Tierschutzverein erfahren, übernehmen in Großstädten den Transport zum Tierarzt für Nicht-Autofahrer. Der Tierärztliche Notdienst kann auch bei Unfällen nützlich sein. Sonst muß ein verunglückter oder bewußtloser Hund mit Hilfe einer zweiten Person behutsam und in Seitenlage auf einer Decke transportiert werden, die wie eine Krankenbahre getragen wird. Bewegen Sie sich dabei bitte vorsichtig und nicht ruckartig, um dem Hund Schmerzen zu ersparen. Einem ohnmächtigen Hund müssen Sie die Zunge aus dem Fang ziehen, damit er nicht erstickt.

Spritze gegen die Läufigkeit oder Kastration?

Um unerwünschten Nachwuchs Ihrer Hündin zu vermeiden, gibt es folgende Möglichkeiten:

Die tierärztliche Hormonbehandlung in Form von Spritzen, die je nach Hündin und Zyklus alle vier bis fünf Monate gegeben wird. Genaueres dazu erklärt Ihnen Ihr Tierarzt.

Die Sterilisation verhindert zwar eine Befruchtung, schaltet aber die Läufigkeit nicht aus und kann sogar zur Dauerläufigkeit führen.

Die Kastration (Entfernung der Eierstöcke) dagegen ist die Lösung bei häufiger Scheinträchtigkeit oder Gefahr unerwünschter Schwangerschaft. Sie ist heute ein Routine-Eingriff wie eine Blinddarmoperation und wird schon vor der ersten Hitze (→ Hundewissen von A bis Z, Seite 116) empfohlen. Die Psyche der Hündin bleibt unverändert, Alterskrankheiten der

Gebärmutter werden ausgeschaltet. Da Hunde keine Wechseljahre haben, werden nicht kastrierte Hündinnen bis ins hohe Alter läufig und können auch noch Junge bekommen. Eine Kastration beim Rüden wird vom Tierarzt nur selten vorgeschlagen.

Verhaltensstörungen des Hundes

Psychische Störungen sind kein Vorrecht des Menschen. Wir haben auch unseren besten Freund damit »angesteckt«. Unsere hektische Lebensführung, der Streß und viele andere Belastungen des modernen Lebens haben sich auf manche Hunde übertragen, so daß es zu Störungen des natürlichen Verhaltens kommen kann. Diese äußern sich durch
- übertriebene Angriffslust
- Zerstörungswut in der Wohnung
- übertriebene Schreckhaftigkeit

- übertriebene Wachsamkeit mit andauerndem Bellen
- Streunen
- Verfolgen von Radfahrern und Autos
- Freßgier
- Angst vor anderen Hunden und weitere, von der Norm des Hundewesens (→ Hundewissen von A bis Z, Seite 126) abweichende Erscheinungen. Ihren Ursprung aufzuspüren ist ebenso schwierig wie die erfolgreiche Behandlung. Denn nur selten sind Krankheiten der Seele angeboren. Manchmal sind die Züchter die Schuldigen, wenn sie übersensible oder extrem scharfe Tiere heranzüchten. Häufig sind wir selbst schuld an den »Makken« unserer Hunde. Hier ein Katalog von menschlichem Fehlverhalten, das einen Hund seelisch krank machen kann. Das alles sollten Sie vermeiden:

Großer Hund in kleiner Wohnung: Es kommt zu Triebstauungen, falls Sie nicht mit dem Hund arbeiten oder ihn täglich mindestens 2 Stunden bewegen.

Wechselnde Stimmungen: Wenn Sie launisch sind, in Ihren Stimmungen schwanken, weiß der Hund nicht mehr,

Ausgefallene Rassen haben ihre Probleme. So muß man beim Shar Pei (unser Bild) mit Ekzemen in den Hautfalten rechnen.

was er von Ihnen halten soll. Er »versteht« Sie nicht und reagiert verstört.

Häufige Wochenendausflüge in immer andere Umgebungen sind für den Hund vielleicht in der ersten Zeit spannend, dann gehen sie ihm (wie ja eigentlich Ihnen auch) auf die Nerven.

Kleiner werdende Spaziergänge sind eine Einengung seines Reviers, auf die ein Hund mit Unverständnis reagiert.

Unregelmäßige Lebensführung: Hunde brauchen ihre festen Gewohnheiten, Spaziergänge zum gleichen Zeitpunkt, Fütterung zur gleichen Zeit. Ändert sich das ständig, verstört es den Hund.

Änderung im Familienleben durch Ehekrach, zeitweilige Trennung oder Scheidung können einen Hund krank machen (wie einen Menschen auch).

Mangelnde Autorität und zu lasche Erziehung: Der Hund reagiert oft aggressiv und selbstherrlich.

Übergroße Verzärtelung durch eine Person: Der Hund wird eifersüchtig auf den Partner und reagiert aggressiv.

Halten Sie hier bitte eine kleine Gewissenserforschung, welche möglichen Schwachpunkte es bei Ihnen im Leben mit dem Hund noch geben könnte. Behandeln Sie Ihren Hund gerecht, konsequent und nie gedankenlos. Dann halten Sie seine Seele gesund.

Der Dackel, der seine Menschen biß

Ein junges Ehepaar schaffte sich einen Dackel an. Bald verteidigte er knurrend sein Futter, was seine Menschen niedlich fanden. Dann biß er sie, wenn sie es ihm wegnehmen wollten. Dieses Sich-kein-Futter-Wegnehmen-Lassen ist ein natürliches Verhalten. Der Fehler der Menschen war, daß sie dem Dackel nicht gleich zeigten, wer im Familienverband der Ranghöhere ist. In der Meute darf der Ranghöhere dem Rangniederen Futter wegnehmen, das hat er ihm mehrfach und solange durch Strafen klargemacht, bis es selbstverständlich geworden ist. Der nichtbestrafte und dadurch sehr selbstbewußt gewordene Dackel suchte sich auch selber seinen Ruheplatz: erst unter, dann auf dem Bett seines Frauchens. Von nun an durfte sich der Ehemann diesem Platz nicht mehr nähern, er wurde sofort gebissen. Später biß der Hund auch, wenn er nicht mit auf den Spaziergang genommen wurde. Das Ehepaar war verzweifelt: In der Sprechstunde der Veterinärklinik der Universität Gießen wurde ihnen erklärt, wie sie die Rangherrschaft des Dackels durch Strafe brechen konnten. Das gelang innerhalb von 14 Tagen. Es kam noch einmal zu einer Auflehnung, die aber nichts nutzte. Seitdem leben Hund und Familie zufrieden miteinander.

Anmerkung: Wie aber wäre die Geschichte verlaufen, wenn der Dackel eine Dogge, ein Rottweiler oder ein Deutscher Schäferhund gewesen wäre?

Chinesische Nackthunde haben kein Fell und gleichen das durch erhöhte Körpertemperatur aus. Sie sind robuster als sie aussehen.

Hygiene im Umgang mit dem Hund

Ich habe die Thematik schon bei der Frage »Hund und Baby« (→ Seite 15) angesprochen, wo sie eigentlich am wichtigsten ist. Ansonsten sollten Sie Hygiene nicht mit Hysterie verwechseln, aber auch nicht zu leichtfertig sein. Weder wir Menschen, noch die Hunde sind sterile Wesen. Mensch und Hund leben in derselben mikrobiologischen Umwelt und immunisieren sich gegenseitig. Darüber hat Dr. Stefan Götz eine Doktorarbeit geschrieben: »Untersuchungen der Hygiene bei der Haltung von Hunden in städtischen Wohnungen«. Und er kommt zu den gleichen Schlüssen wie Professor Anton Mayer und Dr. Hans Schels, die nach gezielten parasitologischen und mikrobiologischen Untersuchungen feststellten, daß die Hygiene in einem Haushalt eher verbessert als verschlechtert wird, wenn ein Hund mit uns zusammenlebt. Hier höre ich immer die Gegenfrage: Und was ist mit den Krankheiten, die Hunde übertragen?

Zoonosen nennt man Infektionskrankheiten, die wechselseitig zwischen Mensch und Tier übertragbar sind. Sie werden beim Hund vom Tierarzt, beim Menschen vom Humanmediziner behandelt. Der beste Schutz ist gegeben durch
● Sauberkeit im Umgang mit dem Hund: regelmäßiges Händewaschen, sich nicht nicht im Gesicht lecken lassen,
● regelmäßige Impfungen des Hundes,
● Sorgfalt bei der Entwurmung,
● Füttern von ausschließlich gekochtem Fleisch.

Einen Hundespulwurm von nicht entwurmten Welpen können sich Kleinkinder holen, wenn sie sich zu innig mit ihnen abgeben und dabei die Spulwurmeier schlucken.

Die Eier des Hundebandwurms werden durch Fressen von rohem Fleisch oder Mäusen auf den Hund übertragen. Die Übertragung auf den Menschen erfolgt ebenfalls über den Mund. Der Genuß von rohem Fleisch birgt größere Ansteckungsgefahr als der Zwischenwirt Hund.

Hautpilze (Dermatophyten) können sowohl vom Hund auf den Menschen wie vom Menschen auf den Hund übertragen werden. Sie zeigen sich als kreisförmige, gerötete Flecken, die jucken. Die Behandlung durch den Arzt ist beim Menschen wie beim Hund recht langwierig.

Mit der Toxoplasmose, einer durch einzellige Lebewesen hervorgerufenen Infektionskrankheit, hat der Hund nach neuesten Untersuchungen kaum etwas zu tun. Eine Ansteckung erfolgt vielmehr durch rohes Schweinefleisch (Mett) und Katzenkot. Da die Krankheit den Foetus im Mutterleib angreift, gibt es seitens der Frauenärzte auf Wunsch entsprechende Vorsorgeuntersuchungen.

Seit die Tuberkulose beim Menschen fast ausgerottet ist, werden auch keine Hunde mehr durch Menschen angesteckt, die ihrerseits Menschen infizieren konnten.

Die Tollwut und eine spezielle Variante der Leptospirose (Leptospira icterohaemorrhagiae), zwei der fünf großen Hundekrankheiten, gegen die Sie Ihren Hund unbedingt durch regelmäßige Impfungen (→ Seite 98) schützen sollten, sind aller-

Bobtail, 8 Wochen, mit einem dunklen und einem blauen Auge. Diese blauen Augen (Wall-Eyes) sollen gegen Star gefeit sein.

dings auf den Menschen übertragbar. In beiden Fällen wird durch die Impfung des Hundes auch der Mensch vor der Krankheit geschützt.

Mandelentzündung und Mumps können genauso wie Schnupfen und grippale Infekte vom Menschen auf den Hund und umgekehrt übertragen werden. Hier ist der Hund der Gefährdetere.

Vom Altwerden und Sterben

Eine der häufigsten Fragen, die mir zum Thema Hunde und Hunderassen gestellt wird, ist die nach der Lebenserwartung. Eine Frage, die ich eigentlich nicht verstehen kann: ich frage ja auch Menschen nicht nach ihrer Lebenserwartung. Eine Antwort darauf ist recht deprimierend: Der Durchschnittshund wird (bedingt durch Kinderkrankheiten, Unfälle und ähnliches) nur 7 Jahre alt. Unter den verschiedenen Rassen sind die Tibet Terrier (Tibet Apso) die Methusalems; sie können 20 Jahre alt werden. Der gute Mittelwert liegt bei 10 bis 14 Jahren, Hunderiesen und Bulldoggen werden nur 7 bis 9 Jahre alt (auch hier nur ein Mittelwert!)

Wie zählt ein Hundejahr?

9 Hundejahre entsprechen 58 Menschenjahren; die alte Rechnung 1 Hundejahr = 7 Menschenjahre ist zwar weit verbreitet, stimmt aber nicht. Der 12 Monate alte

Hund ist etwa volljährig und dann gilt: 1 Hundejahr = 5 Menschenjahre.

Das Ergrauen des Hundes beginnt etwa im Alter von 6 Jahren an den Lippen und am Kinn. Es schreitet über die Backen und Nase fort und erreicht beim 8- bis 10jährigen Hund auch die Partie um die Augen. Noch ältere Hunde ergrauen auch auf Stirn und Kopf. Gebrauchshunde werden früher grau als Haushunde.

Der alte Hund

Mit etwa 12 Jahren wird der Hund alt. Da er ein Nasentier ist und der für ihn wichtige Geruchssinn erhalten bleibt, stören ihn schwindendes Gehör und Augenlicht nicht so sehr wie einen Menschen. Nun wollen auch die Knochen nicht mehr so und auf Spaziergängen wird er jetzt langsamer. Auch seine Stubenreinheit kann nachlassen, im Alter hat das nichts mit Erziehung zu tun, es ist eine Schwäche der Natur. Dafür ist er ganz auf uns eingestellt, er ist uns immer ähnlicher geworden. Er weiß alles, er versteht alles, und manchmal spielt er verspielt wie früher. Das macht es auch so schwer, von ihm Abschied zu nehmen, ob er nun von sich aus stirbt oder wir ihm dabei helfen müssen, wenn er leidet.

Das Einschläfern ist heute durch stufenweise erhöhte Narkose so perfektioniert, daß der Hund nichts davon merkt und selbst ein empfindsamer Besitzer ihn bis zum letzten Atemzug im Arm halten kann. Und das zu tun, sind wir ihm schuldig.

Wie unser David starb

Am Samstag wurde er noch einmal katheterisiert, doch unser Tierarzt machte uns wenig Hoffnung. David war sehr still, ging weit in den großen Garten hinein, wo er entweder unter Büschen oder im hohen Gras lag. In der Nacht zum Montag, meine Frau hatte sich in dem im Parterre eingerichteten Krankenzimmer auf eine Matratze gebettet, kam er zu ihr und schlief, wie ein Welpe dicht an sie geschmiegt, die ganze Nacht sehr ruhig. Er hatte die beiden letzten Tage nicht mehr gewedelt, außer zehn Minuten vor seinem Tod, als ein kleiner Mischlingsrüde in das Wartezimmer des Tierarztes kam. Als David die Spritzen bekam, hielten wir ihn im Arm. Er schlief ein, schnell und ruhig. Sein letzter Atemzug war so tief wie immer, wenn er zufrieden war. Er lag auf der Seite wie in festem Schlaf. Nur atmete er nicht mehr. Und er war von einer Minute auf die nächste im Gesicht älter geworden. Alles andere an ihm war weich und knautschig, die Pfoten zur Embryonalhaltung angewinkelt. Als wir ihn nach Hause fuhren, saß ich hinten bei ihm, wie sonst auch, wenn wir vom Tierarzt kamen. Mein Trost erreichte ihn aber nicht mehr. Ich wickelte ihn in die braune Decke, auf der er die Jahre bei uns geschlafen und die er zuerst gegen Henry und später dann gegen Stasi verteidigt hatte. Er war mir im Abschied fast noch näher als je zuvor. Als ich ihn zum Grab trug, hatte die Leichenstarre gerade eingesetzt.

Als ich das Grab sah, das Alfred neben dem von Henry ausgehoben hatte, erkannte ich durch meine Tränen, was für ein großer Hund er gewesen war: unser Kleiner.

▷
Folgende Doppelseite: Zwei imposante Hunde: Ein cremefarbener und ein roter Chow Chow.

Ein Boxergreis mit 12 Jahren. Er ist fast blind, fast taub, stark ergraut und leidet an Arthrose.

Mit dem Hund unterwegs

Den Alltag mit dem Hund haben Sie kennengelernt und ich denke, daß Sie ihn inzwischen meistern. Daneben gibt es Ausnahmesituationen wie Urlaub oder Reisen mit dem Hund, die ich in diesem Kapitel behandeln möchte.

Urlaub mit dem Hund

Die »schönste Zeit des Jahres« wollen die meisten Hundebesitzer nicht mehr ohne Hund verbringen. Die beliebtesten Reiseländer für den Urlaub mit Hund sind Deutschland, Österreich, Frankreich und Italien. Weil das Fliegen mit dem Hund auf große Schwierigkeiten stößt, fahren 83 Prozent aller Hundebesitzer mit dem Auto in die Ferien. Wichtig bei der Auswahl des Ferienortes ist ein Tierarzt am Platz. Sofern Sie nicht eine wirklich gute Unterbringungsmöglichkeit für Ihren Hund haben oder Verwandte und Freunde, die auf Zeit in Ihre Wohnung ziehen, ist es dem Hund nicht zuzumuten, alleingelassen zu werden. Er versteht einfach nicht, daß Sie mal so für 14 Tage fort sind, die für ihn eine Ewigkeit sein können. Wobei ich allerdings abrate, den Hund in die Tropen oder auf besonders strapaziöse Abenteuer-Urlaube mitzunehmen.

Müssen Sie Ihren Hund aus unabdingbaren Gründen, und ich weiß, daß Sie da nicht leichtfertig handeln, in eine Hundepension geben, erkundigen Sie sich bei Bekannten mit einschlägiger Erfahrung, denn gute Hundepensionen sind selten.

Informieren Sie sich auch beim »Bundesverband der Hundeschulen und -pensionen« (→ Adressen rund um den Hund, Seite 167).

Was Sie vor der Reise erledigen müssen

Bei allen grenzüberschreitenden Reisen benötigen Sie den Internationalen Impfpaß (→ Seite 98). Da die Einreisebestimmungen der verschiedenen Länder häufig wechseln, erkundigen Sie sich vorher beim zuständigen Konsulat. Die meist geforderten Impfungen (→ Seite 97) haben Sie als verantwortungsbewußter Hundehalter sowieso vornehmen lassen.

Für bestimmte Reiseländer brauchen Sie auch noch eine amtstierärztliche Bescheinigung. England, Norwegen und Schweden sind für den Urlaub mit dem Hund tabu: Sie verlangen eine mindestens viermonatige Quarantäne.

Wohnen Sie mit Ihrem Hund in einem Hotel, Gasthaus oder auf einem Campingplatz, fragen Sie vorher, ob Hunde erwünscht sind und lassen Sie sich die Buchung mit Hund schriftlich bestätigen.

Das Gepäck für den Hund

Auch für den Hund müssen Sie packen. In sein Gepäck gehören:
- seine Wasser- und Freßschüssel, die ist er gewohnt;
- seine Decke und ein/zwei Handtücher für ihn allein;
- eine Flasche Wasser für unterwegs;
- eine kleine Apotheke mit Mitteln gegen Reisekrankheiten und Durchfall. Auch Wundpuder, Augentropfen und Flohspray oder -puder gehören dazu;
- ein Adressenanhänger mit der Urlaubs- und Heimatadresse für sein Halsband.

Der Hund in der Bahn und im Flugzeug

Vor Bahnfahrten erkundigen Sie sich nach den Mitnahmemöglichkeiten, denn die sind für kleine und große Hunde verschieden. In den Schlafwagen können Sie den Hund ohne weiteres mitnehmen, wenn Sie ein Abteil für sich oder Ihre Familie haben. Der Hund zahlt keine Bettkarte. Im Flugzeug kann der Hund mit in den Passagierraum, wenn er weniger als 5 kg wiegt. Innerhalb der Bundesrepublik fliegt der kleine Hund als »Handgepäck« kostenlos. Größere Hunde werden im Frachtraum in einer Hundereisehütte befördert, die die Fluggesellschaften vermieten. Ob Sie Ihrem Hund diese Reiseart zumuten wollen, ist eine persönliche Entscheidung. Ich täte es nicht. Informieren Sie sich aber rechtzeitig vor der Reise bei der Fluggesellschaft oder im Reisebüro über die derzeit gültigen Bestimmungen.

Mit dem Hund am Urlaubsort

Genau wie der Mensch muß sich der Hund auf die neue Umgebung einstellen. Denken Sie daran, daß der Hund südliche Hitze nicht gewohnt ist, und strengen Sie ihn während der heißen Tageszeit nicht an. Erkundigen Sie sich, ob es freilaufende Dorfhunde gibt. Nehmen Sie auch auf die anderen Urlauber Rücksicht: Sind Hunde am Strand generell erlaubt, sollten sie doch nicht die anderen Badenden belästigen.

Der Hund im Auto

Im Leben eines modernen Haushundes spielt das Auto eine wichtige, mehr oder weniger zentrale Rolle. Deshalb will ich mich hier ausführlich mit diesem Thema befassen.

Auf großer Urlaubsfahrt

Egal, wieviele Kilometer Sie sich für den Tag vorgenommen haben, der mitfahrende Hund muß sich viermal lösen können und dabei ein wenig herumspazieren, was auch für den fahrenden Menschen wichtig ist. Es gilt die unumstößliche Regel, daß Hunde immer nur auf der der Straße abgewandten Seite des Autos aus- und wieder einsteigen sollten. Und zusätzlich gilt: Beim Einsteigen zuerst der Hund, dann Gepäck und Mitfahrer; beim Aussteigen geht es umgekehrt: Zuerst kommen die Menschen und dann der Hund.

Bei Kurzspaziergängen unterwegs halten Sie den Hund immer an der Leine. Freilaufend kann er einen Unfall verursachen, außerdem befindet er sich auf ihm fremdem Gelände. Und wenn er sich auf einer heißen Spur von Ihnen entfernt, kann er für immer verlorengehen; zumindest kostet Sie das Suchen eine Menge Zeit.

Halten Sie auf einem Rast- oder Parkplatz am Rande der Autobahn, führen Sie den Hund zum Lösen so weit weg, daß seine Hinterlassenschaft die anderen Raster nicht belästigt. Das gleiche gilt für die Umgebung von Raststätten. In der Raststätte selbst gelten die gleichen Regeln wie in einem Restaurant. Mit hinein darf er nur:

- wenn Hunde generell gestattet sind;
- wenn Ihr Hund so erzogen ist, daß er niemanden belästigt und möglichst »unsichtbar« und unhörbar unter Ihrem Tisch oder Stuhl liegenbleibt;
- wenn er angeleint ist und angeleint bleibt;
- wenn Sie ihn nicht vom Geschirr fressen lassen, das für die Gäste bestimmt ist. Eine hundefreundliche Bedienung bringt Ihnen sicherlich eine Schüssel, aus der er trinken kann oder füllt Ihre mitgebrachte Schüssel mit Wasser, wenn das notwendig ist.

Bei einer Panne sorgen Sie dafür, daß der Hund sich nicht vom Auto entfernen kann. Entweder bleibt er im verschlossenen Wagen oder Sie lassen ihn von einem Mitfahrer ein Stück spazieren führen. Wird der Mitfahrer zur Behebung der Panne benötigt, machen Sie den Hund mit der Leine an einem Baum, einem Schild oder einer Bank fest. Sichern Sie ihn so, daß er die Pannenhelfer nicht behindert oder in gut gemeinter Wachsamkeit nicht ans Auto läßt. Und vergessen Sie nicht, Ihren Hund wieder mitzunehmen.

Benutzen Sie ein Fährschiff auf Ihrer Urlaubsreise mit dem Auto, müssen Sie die Vorschriften beachten. Bei längeren Fahrten kann man den Hund bei sich auf Deck (immer an der Leine) oder in der Kabine behalten. Bei kürzeren Fahrten bleibt er im Wagen. Gegen Seekrankheit sind Hunde – ähnlich wie kleine Kinder – immun.

Wenn der Hund unruhig wird bei einer schnellen, langen Autobahnfahrt kann das folgende Gründe haben:

● Die hohe Geschwindigkeit kann seine Jagdleidenschaft ausgelöst haben. So wird dieses Phänomen von Verhaltensforschern gedeutet.

● Der für Menschen nicht hörbare Dauerton, den die Reifen bei hoher Geschwindigkeit abgeben, stört den Hund. Durch Veränderung der Geschwindigkeit kann man die Frequenz ändern und eventuell den Hund beruhigen.

● Selbstbewußte Hunde sind unruhig, weil sie sich ärgern, daß ihnen durch das fahrende Auto Bewegung aufgezwungen wird, während sie selber inaktiv bleiben müssen. Ein eingelegter Stop, mit kurzem Spaziergang und einigen Gehorsamsübungen (»Sitz«, »Platz«) diszipliniert sie. Hier hilft auch ein Platz im Auto, von dem aus der Hund während der Fahrt nicht herausschauen kann.

● Auch der Fahrstil (scharfes Bremsen, ruckartiges Beschleunigen und rasantes Kurvenfahren) beeinflußt das Wohlverhalten des Hundes auf der Urlaubsreise.

Das Auto sollte zum zweiten Revier des Hundes werden. Wenn der Hund – wie auf unserem Bild der Hovawart – in einem Kombi transportiert wird, braucht er eine Unterlage, die ihm Halt gibt.

Der beste Platz im Auto

Am besten und sichersten liegt der Hund vorne am Boden vor dem Beifahrersitz, möglichst auf seiner Decke. Da zieht es nicht und es rüttelt am wenigsten. Bei einer Vollbremsung fliegt er nicht durch die Gegend, sondern wird gleich abgefangen. Außerdem ist die Nähe seines fahrenden Frauchens oder Herrchens beruhigend, die Beine des Beifahrers geben ihm Menschenkontakt. Der Hund darf allerdings nicht so groß sein, daß diese Beine keinen Platz mehr haben.

Ein großer Hund gehört nach hinten: Auf den Boden, wenn der Wagen Vorderradantrieb hat und der Kardantunnel keinen Platz wegnimmt. Oder im Kombi auf die Ladefläche, auf der er aber Halt haben muß. Sonst sitzt oder liegt er auf dem Rücksitz, auf seiner Decke, die Sie rutschfest in die Polster gesteckt haben. Neigt der Hund dazu, im Auto herumzuklettern, leinen Sie ihn an und zwar so kurz, daß er nicht vom Sitz herunterspringen und sich an seiner Leine erwürgen kann. Gegen unruhige Hunde gibt es spezielle Gitter und Netze – zur Sicherheit für Hund und

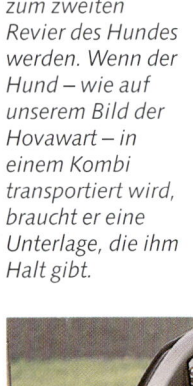

Fahrer –, die verhindern, daß sie nach vorne klettern oder den Fahrer belästigen. Wenn Sie Ihren Hund von klein auf an einen festen Platz im Auto gewöhnen, dann betrachtet er ihn als seinen Platz und wird ein guter Beifahrer werden.

Völlig ungeeignete Plätze für den Hund sind (die Beispiele sind nicht erfunden):
● Der Schoß des Fahrers,
● Der Platz zwischen Tür und Fahrer mit Kopf aus dem Fenster,
● der Beifahrersitz,
● die Ablage vor dem Heckfenster. Von dort aus wird bei einem Auffahrunfall selbst ein Dackel zu einem tödlichen Geschoß für die Insassen und den Fahrer.
● Der Kofferraum eines normalen Autos, da der Hund in ihm nichts sieht und zu wenig Luft bekommt.

Ein sicheres Auto für den Hund

Je größer die Glasflächen eines Wagens, um so mehr wird der Innenraum bei sommerlichen Fahrten aufgeheizt. Haben Sie keine Klimaanlage, müssen die Fenster offen stehen. Mit einem Hund als Fahrgast ist das nicht ungefährlich. Zu gerne steckt er seinen Kopf hinaus und bekommt durch den Fahrtwind eine Bindehautentzündung. Zur Gefahr für den allgemeinen Verkehr wird ein Hund, der plötzlich aus dem weitgeöffneten Fenster springt. Auch sind Hunde schon wegen eines Hunde-Kollegen während der Fahrt aus dem Auto gesprungen.

Frischluftgitter aus stabilem Kunststoff, die zusammengeschoben im Handschuhfach Platz haben, verhindern das. Sie werden in die halbgeöffneten Fenster geklemmt und sorgen auch während des Parkens für Frischluft, ohne daß jeder in den Wagen hineinlangen kann.

Sicherheitsgurte für den Hund. Den Menschen schreibt der Gesetzgeber vor, sich auch auf den Rücksitzen anzuschnallen. Ausgenommen sind immer noch Kinder bis zum vollendeten zwölften Lebensjahr und Hunde, die sich bei einer scharfen Bremsung nicht einmal festhalten können. Wenn Sie wollen, können Sie Ihren Hund jetzt so anschnallen, daß er und seine Menschen auf den Vordersitzen bei Unfällen weniger gefährdet sind. Während bei einem Unfall bei einer Geschwindigkeit von 50 km für einen Hund kaum Überle-

benschancen bestehen, wird er sich mit einem Gurt allenfalls einen Bruch oder eine Quetschung zuziehen.

Die angebotenen Gurt-Modelle (zum Beispiel von Otto Versand oder von Schekker Tier und Technik) bestehen aus einem Rückenlehnengurt, einem Haltegurt und einem Brustgeschirr. Sie sind typenungebunden, können in jedes Auto eingebaut werden und sind leicht zu handhaben. Angeboten werden mehrere Größen, für Yorkshire Terrier bis zum Bernhardiner. Die Hunde behalten ihre Bewegungsfreiheit, sie können, angegurtet, sowohl sitzen als auch liegen.

Ein Netz hinter den Vordersitzen verhindert, daß Ihr Hund von seinem Platz auf den Hintersitzen nach vorne kommt. Diese elastischen Netze in einem Stahlrohrrahmen sind typengebunden und für fast alle Kombifahrzeuge und Schräghecklimousinen mit großer Heckklappe lieferbar. Für andere Modelle gibt es Universalnetze in einem Gummikordelrahmen, der in vier Befestigungspunkte eingehängt wird und deshalb auch für zweitürige Autos und Sportwagen geeignet ist.

Durch ein Stahlrohrgitter, das entweder fest verschraubt (TÜV-Eintragung in die Fahrzeugpapiere erforderlich) oder durch höhenverstellbare Stangen festgeklemmt wird, (wie fest, ist für die Sicherheit entscheidend) können Sie das »Hundeabteil« im Wagen ebenfalls abtrennen. Diese Gitter gibt es inzwischen für alle Wagentypen mit Ausnahme breiter Geländefahrzeuge amerikanischer Herkunft und des Range Rover.

Die wannenartige Sicherheits-Autodecke verhindert, daß
● der Hund von hinten nach vorne klettert,
● er bei scharfem Bremsen zwischen die Sitze rutscht,
● die Autopolsterung verschmutzt wird.
Für Leben und Gesundheit des Hundes und seiner Menschen ist es sehr von Vorteil, Gurte, Netze, Gitter oder Sicherheitsdecken im Wagen zu haben, denn Unfälle geschehen schnell.

Hundewissen von A bis Z

Alphabetisch geordnet finden Sie auf den folgenden Seiten Stichworte mit knappen Erklärungen, die Ihr Wissen um den Hund erweitern. Den allgemeinen Text ergänzend oder vertiefend vermitteln Sie Ihnen die notwendige Kompetenz für die artgerechte Haltung und Pflege eines Hundes.

A

Aalstrich
Dunkle, streifenförmige Fellzeichnung, die vom Nacken bis zur Rutenspitze verläuft; zum Beispiel beim Mops.

Aasfressen
Nicht erwünschte Eigenschaft aus der Wildhundvergangenheit zum Ausgleich des Säure- und Basengleichgewichts. Niedrige Eiweißsubstanzen im Aas oder Mist schwächen die im Organismus durch einseitige Fütterung entstandenen Säuren ab (→ Seite 89). Aas (reifgewordenes Fleisch) ist im Gegensatz zu verdorbenem Fleisch ungefährlich.

Abführmittel, natürliche
Sind Euter, rohe Leber, Lunge, rohes Ei und Brühe vom Pferdefleisch.

Abzeichen
Einzelne braune, graue, schwarze oder andersfarbige Flecken als → Marken am Kopf und am Körper weißer oder andersfarbiger Hunde. Zum Beispiel beim Basset oder Sennenhund. Abzeichen können auch marmoriert, schattiert oder getigert sein wie beim Münsterländer oder Pointer.

Afterklaue
Afterkralle, Afterzehe, auch Wolfskralle. Krallen ohne Bodenkontakt an den Hinterläufen, sie stammen aus der Wolfsvergangenheit. Kommen bei einigen großen Rassen wie Bernhardiner, Pyrenäen-Schäferhund oder Beauceron (französischer Hirtenhund) vor. Falls nicht im Standard vorgeschrieben, werden sie meist vom Züchter in den ersten Lebenswochen entfernt. An den Vorderläufen nennt man sie → Daumen.

Aggression
Fremdwort für Angriffslust und Kampftrieb. Nach Konrad Lorenz »ein Instinkt wie jeder andere und unter natürlichen Bedingungen auch ebenso lebens- und arterhaltend«. Bei bestimmten Rassen wie Jagdhund (auch Dackel) oder bei Schutzhunden als natürliche Schärfe erwünscht und durch Erziehung in die richtige Bahn zu lenken. Im negativen Sinne wird die Aggression so gesteigert, daß die Hunde zu einer Gefahr für die Umwelt werden. Zu nervlichem Fehlverhalten (Neurose) übersteigert ist die Aggression des → Angstbeißers, der wirklich zuschnappt, besonders wenn er angebunden ist oder an der Leine gehalten wird.

Ahnentafel
Offizieller Abstammungsnachweis des Rassehundes auf einem vorgedruckten Formblatt, unterschrieben vom Zuchtbuchführer und dem → Züchter. Mit genauer Beschreibung des Hundes und mindestens drei Generationen seiner Vorfahren. Fälschlich → Stammbaum genannt.

Alphatiere
Begriff aus der Verhaltensforschung für die ranghöchsten Tiere (Rüde und Weibchen) in einem Rudel. Benannt nach dem ersten Buchstaben im griechischen Alphabet. Wird auch benutzt für sehr selbstbewußte Hunde.

Analdrüsen
Verschiedene Drüsen in der Umgebung des Afters, in denen Geruchsstoffe gebildet werden, die den Kot imprägnieren und das Interesse der Artgenossen an Kot und After erregen. Bei Verstopfung und Überfüllung der Drüsen »fährt der Hund Schlitten« (→ Seite 33).

Analgesicht
Die Gegend unter dem Schwanz ist eine Art Personalausweis des Hundes, das wichtigste Riechfeld für das Beschnuppern bei der sozialen Begegnung, der Analkontrolle. Sie ist ein soziales Vorrecht, das ranghohen Rüden zusteht (→ Die Regeln der Hundebegegnung, Seite 59).

Angstbeißer
→ Aggression

Ankörung
Sorgfältige Prüfung eines jungen Hundes auf Zuchttauglichkeit, besonders bei Gebrauchshunden. Sie entscheidet über die Zulassung der Zucht.

Ausstellungen
→ CAC, CACIB, CACIT

B

Befiederung
Oder Befederung, Besatz mit halblangen Haaren (→ Federn) an Läufen, Ohren oder Rute.

Beißunfälle mit Kindern
Stehen nach Hochrechnung von Kinderärzten mit 80 000 pro Jahr zu Buch. Das höchste Risiko tragen Schulkinder. Die Verletzungen sind selten schwerwiegend, die Täter Hunde der eigenen Familie oder der Nachbarn. Grund: zu wenig Kenntnis des arteigenen Verhaltens der Hunde.

Blauschecke
→ Blue Merle

Blendling
Der zoologisch richtige Ausdruck für Bastard oder Mischling. Nachkomme verschiedener Rassen.

Blue Merle
Auch → Blauschecke genannt, Tigerung bei Collies, Doggen und Dackel (Tigertekkel). Die Erbanlage Merlefaktor kann von Mißbildungen wie Blindheit und Taubheit begleitet werden.

Blutlinie
Aus der → Ahnentafel ersichtliche Ahnenreihe einer Rassefamilie. Die Bezeichnung beruht auf der falschen Annahme, daß das Blut der Träger der Erbanlagen ist

Brand
Rot- bis rostbraune → Abzeichen bei dunklen, meist schwarzen Hunden.

Briefträger
Jährlich werden 2 800 Briefträger gebissen; jeder 20. Postbote wird in einen Beißunfall verwickelt. Als besonders beißfreudig erweisen sich die kleinen Rassen wie Dackel, Pudel oder kleine Mischlinge. Warum weiß man zur Zeit nicht. Wird ein Briefträger vom gleichen Hund mehrfach belästigt, hat die Post das Recht, die Hauszustellung aufzugeben. Ursache für das Mißtrauen des Hundes könnten die vielen Gerüche sein, die der Briefträger bei seiner Tour von Haus zu Haus annimmt. Eine andere Erklärung: Der Postbote kommt und geht, ohne daß jemand mit ihm redet. So ist er für den Hund ein Einbrecher.

C

CAC
Certificat d'Aptitude au Championat, Anwartschaft auf das nationale Schönheitschampionat bei Ausstellungen.

CACIB
Certificat d'Aptitude au Championat International de Beauté. Anwartschaft auf das Internationale Schönheitschampionat. Der wichtigste Siegertitel bei internationalen Ausstellungen.

CACIT
Certificat d'Aptitude au Championat International de Travail. Seltene Anwartschaft auf das Internationale Arbeitschampionat für Gebrauchshunde.

Championat
Siegertitel für Hunde, die dem Zuchtziel, dem → Standard der Rasse, am nächsten kommen.

Charakter
Summe der Eigenschaften und Eigentümlichkeiten, die die Individuen einer Rasse besitzen oder die bei ihnen gehäuft vorkommen: Temperament, Lernfreudigkeit, Ausdauer, Kampftrieb oder besondere Anhänglichkeit. Der Charakter bestimmt, ob eine Rasse zu einem Menschen paßt (→ Rasseteil, 128 bis Seite 166).

Cruft's Dog Show 1886
Benannt nach Charles Cruft 1886. Mit etwa 10000 Hunden die größte Ausstellung der Welt. Alljährlich im Februar in London.

D

Daumen
Die → Afterklauen an den Innenflächen der Vorderläufe einige Zentimeter über dem Boden. Da sie sich nicht abnützen, müssen sie regelmäßig geschnitten werden (→ Seite 33). Wachsen sie sich zu Haken aus, können sie sich im Halsband verhängen und abreißen. Manche Züchter lassen sie früh entfernen. Ich plädiere für die Erhaltung der Daumen. Sie sind ein natürliches Werkzeug des Hundes und werden beim Kauknochenkauen oder beim Spielen mit einem Ast benutzt.

Deckakt
Die Paarung von Hündin und Rüde, dauert zwischen 10 und 45 Minuten. Der Schwellkörper des Penis wird durch die Vaginalmuskulatur festgehalten. Die Zeit, in der Hund und Hündin unlösbar miteinander verbunden sind, etwa 15 Minuten, bezeichnet man als das Hängen. Dabei schauen Hündin und Rüde nach Lösen der Umklammerung in entgegengesetzte Richtung. Kaltwassergüsse und andere Trennungsversuche sind Tierquälerei, das

Hängen ist ganz natürlich. (→ auch der Hund und die Liebe, Seite 70).

Defektzucht
Bezeichnung für Rassen, denen zwecks »Schönheitsideal« oder »originellem Aussehen« körperliche Schäden angezüchtet werden. Beispiele: Französische Bulldoggen; wegen großem Kopf und schmalem Becken müssen sie mit Kaiserschnitt auf die Welt gebracht werden. Boston Terrier, ebenfalls Geburtsschwierigkeiten, zudem Hornhautentzündungen wegen der vorquellenden Augen. Gescheckte Doggen, Dackel und Collies, die häufig taubblind (→ Blue Merle) sind. Lidverengungen bei Chow Chow und Sharpei; klaffende Lidspalten bei Basset und Bernhardiner; → Hüftgelenksdysplasie beim Deutschen Schäferhund. Durch vernünftige Züchter lassen sich die Defekte vermeiden, ohne das Erscheinungsbild der jeweiligen Rasse wesentlich zu verändern.

Dicker Hund
Übergewicht kann man nur langsam abbauen. Füttert man 60% des Normalbedarfs, werden wöchentlich 2% des Körpergewichts abgebaut. Ein bewährtes Rezept: Anstelle eines Hungertages einmal in der Woche eine Stoffwechselanregung: saure Milch mit halber, altbackener Semmel (→ auch Diät für den Hund, Seite 92).

Domestikation
Vom lateinischen *domesticus* = häuslich, die Zähmung von Wildtieren zu Haustieren. Vor 15000 bis 10000 Jahren wurde gegen Ende der Steinzeit aus dem Wolf der Hund. Und so kann es gewesen sein:
● Nach Konrad Lorenz: Zusammenarbeit von Wölfen und Männern bei der Jagd zu gegenseitigem Nutzen.
● Nach Wolf Herre: Junge Wölfe wurden als Nahrungsreserve gehalten, zeigten sich anstellig als Bewacher des Lagers und wurden nicht mehr als Beutetiere verzehrt.
● Nach Erik Zimen: Die Frauen haben die Domestikation eingeleitet und junge Wölfe als Wärmekissen, in der Kinderpflege (Kotfressen und Sauberlecken) und als Bewacher benutzt. (Nach Beobachtungen bei Turkana-Nomaden in der Steppe Nordkenias.)

Dominanz
Ist eine Erbanlage, die sich sichtbar vererbt und dabei andere Erbanlagen unterdrückt. Bei Schnauzern zum Beispiel ist das Gen für Schwarz gegenüber Pfeffersalz dominant.

Drahthaar
Kurzes, hartes Stockhaar wie beim Foxterrier oder Deutsch-Drahthaar.

Duftmarke
Kurzer Urinstrahl, mit dem der Rüde sein Revier »markiert«. Er versucht, die Duftmarken anderer Rüden zu überdecken. Deshalb muß er so oft sein Bein heben.

E

Ergrauen
Beginnt im Alter von 6 Jahren an den Lippen und am Kinn und schreitet über die Backen und Nase fort; mit 8 bis 10 Jahren auch um die Augen. Noch ältere Hunde ergrauen auch auf Stirn und Kopf. Gebrauchshunde werden früher grau als Haushunde.

F

Fahne
Die langen Haare an der Unterseite der → Rute.

Fang
Schnauzenteil des Hundekopfes mit → Lefzen und Mundhöhle. Die Fangform ist rassetypisch.

Farbenschläge
Verschiedenartige Fellfärbung bei ein und derselben Rasse wie bei Cocker Spaniel, Deutsche Dogge, Greyhound oder Pudel.

FCI
Fédération Cynologique Internationale. Internationaler, 1912 in Belgien gegründeter Dachverband der Hundezüchter und -besitzer. In ihm sind 49 Länder vertreten.

Federn
Nennt man die langen, weichen Haare auf der Rückseite der Vorderläufe bei Settern und Spaniels.

Fersenbiß
Er gehört zum Spielrepertoire des jungen Wolfes und wurde vom erwachsenen Hund beibehalten. Bei Appenzeller Sennenhunden gehört der gezielte Fersenbiß (Stechen) zur Hütearbeit.

Fledermausohr
Längliches, an der Basis breites Stehohr mit abgerundeter Spitze wie beim Französischen Bully.

Formwert
Bewertung der Hunde auf → Ausstellungen nach ihrer Schönheit. Die Prädikate sind: »vorzüglich«, »sehr gut«, »gut«, »genügend« und »ungenügend«. Die Grundlage für die Bewertung ist der → Rassestandard.

Fransen
Bezeichnung für die langen Haare am Ohr wie beim Afghanen oder beim Cocker Spaniel.

G

Gangarten
Die verschiedenen Fortbewegungsweisen des Hundes wie Schritt, Trab, Paßgang und Galopp.

Gebiß
Gesunde, erwachsene Hunde haben 42 Zähne in verschiedenen Formen wie Schneidezähne, Fangzähne, vordere Backenzähne (Prämolaren) und hintere Backenzähne (Molaren). Je nach Schädelform und Rasse gibt es unterschiedliche erwünschte und nicht erwünschte Gebißformen:
das Zangengebiß der Wildhunde,
das → Scherengebiß der meisten Rassen,
den → Vorbiß der Boxer und Bulldoggen,
der → Hinterbiß kann bei Dackeln und Windhunden vorkommen.

Gesichtsfeld
Der Bereich, den ein Hund überblicken kann, ohne den Kopf zu drehen. Liegt je nach Schädelform und Lage der Augen zwischen 270° und 200°, beim Menschen etwa bei 100° (→ Warum ein Hund auf Bewegung reagiert, Seite 50).

Gestromt
Dunkle Querstreifen auf hellerem Fell wie bei Deutscher Dogge, Bulldogge, Boxer oder Bullterrier.

Glatthaar
→ Kurzhaar

Glaukom
→ Grüner Star

Granhaar
Oder Grannenhaar, harsches Deckhaar, das die → Unterwolle überragt.

Grauer Star
Trübung der Augenlinse aus Altersgründen.

Größe des Hundes
Man unterscheidet 4 Gruppen:
Kleinst- oder Zwerghunde bis zu einer maximalen Schulterhöhe von 24 cm.
Kleine Hunde bis zur Schulterhöhe von 41 cm.
Mittelgroße Hunde bis 62 cm Schulterhöhe.
Große Hunde, alle über 62 cm Schulterhöhe.

Grüner Star
Auch → Glaukom, meist angeborene Erhöhung des Augeninnendrucks. Symptome: Lichtscheue, Tränenfluß, weite Pupille. Tritt bei Rassen wie Cocker Spaniel, Pudel, Foxterrier und Basset Hound innerhalb bestimmter Familien auf. Den Tierarzt aufsuchen.

H

Haarwechsel
In gemäßigtem Klima zweimal im Jahr; die Stärke hängt von Haltung, Pflege und Fütterung ab. Während des Haarwechsels ist die Pflege, das Auskämmen und Ausbürsten, besonders wichtig (→ Seite 32).

Haftpflichtversicherung
Das Bürgerliche Gesetzbuch (§ 833) bestimmt, daß der Tierhalter grundsätzlich haftet, wenn durch ein Tier ein Mensch getötet, verletzt oder eine Sache beschädigt wird. Eine Tierhaftpflichtversicherung ist daher ein unvermeidliches Muß für jeden Hundehalter. (Von der Schadensersatzpflicht ausgenommen sind lediglich Berufshunde und unter bestimmten Voraussetzungen auch Blindenhunde.)

Hasenpfote
Lange, flache und schmale Pfoten wie zum Beispiel beim Barsoi oder beim Malteser.

Hecheln
Beschleunigtes Atmen bei geöffnetem Fang und zur Abkühlung heraushängender Zunge. Eine Art Ersatz fürs Schwitzen, da der Hund nur verkümmerte Schweißdrüsen an den Pfoten hat.

Hinterbiß
Wird volkstümlich falsch Überbiß genannt: Der Unterkiefer ist zu kurz und unterbeißt den Oberkiefer. Der Hinterbiß ist nicht erwünscht, kann aber bei langschädeligen Rassen wie Windhund, Dackel und Spaniel vorkommen.

Hinterhand
Vom Pferd übernommener Begriff, bezeichnet den hinteren Teil des Hundes von den Hüftknochen bis zu den Hinterpfoten.

Hitze
Ein anderer Ausdruck für → Läufigkeit.

Holzbock
→ Zecke

Hose
Die langen weichen Haare an der Hinterseite der Oberschenkel wie bei den Settern.

Hound
Im Englischen die Bezeichnung für den Jagdhund im Gegensatz zum Allgemeinhund »dog«. Spezielle Bezeichnung für die Hunde der Parforcejagd wie Basset, Beagle, Foxhound, Harrier, Otter- und Staghound. Zu den Hounds werden in England auch der Basenji, der Bloodhound, der Elchhund, die Spitze und die Windhunde gezählt.

Hüftgelenksdysplasie
Vererbbare Verformung der Hüftgelenke bei größeren Hunden, abgekürzt HD

genannt. Infolge starker Abflachung bewegt sich die Gelenkkugel der Hinterläufe lose in der Pfanne des Beckens. Die Folge: ein- oder beidseitiges Hinken. Es fällt dem Hund schwer, aus dem Sitzen aufzustehen. Die Symptome können durch geeignete Behandlung gemildert, der Deformationsprozeß aufgehalten werden. Heilbar ist die Krankheit nicht. Gefährdete Rassen: Deutscher Schäferhund, Bernhardiner, Sennenhunde, Neufundländer, Mastinos, Rottweiler, Bobtail, Boxer, Deutsche Doggen, Labrador Retriever, Leonberger. Es sind entweder schwere Hunde oder solche mit abfallender Rückenlinie (Schäferhund und Boxer). Deshalb bei diesen Rassen auf HD-Freiheit achten.

Hundefloh

Er kann auch auf Menschen leben, so wie der Menschenfloh auf Hunden übergeht. Der Unterschied ist nur mit Lupe festzustellen: Der Hundefloh, zoologisch *Ctenocephalides canis* ist länger als der Menschenfloh, zoologisch *Pulex irritans* und kann nicht so gut springen. Die Stiche jucken und können zu allergischen Reaktionen führen. Kennzeichen: rote Flecken und Einstiche, daneben schwarze Punkte vom Flohkot; der Hund kratzt sich viel. Der Floh lebt nur zur Nahrungsaufnahme auf dem Hund und zieht sich danach in Ritzen oder in den Hundekorb zurück. Deshalb muß nicht nur der Hund, sondern auch sein Korb mit Flohspray oder Flohpuder (aus dem Zoofachhandel oder der Apotheke, Gebrauchsanweisung sorgfältig beachten) behandelt werden.
Es gibt auch ein Präparat, das an einer Stelle in die Haut eingerieben durch die Blutbahn die Flöhe wirkungsvoll bekämpft und ausrottet.

Hundekuchen

Um 1860 von J. Spratt zum ersten Mal in England angebotenes Spezialnahrungsmittel für Hunde. Sein Gehilfe war Charles Cruft (→ Seite 114). Heute bestehen Hundekuchen aus Getreide und Fleischmehl mit Mineralstoffen und Vitaminen. Sie sind gut haltbar, leicht verdaulich und haben einen hohen Nährwert.

Hundesport

Sammelbegriff für die intensive Beschäftigung mit dem Hund wie Zucht, systematische Erziehung und Abrichtung, Besuch von Ausstellungen, Teilnahme an Rennen, Prüfungen und anderen kynologischen (→ Kynologie) Veranstaltungen. Wurde Mitte des vorigen Jahrhunderts in England erfunden. Etwa 1870 begann man bei uns mit der Gründung von Verbänden und Vereinen.

Hundesteuer

Der Hund ist das einzige Heim- und Haustier, für das man Steuer zahlen muß. Städte und Länder führten diese Abgabe im ersten Drittel des vorigen Jahrhunderts ein, um die vermehrte Haltung von Hunden zu unterbinden. Hundebesitzer sind verpflichtet, die Anschaffung ihres Hundes (auch des Welpen) innerhalb von 2 Wochen bei ihrer kommunalen Behörde anzumelden. Mit dem Steuerbescheid erhalten sie eine Hundemarke, die das Tier außerhalb von Wohnung und Grundstück tragen muß (→ Seite 23).

Hundezucht

Sie unterliegt keiner speziellen rechtlichen Regelung. Ein Züchter braucht keine besondere Ausbildung nachweisen, muß sich aber, wenn er dem Verband für das Deutsche Hundewesen und einem seiner angeschlossenen Vereine angehört, den Richtlinien des Verbandes und den Zuchtbestimmungen der Vereine unterwerfen.

Hybride

Anderes Wort für → Blendling oder Bastard.

I

Imponiergehabe

Begriff aus der Verhaltensforschung. Bezeichnet vor allem mimische Ausdrucksformen des Hundes, mit der er Rangordnungsprobleme ohne Kampf zu regeln versucht. Durch Körperhaltung, Fellsträuben, Ohrenstellen und Schwanzversteifen will der Hund größer erscheinen. Durch Zähnefletschen und Knurren bietet er auch uns Menschen ein Bild der Gefährlichkeit; wobei die Betonung auf Bild liegt. Das Fixieren und Anstarren des Gegners

gehören ebenfalls zum Imponieren. Die Weisheit »ein Hund greift nie an, wenn man ihm starr ins Auge sieht« ist deshalb sehr falsch und kann den Angriff eines vorher friedfertigen Hundes provozieren (→ Seite 65).

Insektenstiche
Sind meist ungefährlich mit Ausnahme von Stichen in die Mundhöhle, die Atemnot verursachen können. Dann muß der Hund zum Tierarzt. Zum Tierarzt bitte auch, wenn nach Insektenstichen Reaktionen wie Fieber oder Kreislaufstörungen auftreten.

Inzestzucht
Paarung nächster Verwandter wie Bruder/ Schwester, Mutter/Sohn oder Vater/Tochter. Kommt bei Wildtieren häufig ohne nachteilige Folgen vor.

Inzucht
Paarung nahe verwandter Tiere, durch die zwar keine neuen Erbfehler entstehen (es kommen ja keine anderen Anlagen von fremden Tieren hinzu), aber Fehler, die im Erbgut vorhanden sind, sichtbar werden können. Richtige Inzucht ermöglicht dem Züchter, seine Zuchtlinien rasch und gründlich von Fehlern zu reinigen. Falsche Inzucht häuft die Fehler.

J

Jagdhunde
Rassen, die für die Jagdausübung geeignet sind und deshalb nur in die Hände von Jägern gehören. Aus diesem Grund finden Sie im Rasseteil dieses Buches (→ Seite 128 bis Seite 166) keine Jagdhundrassen, bis auf wenige Ausnahmen, die zwar jagdlich geführt werden, aber mehr noch zu Haushunden geworden sind wie Dackel, Spaniel, Retriever oder Setter. Zu den Jagdhunden zählt man die Schweißhunde, die Vorstehhunde, die Erdhunde und die Laufhunde. Im Jagdrecht sind Jagdhunde wie Hirten-, Blinden- und Polizeihunde privilegiert: Sie gelten, soweit sie als solche kenntlich sind, nicht als wildernde Hunde.

Jagende Hunde
Deutsche Bracken, Schweizer Laufhunde und Französische Laufhunde.

Jagdtrieb
Von den Wölfen übernommene, bei den einzelnen Rassen verschieden stark ausgeprägte Veranlagung des Hundes; aber wohl immer in Resten vorhanden. Deshalb müssen Sie in Jagdrevieren den Hund grundsätzlich an die Leine nehmen.

Juckreiz
Empfindung, die von sensiblen Nervenenden ausgeht. Mögliches Anzeichen für: mangelnde Pflege, häufiges Baden mit falschen Waschmitteln, Flöhe (→ Hundefloh, Seite 117) und Läuse, Herbstgrasmilben (im Sommer und Herbst); Ohrmilben; → Zecken; Allergien; Ekzeme (an den Innenflächen der Schenkel oder auf dem Rücken sofort erkennbar); Nierenentzündung.

Junghund
Bezeichnung für den Hund nach der Welpenzeit bis zum Alter von 18 Monaten.

K

Kalorienverbrauch
Ein 10 kg schwerer Hund braucht pro Tag etwa 740 kKalorien oder 3 100 kJoule. Beim Spaziergang im Schritt verbraucht er pro Kilometer 6 kKalorien oder 25 kJoule. Im Lauf verdreifacht sich der Kalorienverbrauch (→ Der Hund und seine Ernährung, Seite 87).

Karpfenrücken
Fachausdruck für stark gewölbten Rücken, der meist als fehlerhaft gilt. Beim Bulldog und Italienischen Windspiel rassetypisch.

Katzenpfote
Kleine, eng geschlossene Pfoten, die nach Katzenart gewölbt sind. Rassetypisch für Border Terrier, Chow Chow, Dalmatiner, Mops, Spitz und Whippet.

Kettenhalsband
Besteht aus Kettengliedern, die sich verengen, sobald der Hund an der Leine zieht. Falls innen mit Stacheln versehen (Stachelhalsband), Erziehungsmittel für besonders

»halsstarrige« Hunde. Nur mit Vorsicht zu benutzen.

Kippohr
Man spricht vom hohen Kippohr oder → Überfallohr, wenn wie beim Collie nur die äußerste Spitze vornüber fällt; vom schweren Kippohr, wenn wie beim Foxterrier das ganze obere Drittel nach vorne fällt. Kippohren sind beim Deutschen Schäferhund unerwünscht; beim Boxer und Dobermann muß man sich nach Verbot des → Kupierens daran gewöhnen.

Klappohr, Knopfohr
Hoch angesetztes, mittellanges Ohr mit nach vorne überfallendem Lappen wie beim Mops.

Knochen
Symbol der Hundenahrung, in der Praxis überholt. Beeinträchtigt die Verdauung, wie der weiße Knochenkot beweist. Der Einwand, daß ein Hund seine Kaumuskulatur mit natürlichen Knochen trainiert, zählt nicht mehr, seit es die verdaulichen Kauknochen aus Büffelhaut gibt. Natürliche Alternative: weiche Kalbsknochen.

Knurren
Meist Zeichen des Mißbehagens und Ärgers, aber auch des Wohlbefindens – zum Beispiel beim Spiel. Dumpf schwingender bis rollender Ton.

Kondition
Körperliche Verfassung.

Konstitution
Ererbte Körperbeschaffenheit, Widerstandskraft gegen äußere Einflüsse, körperliche Leistungsfähigkeit. Ist individuell und unveränderlich.

Körmeister
Bezeichnung für den Formwert- oder Zuchtrichter, der die Berechtigung hat, → Ankörungen durchzuführen.

Körpergröße
Ist im → Standard festgelegt und wird am → Widerrist, dem höchsten Punkt der vorderen Rückenpartie, mit einer Meßlatte gemessen.

Körpersprache
Ist die durch die Verhaltensforschung gedeutete Körperhaltung des Hundes (→ Imponiergehabe und → Spielverbeugung).

Körpertemperatur
Beim erwachsenen Hund liegt sie zwischen 38,2° und 38,8°. Temperaturen über 39,5° sind Fieber und erfordern den Besuch beim Tierarzt, falls sie nicht auf momentane Aufregungen (Hündinnen) zurückzuführen sind. Fällt beim kranken Hund die Temperatur unter 37,8°, hat er Untertemperatur und das ist ein schlechtes Zeichen (→ auch Fiebermessen, Seite 99).

Kraushaar
Das einzelne Haar ist gedreht wie beim Pudel und neigt zur Verfilzung (Schnürenpudel). Geringe Kräuselung und gröbere Behaarung wie beim Bobtail → Zotthaar.

Kreisdrehen
Das mehrmalige Sich-im-Kreis-Drehen der Hunde vor dem Hinlegen ist keine Instinkthandlung, sondern eine Anpassung des Rückgrats für die meist kreisförmig zusammengerollte Schlaflage. Es ist eine Erinnerung an die wilde Vergangenheit: Das Drehen mußte sein, um das hohe Gras für ein Ruhelager niederzudrücken.

Kreuzung
Die Paarung von Vertretern verschiedener Rassen, zum Beispiel Neufundländer und Bernhardiner = Leonberger. Oder die Paarung verschiedener Arten wie Pferd und Esel. Die meisten Hunderassen sind durch Kreuzungen entstanden. Typische Beispiele: Dobermann oder Airedale Terrier. Der Hundezüchter versteht unter Kreuzung auch die Paarung von Tieren der gleichen Rasse, die nicht miteinander verwandt sind.

Kupieren
Das Abschneiden und Beschneiden von Rute und/oder Ohren bei Welpen nach den jeweiligen → Rassestandards. Das Kupieren der Ohren ist laut Tierschutzgesetz seit Januar 1987 verboten.

Kurzhaar

Auch Glatthaar genannt. Sehr kurzes, glatt anliegendes Deckhaar unter Rückbildung der Unterwolle. Beispiele: Boxer, Dobermann oder Varianten von Dackel und Foxterrier.

Kynologie

Die Lehre vom Hund. Als Kynologe gilt, wer sich wissenschaftlich oder praktisch (Zucht, Ausbildung) mit Hunden befaßt.

L

Langhaar

Weiches, langes Deckhaar mit guter Unterwolle wie beim Neufundländer. Ohne Unterwolle wie beim Setter oder dünn und seidig wie beim Malteser. Bei dichter Unterwolle und abstehendem Deckhaar spricht man von Langstockhaar, zum Beispiel beim Spitz.

Läufigkeit

Zweimalige Brunst der Hündin, meist im Frühjahr (Januar bis März) und im Herbst (August bis Oktober) mit vielen Ausnahmen: Kleine Hunde haben einen 4-monatigen, große Hunde Hunde einen 8-monatigen Zyklus, Basenjis werden einmal im Jahr läufig. Läufigkeit hat 3 Phasen:
1.	Die etwa 10tägige Vorbrunst mit Blutungen.
2.	Die circa 12tägige Hochbrunst mit Paarungsbereitschaft.
3.	Die abklingende Nachbrunst.
Anzeichen der Läufigkeit: Vergrößerung der Labien und Vagina; die Hündin markiert mit kleinen Urinbächen; fremde Rüden sind interessiert bis aufdringlich.

Lefzen

Die herabhängenden Lippen des Oberkiefers.
Als saftig werden sie bezeichnet, wenn sie wie beim Basset oder Boxer tief herabhängen,
als trocken, wenn sie wie beim Bullterrier eng anliegen.
Spaniels leiden häufig an einem unangenehm riechenden Lefzenekzem in der Falte Unterkiefer/Eckzahngegend.

Leistungsprüfung

Für Jagd- und Schutzhunde von den jeweiligen Verbänden aufgestellte Prüfungen, deren Bestehen mit einem Leistungszeichen anerkannt wird.

Letalfaktor

Erbanlage, die zu schweren Mißbildungen, manchmal auch zu Totgeburten führt. Häufig an andere, in der Zucht erwünschte Merkmale gebunden. So tritt mit der Farbe Weiß (Bullterrier) oder mit der Dalmatinerscheckung die Taubheit auf. Letalfaktoren können → rezessiv sein und unentdeckt bleiben, nur bei Inzucht werden sie sichtbar.

Liegeschwielen

Hornhautbildung an Ellbogen und Sprunggelenk bei größeren und schweren Hunden, wenn sie auf hartem Lager liegen müssen. Kann sich entzünden. Für besseres Lager sorgen, bei Entzündung zum Tierarzt.

Linienzucht

Der Versuch, wünschenswerte Eigenschaften, die in einer Familie vorhanden sind, durch Paarung verwandter Partner zu verstärken und weniger wünschenswerte auszumerzen, durch Paarung von Partnern, bei denen sie nicht vorhanden sind. Beruht auf der Theorie, daß verwandte Tiere, die sich äußerlich ähnlich sind, das auch in ihren Erbanlagen sein müssen.

Luftwitterung

Dabei steckt der Hund die Nase in den Wind (Hohe Nase) und nimmt Geruchspartikel auf, die in der Luft schweben. Ein Beweis für die hervorragende Geruchsleistung der Hunde.

M

Marke

Andere Bezeichnung für → Abzeichen.

Maske

Scharf begrenztes, von der Grundfarbe abstechendes Farbfeld des Hundegesichtes wie beim Mastiff und Mops (schwarz), beim Landseer und Border Collie (weiß) und verschiedenen Terriern.

Menschenbindung

Die Bindung des Hundes an den Menschen erfolgt sehr früh: von der 3. bis 7. Lebenswoche. In dieser Zeit sollte der Welpe einige Menschen kennenlernen. Die Anpassung erfolgt in der 8. bis 12. Woche, deshalb den Hund nicht zu spät zu sich holen (→ Seite 78).

Modifikation

Durch äußere Faktoren bedingte, nicht erbliche Abweichung von der normalen Körperform wie zum Beispiel in der Größe. Umwelteinflüsse sind dabei wesentlich.

Mutation

Veränderung der inneren oder äußeren Erscheinungsform, die sprunghaft (Erbsprung) auftritt. Sie ist vererblich, weil die Veränderung bis in die Erbmasse hineinreicht. Die Ursachen sind noch immer unbekannt.

N

Namensgebung

Der offizielle Name des Hundes besteht aus dem Rufnamen und dem Zwingernamen. Vorschrift für den Züchter:
1. Die Namen aller Welpen eines Wurfes müssen mit dem gleichen Anfangsbuchstaben beginnen.
2. Er muß diese Anfangsbuchstaben in der Reihenfolge des Alphabets bei seinen verschiedenen Würfen verwenden. Fanfan, Fidel, Flora und Fussy sind also Wurfgeschwister des sechsten Wurfes eines Zwingers. Diese Vorschrift führt dazu, daß die meisten Hunde nicht so gerufen werden wie sie in ihrer → Ahnentafel heißen.

Nasenspiegel

Meist schwarze, stets feuchte, sich leise bewegende Kuppe der Hundenase, die stark gefurcht ist und wie eine Trüffel oder Riesenbeere aussieht (→ Der Tastsinn, Seite 51). Die Verhaltensforscher nennen sie Nasenspiegel, weil sie bei der Begegnung zweier Hunde auch eine optische Funktion hat (→ Der Nasenkontakt, Seite 58).

Neotenie

Stehenbleiben der Entwicklung im Jugendzustand bei voller Ausbildung der Geschlechtsreife. Eine Folge der Domestikation. Schlagwort aus der Verhaltensforschung: Der Hund ist ein kindlich gebliebener Wolf, der Mensch ein kindlich gebliebener Affe.

O

Ortssinn

Noch nicht erforschtes Vermögen des Hundes, über große Entfernungen nach Hause zurückzufinden.

P

Pariahunde

Kommen vom Balkan bis ins südliche Asien vor und leben in Menschennähe. Man weiß nicht, ob es verwilderte Nachkommen alter Rassen oder Hunde im Frühstadium der → Domestikation sind. Für den Canaan-Dog in Israel gibt es sogar einen → Rassestandard.

Pfeffer und Salz

Farbbezeichnung für dunkles Deckhaar mit hellen Spitzen wie beim Schnauzer.

Pfotengeben

Entstanden aus der ursprünglichen Bettelgeste, mit der die noch blinden Welpen gegen die Zitzen der Mutter treten (Milchtritt). Unsere Hunde haben es als »Bitte, bitte« auf uns übertragen.

Phänotyp

Das individuelle, äußere Erscheinungsbild eines Hundes. Es entsteht aus dem Zusammenwirken von Erbanlagen (Genotyp) und Umwelteinflüssen.

Pigmentierung

Farbstoffablagerungen an den Lidrändern, dem Nasenspiegel und den Lefzenrändern. Bei weißen Hunden erwünscht.

Prägung

Begriff aus der Verhaltensforschung für einen Eindruck, der sich nicht mehr verwischt. Wichtig für die Welpen, daß er von einem Menschen auf die Menschen geprägt wird (→ Menschenbindung).

Preisrichter
Entscheiden auf Schönheitsausstellungen und Leistungswettbewerben wie ein Hund benotet wird. Es gibt Spezialrichter für eine Rasse, Allrounder oder Allgemeinrichter für alle Rassen. Die Funktion des Richters setzt eine intensive Ausbildung voraus.

Puls
Innen am Hinterlauf, nahe der Leistenbeuge fühlbar. Gesunde Pulsfrequenz: bei großen und mittleren Rassen 70 bis 100, bei kleineren Rassen 100 bis 130, bei Welpen bis zu 200 Schläge pro Minute.

Q

Quarantäne
Befristete Absonderung von kranken oder ansteckungsverdächtigen Tieren zur Verhinderung von Seuchen. Wegen Tollwutgefahr unterliegen alle nach England, Norwegen und Schweden einreisenden oder von dort importierten Hunde einer mehrwöchigen Quarantäne (das Wort stammt aus dem Französischen und bedeutet einen Zeitraum von 40 Tagen).

R

Rasse
Untergruppe von Haustieren einer Art, die sich in bestimmten rassetypischen Merkmalen voneinander unterscheiden. Rassen werden nach subjektivem Ermessen abgegrenzt.

Rassestandard
→ Standard

Rassetypische Krankheiten
Treten gehäuft bei bestimmten Hunderassen auf (→ Rasseteil, Seite 128 bis Seite 166).

Rassezuchtvereine
Die ältesten deutschen, der Deutsche Teckelklub und der Deutsche Doggen-Club stammen aus dem Jahr 1899. Zur Zeit gibt es bei uns 71 vom Verband für das Deutsche Hundewesen anerkannte Rassehundzuchtvereine. Sie betreuen alle in der Bundesrepublik vorkommenden Hunderassen (→ Adressen rund um den Hund, Seite 167).

Rauhhaar
Sich hart und rauh anfühlendes, kurzes oder mittellanges Deckhaar, das nach verschiedenen Richtungen absteht. Beispiel: Rauhhaardackel, verschiedene Terrier.

Reinrassigkeit
Ein Hund aus einer guten Zucht wird durch seinen → Stammbaum dokumentiert: er zeigt seine Reinrassigkeit. Reinrassig heißt aber nicht reinerbig, denn sonst sähen alle Hunde gleicher Eltern gleich aus.

Reizschwelle
Stärke eines äußeren Reizes, die beim Hund eine Reaktion auslöst. Die Reizschwelle kann von Rasse und Geschlecht abhängig, durch Jugenderlebnisse geprägt oder einer Situation angemessen sein. Hunde mit niedriger Reizschwelle reagieren auf geringe Reize mit Angriffsverhalten; Hunde mit hoher Reizschwelle verhalten sich gelassen und souverän. Hunde mit rassetypisch hoher Reizschwelle sind: Bernhardiner, Bouvier, Bullterrier und Tibet Mastiff. Niedrige Reizschwelle ist für den Fila Brasileiro im Rassestandard vorgeschrieben. Das halte ich für ebenso unsinnig wie leichtsinnig.

Rezessiv
Das Gegenteil von dominant (→ Dominanz). Erbanlagen, die überdeckt werden können, im Erbgut aber erhalten bleiben, um in einer späteren Generation wieder aufzutauchen.

Riechfläche
Oder Riechfeld. Teil der Nase beim Hund mit Riech-Sinneszellen. Die Riechfläche des Hundes ist 30mal größer als die des Menschen; das Riechvermögen des Hundes noch wesentlich stärker ausgeprägt (→ Bemerkungen über die Hundenase, Seite 49).

Ringelschwanz
Wird aufgeringelt über dem Rücken oder seitlich getragen. Ringelschwänze haben der Mops, der Japan Chin und der Pekinese, sowie die ganze Spitzsippe, bei der man von einer Posthornrute spricht. Ringelschwänzigkeit ist ein Zeichen von → Domestikation.

Rosenohr

Hundeohr mit nach hinten gefalteter Ohrmuschel. Die Spitze zeigt nach unten und läßt das Innere der Ohrmuschel teilweise sehen. Beispiele: Englische Bulldogge, Greyhound und Whippet.

Rüde

Männlicher Hund, von althochdeutsch »rudo«. Diese Bezeichnung wird bei allen Hundeartigen verwendet, auch bei Wolf und Fuchs.

Rute

Fachausdruck für Schwanz.

S

Schärfe

Eine im Wesen verankerte, auf dem Gefühl der eigenen Stärke beruhende Aggressivität des Hundes. Sie beschränkt sich nicht auf Selbstverteidigung, sondern wird durch Erziehung für die Verteidigung des Herrn wirksam gemacht (→ Aggression und → Reizschwelle).

Scharren

Nach dem Markieren ist ein Zeichen von sozialer Potenz und nicht gegen ein bestimmtes Individuum gerichtet. Häufig bei kleinen Hunden. Scharren oder Kratzen kann auch eine → Übersprungshandlung sein.

Scheinträchtigkeit

Und Scheinmutterschaft. Hormon- und Verhaltensstörung, die 8 bis 9 Wochen nach einer Läufigkeit auftritt, zu dem Zeitpunkt also, zu dem die Hündin nach erfolgtem Deckakt ihre Jungen bekommen sollte. Gesäuge und Bauchumfang vergrößern sich. Die Hündin benimmt sich, als hätte sie Welpen aufzuziehen. Sie verläßt ungern ihr Lager und weigert sich, die Wohnung zu verlassen. Sie baut ein Nest, nimmt Schuhe und andere Gegenstände als Welpenersatz an: Die Scheinträchtigkeit kann zur Scheinmutterschaft werden, bei der sogar Milch in den Zitzen produziert wird. Diese Milchzeit, für die Bassethündinnen besonders anfällig sind, dauert bis zu 4 Wochen. Alle diese Erscheinungen können auch weniger ausgeprägt auftreten. Den Tierarzt um Rat fragen.

Nicht richtig ist die Behauptung, es handele sich um eine »eingebildete Schwangerschaft«.
Nicht richtig ist, daß eine einmal gedeckte Hündin nie mehr scheinträchtig wird.

Schensihunde

Tropische Primitivhunde, die ohne menschliches Zutun ihr Fortkommen finden. Man hat etwa 15 Typen abgegrenzt wie den Batakspitz aus Sumatra, den Papuahund von Neuguinea, den Kamerun Hund und den Pygmäenhund – um einige zu nennen. Der Basenji wurde als Kulturrasse vom → FCI anerkannt. Alle Typen haben → Stehohren und geringelte Rute (→ Ringelschwanz).

Scherengebiß

Die Schneidezähne des Oberkiefers greifen knapp über die des Unterkiefers, so daß sich beim Schließen des Gebisses eine Scherenwirkung ergibt. Bei fast allen Rassen erwünscht.

Schlaf

Ist für Hunde wichtiger als Nahrung. Schäden durch Übermüdung führen schnell zum Tode. Hunde sind Tagdöser, das heißt, sie schlafen innerhalb von Sekunden ganz tief ein, sind aber auch im Bruchteil einer Sekunde hellwach. Kein Grund zur Aufregung, wenn Ihr Hund 20 von 24 Stunden verdöst und verschläft. Für ihn ist das gesund.

Schlag

Eine Gruppe von Hunden, die innerhalb ihrer eigenen Rasse zusätzlich gemeinsame Merkmale haben. Zum Beispiel Größe (leichter oder schwerer Schlag) oder Farbe.

Schnauzenstoß

In der Welpenzeit eine Bettelgeste, um aus dem Maul der Mutter seinen Teil Futter zu bekommen. Wird vom erwachsenen Hund als Begrüßung und Zuneigung, verbunden mit Lecken, angewendet. Wenn ein fremder Hund uns beschnüffelt, kann man ihm den Handrücken hinhalten und leicht auf seine Nase tupfen. Das ist ein vom Menschen angewandter Schnauzenstoß-Ersatz und wird von einem normalen Hund verstanden.

Schütteln
Jeder Hund beherrscht die Kunst, nach dem Aufstehen Muskeln, Gelenke, ja seinen ganzen Körper durch kräftiges Schütteln wieder in Fasson zu bringen; eine Fähigkeit, von der wir lernen könnten. Schütteln sich alte oder kranke Hunde nach dem Aufstehen nicht mehr, so ist das ein bedenkliches und schlechtes Zeichen für ihren Allgemeinzustand.

Schutzhund
Abgerichteter Hund, der eine von den drei → Schutzhundprüfungen abgelegt hat.

Schutzhundprüfung
Hund und Herr legen sie in einem Gebrauchshundsportverein oder im Verein für Deutsche Schäferhunde ab. Sie ist entsprechend dem Alter des Tieres in drei Stufen unterteilt, die man hintereinander ablegen muß.
SchH I für Hunde ab 14 Monaten,
SchH II für Hunde ab 16 Monaten und
SchH III für Hunde ab 18 Monaten.
Dabei gibt es drei Arbeitsgebiete: die Fährtenarbeit, die Unterordnungsleistung und den Schutzdienst.

Schutzhundrassen, anerkannte
(Auch Diensthundrassen) In Deutschland der Deutsche Schäferhund, der Boxer, der Rottweiler, der Dobermann, der Riesenschnauzer, der Airedale Terrier, der Hovawart und der Bouvier. In Frankreich zählt man die französischen Schäferhundrassen dazu, in Belgien die belgischen, in England den Bullmastiff und in Ungarn den Komondor.

Spielverbeugung
Typische Geste aus der → Körpersprache des Hundes. Um anzuzeigen, daß er nicht angreifen, sondern spielen will, duckt der Hund sich mit dem Vorderkörper, während die Hinterläufe gestreckt und die Rute hochgereckt sind. Dazu lacht er meistens.

Stammbaum
Darstellung aller von einem Elternpaar abstammenden Nachkommen in Form eines Baumes oder einer Tabelle. In der Umgangssprache fälschlich als → Ahnentafel bezeichnet, wenn man von den Papieren eines Hundes spricht.

Stammbuch
Oder Zuchtbuch. Wird von den Rasseclubs geführt, deren Zuchtwart alle Würfe rassereiner Hunde einträgt. Wichtige Informationsquelle über die Geschichte einer Rasse. Die Fehler der einzelnen Hunde sind allerdings nicht notiert. → Ahnentafeln für Hunde, die nicht im Stammbuch nachprüfbar sind, sind wertlos.

Standard
Oder Rassestandard. Beschreibung des Idealtyps einer Rasse mit allen ihren Merkmalen. Wird von den für die jeweiligen Rassen zuständigen Zuchtvereinen aufgestellt, beim → FCI hinterlegt und von dort allen Mitgliedsverbänden zugestellt, damit eine einheitliche Beurteilung der Hunderasse gewährleistet ist. Die einheitliche Form der Standards wurde beim Kynologenkongreß von Monaco entworfen.

Stehohr
Aufrecht stehendes Ohr; früher zum Teil durch → Kupieren der Ohren entstanden. Das natürliche Stehohr braucht manchmal sechs Monate und mehr, bis es sich gestellt hat. Natürliche Stehohr-Rassen sind: der Deutsche Schäferhund, Chow Chow, Spitz, Samojede, Basenji und Bullterrier. Kupierte Stehohren haben: Schnauzer, Pinscher, Dobermann und Deutsche Dogge.

Stichelhaar
Hartes, halblanges und rauhes Haar, das nur wenig absteht. Auch mittellanges Wirrhaar wird so genannt. Beispiele: Deutsch-Stichelhaar, Border Terrier, Affenpinscher.

Stillzeit
Die Hündin stillt ihre Welpen während der ersten 5 bis 8 Lebenswochen. In den ersten 2 Wochen ist eine Zufütterung meist nicht erforderlich.

Stockhaar
Ursprüngliches Haar, das aus dichter Unterwolle mit mittellangen Deckhaaren besteht, zum Beispiel beim Deutschen Schäferhund.

Stop
Ausgeprägter Stirnabsatz über der Nasenwurzel. Fast ohne Stop sind Saluki und Afghane, einen starken Stop haben Boxer, Pekinese und Japan Chin.

Streicheln
Der Welpe und der erwachsene Hund haben ein Streichelbedürfnis: nach körperlichem Kontakt mit der Mutter, nach der ihn berührenden menschlichen Hand. Manche Hunde holen sich ihre Streicheleinheiten bis zum Lästigwerden durch Stupsen (Nasenstoß), Anstoßen oder Pfotenkratzen, andere sind zurückhaltender. Tätscheln und Streicheln sollte nicht zu grob oder zerrend erfolgen und über den Kopf und die Schulterregion hinausgehen. Das Auflegen der flachen Hand unter den Bauch beruhigt einen Hund ungemein; geliebt wird auch das Kraulen der Schwanzwurzel (→ Seite 65).

Streunen
Unerlaubtes und unbeaufsichtigtes Herumlaufen des Hundes. Rüden neigen stärker dazu. Streunt ein Hund trotz regelmäßiger Spaziergänge, ist er verhaltensgestört oder schlecht erzogen.

T

Tan
Englische Bezeichnung für gelb- bis rostbraun, zum Beispiel Black and Tan Terrier.

Tätowierung
Kennzeichnung der Welpen mancher Rassen mit ihrer Zuchtbuchnummer im Ohr oder an der Schenkelinnenseite; erfolgt mittels Tätowierzange. Tätowierungen mit Buchstaben- oder Zahlenkombinationen dienen der Identifikation entlaufener, gestohlener oder verstoßener Hunde.

Tierheim
Einrichtung des Tierschutzvereins, in der Tiere zeitweilige Aufnahme finden, versorgt und an neue Besitzer vermittelt werden.

Todesfälle, plötzliche
Mögliche Ursachen:
● innere Verblutung durch Leber-Milzriß,
● Herz-Kreislaufversagen bei großen Rassen,
● Magendrehung bei großen Rassen nach größeren, schwer verdaulichen Futtermengen,
● Hitzschlag,
● Überanstrengung zum Beispiel eines in der Stadt gehaltenen Jagdhundes bei Eröffnung der Jagdsaison,
● Bolustod, das ist Ersticken durch zu großen Fleischbrocken,
● Urämie (Harnvergiftung) bei gleichzeitiger Belastung des Körpers.

Trächtigkeit
Sie beträgt bei der Hündin durchschnittlich 63 Tage (→ Seite 70).

Tragen
Kleine Hunde können auf dem Arm getragen werden, wobei die Hinterpartie auf dem Unterarm ruht und die Hand den Brustkorb unterstützt. Für den Besuch beim Tierarzt oder für weitere Wege ist eine Tragtasche vorzuziehen.
Größere und große Hunde trägt man mit dem »Kälbergriff«: eine Hand stützt zwischen der Hinterhand durchgreifend den Bauch, die andere zwischen den Vorderläufen den Brustkorb.
Verletzte oder bewußtlose Hunde werden in Seitenlage von zwei Personen auf einer Decke transportiert.

Träumen
Hunde träumen in der Tiefschlafphase, dem REM-Schlaf. Im Traum werden Erlebnisse wiederholt, der Hund rennt, wedelt und bellt. Mit fortschreitendem Alter neigen Hunde häufig dazu, im Schlaf zu rennen.

Trocken
Nennt man einen Hund von muskulöser Körperbeschaffenheit ohne Fettablagerungen mit eng anliegender, dünner Haut, unter der die Muskeln, Bänder und Knochen plastisch hervortreten. Beispielsweise der Greyhound oder der Bullterrier.

Tulpenohr
Zugespitztes → Stehohr, dem Blütenblatt einer Tulpe ähnlich wie beim Skye Terrier, Scotch Terrier oder beim Deutschen Schäferhund.

U

Überfallohr
auch → hohes Kippohr, bei dem nur die äußerste Spitze nach vorne gebogen ist wie beim Collie oder Sheltie.

Übersprungshandlung
Begriff aus der Verhaltensforschung: Innere Spannungen werden durch Reaktionen abgebaut, die nicht zur Situation passen zum Beispiel durch Gähnen oder Sich Kratzen. Ähnlich wie der Mensch sich am Kopf kratzt, wenn er verlegen oder verwirrt ist.

Überzüchtung
Durch züchterische Übersteigerung von Merkmalen wie Größe, einzelnen Körperteilen oder allgemeinem Aussehen kann es zu Defekten oder zu Degeneration wie Verhaltensstörungen kommen (→ Defektzucht).

Unterwolle
Die wolligen Haare unter den Deckhaaren, die im Winter gegen Kälte, im Sommer gegen Sonnenbestrahlung schützen. Bei vielen Rassen. Typisch für reiche Unterwolle: Schlittenhunde oder Landseer.

V

VDH
Verband für das Deutsche Hundewesen, Sitz Dortmund. Dachverband der Rassenvereine mit 500 000 Mitgliedern. Herausgeber der Zeitschrift »Unser Rassehund« (→ Adressen rund um den Hund, Seite 167).

Vegetarische Kost
Pflanzliche Ernährung kann als zeitweilige Diät auch für einen Hund von Nutzen sein. Auf Dauer ist sie unzureichend, da der Hund Fleischfresser ist (→ Der Hund und seine Ernährung, Seite 87).

V-förmig
Ein → Kippohr, dessen fallender Teil wie ein V aussieht. Beispiel: Foxterrier.

Vollwertkost
Der Wunsch, auch seinen Hund so zu ernähren, ist ein Zeichen der Zeit. Vollwertkost für den Hund ist Fertignahrung. Nach der Definition von Professor Kollath, dem Begründer der Vollwerternährung, gilt Nahrung als vollwertig, »wenn sie alles enthält, was der Organismus zu seiner Erhaltung und zur Erhaltung der Art benötigt.«

Vorbiß
Die Schneidezähne des Unterkiefers beißen vor die des Oberkiefers, wobei sich die Schneiden nicht treffen. Bei Boxer, Bulldogge, Mops und Pekinese Rassekennzeichen, sonst fehlerhaft.

Vorderhand
Gegenteil von → Hinterhand: Vorderteil des Hundes mit Brust, Schultern, Vorderläufen und Pfoten.

W

Wälzen
Hunde haben für alles, was unsere Nase als unangenehm empfindet, ein besonderes Interesse. Je »zahmer« ein Hund gehalten und gefüttert wird, um so mehr steigt seine Lust, sich in stinkendem Zeug zu wälzen. »Parfümiert« werden vor allem Kopf-, Hals- und Schulterpartie.

Wamme
Lose Haut an der Kehle. Bei Rassen wie Bernhardiner, Basset und Bloodhound erlaubt.

Wellhaar
→ Deckhaar und → Unterwolle sind gewellt wie beim Barsoi. Starkes Wellhaar wird zum → Kraushaar.

Welpe
Der neugeborene Hund bis zur Vollständigkeit des Milchgebisses. Nach 3 1/2 bis 4 Monaten beginnt der Zahnwechsel.

Wesen
Die Summe aller angeborenen und erworbenen körperlichen und seelischen Anlagen, Eigenschaften und Fähigkeiten, die das Verhalten des Hundes zur Umwelt bestimmen. Für das Zusammenleben mit dem Hund wichtiger als die äußere Schönheit.

Wesensfest
Ist ein Hund, der selbstsicher ist und gute Nerven hat (→ auch Reizschwelle).

Widerrist
Jener Teil der Wirbelsäule, der zwischen den Schulterblättern liegt, ohne sie zu überragen. Die Größe eines Hundes wird am Widerrist gemessen (→ Körpergröße).

Wildhunde
Neben den → Paria- und den → Schensihunden gibt es eine Anzahl von echten Wildhunden, die noch nicht richtig erforscht sind. Es sind kleine bis mittelgroße Raubtiere mit verwirrendem Namen. Zum Beispiel Marderhund, Hyänenhund, Mähnenwolf oder Kitfuchs.

Wolfskralle
→ Afterklaue

Wurf
Bezeichnung für alle → Welpen aus einer Geburt. Ihre Zahl schwankt je nach Größe der Rasse zwischen 3 und 10. Bei großen Würfen können Welpen einer Amme zugegeben werden.

Z

Zecke
Auch Holzbock genannt, zoologisch *Ixodes ricinus,* im hungrigen Zustand einige Millimeter groß. Bohrt sich bei Mensch und Hund in die Haut und saugt sich voll Blut bis auf Erbsengröße. Dann läßt sich das vollgesogene Zeckenweibchen – nur diese sind Blutsauger – einfach fallen. Der Stich verursacht einen starken Juckreiz. So entfernt man Zecken: mit Alkohol, Öl oder Zeckenöl betupfen, nach etwa 10 Minuten vorsichtig mit einer Pinzette oder Zeckenzange aus der Haut lösen. Darauf achten, daß die Zecke vollständig, das heißt, mit Kopf und Mundwerkzeugen entfernt wird. Durch den Tourismus ist die braune Hundezecke *(Rhipicephalus sanguineus)* bei uns eingeschleppt worden, die allerdings nur bei Temperaturen über 20° gedeiht. Sie ist gefährlich, denn sie ist Überträger der Hirnhautentzündung. Fragen Sie Ihren Tierarzt, ob sie in Ihrer Gegend vorkommt.

Zotthaar
Sehr langes grobes Haar, beispielsweise beim Bobtail. Neigt zur Verfilzung wie beim Komondor und Puli.

Zuchtbuch
→ Stammbuch

Züchter
Eigentümer einer Zuchthündin zum Zeitpunkt des Belegens oder der Geburt der Welpen.

Zuchtgruppe
Vorführung von mindestens drei Hunden einer Rasse aus gleichem Zwinger auf einer Ausstellung. Die Hunde müssen am gleichen Tag bei der Einzelbewertung mindestens die Note »gut« erhalten haben.

Zuchtwahl
Unter normalen Zuchtbedingungen wählt der Züchter die Tiere zur Vermehrung aus, die seiner Meinung nach die von ihm gewünschten Eigenschaften besitzen. So kann er das Erscheinungsbild einer Rasse zum Guten wie zum Schlechten verändern.
Bei der natürlichen Zuchtwahl unter Wildtieren haben die lebenskräftigeren Männchen mehr Aussicht, ein Weibchen zu gewinnen und so ihre Eigenschaften zu vererben als die schwächeren. Bei den Wölfen sind es ohnehin nur die → Alphatiere, die sich vermehren.

Zwerghunde
Kleinsthunde von ebenmäßigem Wuchs und wohl-proportionierten Körperformen. Nicht mit der krankhaften Wachstumsstörung Zwergwuchs (Nanismus) zu verwechseln. Zwergformen werden von zahlreichen Rassen gezüchtet.

Zwinger
● Eingezäunter Auslauf um die im Freien gelegene Unterkunft des Hundes. Die Beschaffenheit eines haltungsgerechten Zwingers wird im Tierschutzgesetz in der »Verordnung über das Halten von Hunden im Freien« geregelt.
● Gesamter Hundebestand eines Züchters, der unter einem vom Zuchtbuchamt genehmigten Namen eingetragen ist.

Rasseteil
Porträts beliebter
Rassehunde

Im folgenden Rasseteil stelle ich 47 Hunderassen von Dogge bis Dackel in Wort und Bild vor. Die »Porträts beliebter Rassehunde« informieren Sie über Aussehen, Haltung und Pflege sowie Charakter, rassespezifische Besonderheiten und Krankheiten.
Die Erklärung aller im Rasseteil erwähnten Fachausdrücke finden Sie im Hundewissen von A bis Z (→ Seite 112 bis Seite 127).

Wie wählen Sie sich Ihre Rasse aus?

Sie sollte Ihnen vom Aussehen her zusagen und vielleicht sprechen Sie auch bestimmte Charaktereigenschaften der einen oder anderen Rasse besonders an. Messen Sie Ihre Wünsche jedoch an der Realität. Überlegen Sie, ob Ihr Traumhund zu Ihnen, Ihren Wohnverhältnissen und Ihren Lebensgewohnheiten paßt. Ihr Hund sollte nie »eine Nummer zu groß« sein und auch nicht mehr wiegen als Sie selbst. Es kann Situationen geben, in denen Sie dann nicht mehr mit ihm fertig werden.
Halten Sie sich zunächst einmal an die beliebtesten Rassen. In der Bundesrepublik Deutschland sind es zur Zeit:

1. Deutscher Schäferhund	6. Yorkshire Terrier
2. Dackel	7. Pudel
3. Deutscher Boxer	8. Foxterrier
4. Cocker Spaniel	9. Airedale Terrier
5. Rottweiler	10. Mittelschnauzer

Trotzdem ist die Wahl schwieriger als der Kauf eines Autos. Einen Wagen, der sich dann doch als zu groß oder zu klein, zu schnell oder zu teuer im Verbrauch erweist, kann man wieder abstoßen. Ein Hund

aber, der einmal Zuneigung zu seinem Herrn gefaßt hat und sich allein ihm als dem überlegenen Rudelführer unterordnet, würde sehr unter einer Trennung leiden und sich nur schwer jemals wieder einem anderen Menschen anschließen. Bevor Sie sich für eine seltene Rasse entscheiden, sollten Sie sich kundig machen. Seltene Rassen haben eine schmale Zuchtbasis und positive Zuchtergebnisse sind von einzelnen Hunden abhängig. Über diese sollten Sie Bescheid wissen, ebenso wie über eventuelle rassetypische Krankheiten und Fehler. Besuchen Sie die jeweiligen Züchter und beschaffen Sie sich Literatur (auch fremdsprachige).

Das Aussehen und die Merkmale einer Rasse werden im Standard (→ Hundewissen von A bis Z, Seite 124) beschrieben, der vom zuständigen Club erarbeitet und vom FCI (→ Adressen rund um den Hund, Seite 167) abgesegnet wird und damit international gültig ist. Ich habe mich bei meinen Beschreibungen an den Standards orientiert.

Hinweis: Fast alle hier veröffentlichten Hunde wurden exklusiv für dieses Buch fotografiert. Die abgebildeten Rassehunde sind zumeist von den Spezialclubs des VDH als schöne und standardgerechte Hunde empfohlen worden.
Tiere mit besonderen Auszeichnungen werden mit einem * gekennzeichnet. Der Leser hat somit die Möglichkeit, Zwingernamen und die verschiedenen Auszeichnungen nachzulesen (→ Seite 170).

▷
Gegenüberliegende Seite: Ein prominenter Hund. Der Weltsieger 1986 der Deutschen Schäferhunde, SV – Sieger 1985, VDH Champion 1987:»Uran vom Wildsteiger Land«.

Deutsche Dogge

Dobermann

Ein Riesentier mit langer Geschichte, von seinen Züchtern als der »Apoll unter den Hunden« bezeichnet.

Größe, Gewicht: Mindestschulterhöhe bei Rüden 80 cm; 85 kg und mehr. Wohlproportionierter Körper.

Fell und Farbe: Kurz, dicht, glatt und glänzend; fünf Farbenschläge: gelb, gestromt, weiß-schwarz gefleckt, schwarz und blau.

Aussehen: Edle, aufsehenerregende Erscheinung mit ausdrucksvollem Kopf.

Geeignet für: Hundeverständige mit viel Platz.

Nicht geeignet für: Anfänger und Leute mit vollgestellten Zimmern.

Haltungsansprüche: Braucht ein eigenes Zimmer und konsequente Erziehung.

Pflege: Pflegeleicht.

Eigenschaft als Familienmitglied: Ein lieber Hund, der wenig bellt. Guter Wächter, der durch Abschreckung wirkt. Mißtrauisch gegen Fremde.

Rassencharakter: Selbstbewußt, souverän, kein Raufer. Ruhig und sensibel, nett zu Kindern.

Rassetypische Probleme: Die Angst vieler Menschen vor Doggen an sich. Die richtige Erziehung: am besten durch das Ausbildungsprogramm des Deutschen Doggen Clubs.

Rassetypische Krankheiten: Magendrehung nach hastigem Fressen; Herzklappen-Insuffizienz.

Lebenserwartung: Mittel.

Nahrungsbedarf pro Tag: Bis zu 19 150 kJoule/ 4 575 kKalorien.

Anmerkungen zur Rasse: Dieser Traumhund (für die meisten Hundehalter) war immer schon ein Rennomierhund, obwohl man ihn bitte nicht aus Prestigegründen halten sollte.

Im Bild: Rüde, Gefleckt, 12 Monate.

Deutsche Rasse mit dem Image »gefährlich«. Kräftig und muskulös, von großer Schnelligkeit und unbestechlicher Wachsamkeit.

Größe, Gewicht: bis 70 cm hoch; bis 26 kg schwer. Sehr elegante Erscheinung.

Fell und Farbe: Kurz, hart und dicht. Schwarz, Dunkelbraun oder Blau mit rostrotem, scharf abgesetztem Brand.

Aussehen: Durch sein »Pokerface« kann man seine Stimmungen nicht deuten.

Geeignet für: Sportskameraden oder Leute, die einen scharfen Wachhund suchen.

Nicht geeignet für: Leute, die weder sportlich, noch reaktionsschnell sind und nicht bewacht werden wollen.

Haltungsansprüche: Braucht eine grundsolide Ausbildung, viel Bewegung und Arbeit. Kann auch teilweise im Zwinger leben.

Pflege: Pflegeleicht.

Eigenschaft als Familienmitglied: Sehr lieb zu seiner Familie und den Kindern.

Rassencharakter: Temperamentvoll, furchtlos, wesensfest, von natürlicher Schärfe, seelisch empfindsam.

Rassetypische Probleme: Durch reine Züchtung auf Schönheit gibt es Dobermänner, die nur noch scharf und gefährlich sind.

Rassetypische Krankheiten: Neigung zu Haarausfall (keine Neigung zur Hüftgelenksdysplasie!).

Lebenserwartung: Bis zu 14 Jahren.

Nahrungsbedarf pro Tag: 6 200 kJoule / 1 480 kKalorien.

Anmerkungen zur Rasse: Zur Pinscherfamilie gehörend hat er seinen Namen von Louis Dobermann (1860). Typischer Ein-Mann-Hund.

Im Bild: Rüde, Braun, 5 ½ Jahre.

Afghane

Saluki

Sehr attraktiver Orientale, fühlt sich dem Menschen gleichberechtigt. Urwüchsig, mit einem Hang zum Komfort.

Größe, Gewicht: Um 70 cm; bis 30 kg. Ein Hund zum Stehenbleiben und Anschauen.
Fell und Farbe: Auffällig langes und seidiges Haarkleid. Alle Farben erlaubt.
Aussehen: So elegant im Pelz wie eigentlich ein Hund nicht auszusehen hat.
Geeignet für: Absolute Liebhaber mit viel Einfühlungsvermögen.
Nicht geeignet für: Leute, die nicht bereit sind, der Schönheit ihren täglichen Tribut an Zeit und Mühe für die Pflege zu zollen.
Haltungsansprüche: Tägliches Rennbedürfnis. Braucht eine feste Bezugsperson auf Lebenszeit.
Pflege: Täglich sorgfältiges Kämmen und Bürsten
Eigenschaft als Familien-

mitglied: Gehorcht aus Zuneigung. In Haus und Garten folgsam und wachsam. Nicht einfach zu halten.
Rassencharakter: Besticht durch Würde, Ruhe und angenehmes Dasein. Er liebt seine Menschen; abweisend gegen Fremde.
Rassetypische Probleme: Sein Erbe als Hetzhund bricht immer wieder durch. Da er auf Sicht jagt, draußen immer anleinen.
Rassetypische Krankheiten: Wenig bekannt.
Lebenserwartung: Normal.
Nahrungsbedarf pro Tag: Für einen 28 kg schweren Hund 6 910 kJoule / 1 650 kKalorien.
Anmerkungen zur Rasse: Noah soll Afghanen mit in die Arche genommen haben, diese Legende signalisiert das Alter dieser aus Afghanistan stammenden Jagdhunderasse.
Im Bild: vorne, Rüde, Rot mit Maske, 15 Monate; hinten, Rüde, Blau, 3 Jahre.

Prototyp des orientalischen Windhundes. Ein federleichter Läufer, gelehrig und klug, begierig nach dem Lob seines Herrn.

Größe, Gewicht: 60 bis 70 cm ; 14 bis 25 kg. Schön, anmutig und fast zart.
Fell und Farbe: Seidig mit Befiederung, glatthaarig ohne Befiederung. Von Weiß über Grau bis Gold mit Brand.
Aussehen: Bemerkenswert der tiefe und sonderbar traurige Blick und die schönen Mandelaugen.
Geeignet für: Liebhaber, die ihm sehr viel Auslauf bieten können.
Nicht geeignet für: Leute, die sich mit einem Hund nur schmücken und ihr Prestige heben wollen.
Haltungsansprüche: Braucht viel Zuwendung. Kein Kinderhund. Und nochmal: viel freien Auslauf und Rennen.
Pflege: Pflegeleicht.

Eigenschaft als Familienmitglied: Ruhiger Hund, der sich eine Bezugsperson auswählt. Nur mit Liebe und Konsequenz zu erziehen.
Rassencharakter: Ruhig im Haus, lebhaft im Freien. Rennen ist sein Leben.
Rassetypische Probleme: Verträgt weder Härte noch Strenge, kennt keinen hündischen Gehorsam. Deshalb nicht leicht zu halten.
Rassetypische Krankheiten: Wenig bekannt.
Lebenserwartung: Normal.
Nahrungsbedarf pro Tag: Für den 20 kg schweren Hund 5 250 kJoule / 1 250 kKalorien.
Anmerkungen zur Rasse: Heimat: von der Türkei bis Ostturkestan. Läuft federleicht, fast schwebend. Rennbahntempo bis 55 km/h.
Im Bild*: Hündin, Braun grizzle, 3 Jahre.

Deutscher Schäferhund

Ein Hund der Superlative: der beliebteste Gebrauchshund der Welt; die bekannteste Hunderasse, die vom größten Rassehundzuchtverein betreut wird.

Größe, Gewicht: Schulterhöhe 62,5 cm; 30 bis 35 kg schwer. Rüde und Hündin muß man auf einen Blick unterscheiden können.
Fell und Farbe: Stockhaarig mit dichtem Deckhaar, buschig behaarte Rute. Schwarz mit regelmäßigen braunen, gelben bis hellgrauen Abzeichen.
Aussehen: Ausdrucksvoller Kopf mit schönen, sprechenden Augen. Wohlproportionierter Körper, harmonisch in allen seinen Bewegungen. Nicht verwechselbar.
Geeignet für: Leute, die gerne einen unterordnungswilligen Hund haben, mit ihm auf den Übungsplatz gehen und sich zwei Stunden pro Tag mit ihm beschäftigen können. Ebenso für

Leute, die einen Wachhund brauchen und die energisch sind.
Nicht geeignet für: Alte, zarte und wenig energische Leute oder Menschen, die eine zu kleine Wohnung haben. Er ist weder ein »Unter-dem-Sofa-" noch »Auf-dem-Sofahund«, noch ein reines Zwingertier.
Haltungsansprüche: Er braucht Arbeit auf dem Übungsplatz, viel Bewegung und eine gute und gründliche Erziehung und Ausbildung. Die Schäferhundelite sind die Welpen mit roter Ahnentafel: Sie stammen aus einer Kör- und Leistungszucht (von 30 000 Hunden pro Jahr etwa 3 000).
Pflege: Tägliches gründliches Bürsten, vor allem zur Zeit des Fellwechsels. Ein- bis zweimal pro Jahr baden.
Eigenschaft als Familienmitglied: Außerordentlich guter Wächter, der ein Beller sein kann. Liebt den nahen Umgang mit seiner Familie.

Vorsicht in Wildgebieten, neigt zum Wildern. Die »bösen« Schäferhunde sind die ohne SV-Papiere (SV = Verein für Deutsche Schäferhunde), die bei der Wesensprüfung durchfielen; auf jeden SV-Hund kommt ein wild vermehrter.
Rassencharakter: Gelehrig, mit großer Unterordnungsbereitschaft. Mutig, aber auch sensibel, mittleres Temperament. Die Unsensiblen brauchen eine feste Hand.
Rassetypische Probleme: Bei falscher Erziehung oder mangelnder Wesensfestigkeit (Hunde aus wilden Zuchten) Raufer, die auch kleine Hunde oder Hündinnen beißen.
Rassetypische Krankheiten: Beim Kauf darauf achten, daß die Eltern des Welpen frei von Hüftgelenksdysplasie sind. (Durch die abfallende Rückenlinie in die Zuchten eingeschleppt.) Als Neurose eine übertriebene Ängstlichkeit, als Alters-

krankheit Diabetes.
Lebenserwartung: Hoch, bis zu 14 Jahren.
Nahrungsbedarf pro Tag: Für den 30-kg-Hund 7 100 kJoule / 1 700 kKalorien; für den 32-kg-Hund 7 600 kJoule / 1 820 kKalorien.
Anmerkungen zur Rasse: Der Verein für Deutsche Schäferhunde (SV) wurde 1899 von Max Emil Friedrich v. Stephanitz gegründet. Der sorgte dafür, daß der Schäferhund weder Mode- noch Prestigehund wurde. So hat der Verein nie Kompromisse geschlossen.
Im Bild*: Rüde, Schwarz mit roten und braunen Abzeichen, 6 ½ Jahre.

Collie

Langhaariger schottischer Schäferhund von großer Schönheit. Innerhalb von 100 Jahren zweimal Modehund. Zunächst unter Queen Victoria, dann im Banne von Lassie.

Größe, Gewicht: Bis 61 cm hoch; bis 30 kg schwer. Langer Körper mit tiefer Brust.
Fell und Farbe: Lang, dicht und hart, beim Kurzhaar-Collie kurz und dicht. Gelb-weiß, Tricolor (= schwarz mit rostbraunen Abzeichen) und Blue-merle.
Aussehen: Durch das Lassie-bild unverkennbar. Sehr dekorativ.
Geeignet für: Leute, die das Schöne lieben, gleichzeitig aber auch die Zeit für die aufwendige Fellpflege und Geld für gutes Futter haben.
Nicht geeignet für: Leute, die keinen Hund, sondern eine nach menschlichen Maßstäben richtig handelnde Lassie wollen.
Haltungsansprüche:

Braucht reichlich Auslauf neben dem Fahrrad und viel Platz. Ein Wohnungs-Collie verkümmert. Hat gerne Gesellschaft. Kein Hund für die Großstadt, kein Hund für die Etage.
Pflege: Kämmen und Bürsten täglich etwa 15 Minuten.
Eigenschaft als Familienmitglied: Will immer mit seiner Familie zusammen sein. Verlangt, daß man sich mit ihm beschäftigt. Guter Kinderhund (wenngleich nicht so wie Lassie). Ist wachsam und zeigt das auch durch Gebell. Haart naturgemäß und bringt bei Regen Schmutz ins Haus.
Rassencharakter: Distanziert, nicht jedermanns Hund. Fremden gegenüber mißtrauisch. Lernt gut und ist folgsam. Seelisch sensibel.
Rassetypische Probleme: Bei Überzüchtung ängstlich, hysterisch bis bösartig. Kann durch falsche (harte) Erzie-

hung neurotisch werden. Bei der Wahl des Züchters ist besondere Sorgfalt geboten.
Rassetypische Krankheiten: Augenanomalien und Sehstörungen. Das Ektasie-Syndrom, in England »Collie Eye Anomaly« genannt, kann bis zur Netzhautablösung führen. Des weiteren die »Collie-nose«, ein Ekzem der unpigmentierten Nasenoberfläche bei Sonnenbestrahlung.
Lebenserwartung: Hoch, Collies können bis 15 Jahre alt werden.
Nahrungsbedarf pro Tag: Für den 25 kg schweren Hund 6 200 kJoule / 1 480 kKalorien.
Anmerkungen zur Rasse: Der kurzhaarige Collie, auf den mit Ausnahme des Haarkleides diese Rassebeschreibung ebenfalls zutrifft, ist selten, da nicht so attraktiv wie der Langhaar-Collie. Zur Familie gehören noch der Bearded Collie, den ein Nichtkenner mit dem Bobtail

verwechseln kann; Border Collie, ein schwarzweißer Hütehund und Sheltie, die Miniaturausgabe von den Shetland-Inseln, wo nicht nur die Ponys und Schafe kleiner sind.
Im Bild: vorne Hündin, Gelb-weiß, 14 Monate; hinten Rüde, Tricolor, 5 Jahre.

Bobtail

Chow Chow

»Old English Sheepdog« ist ein Hund wie aus einer schottischen Sage. Kurz, ein zauberhafter Hund.

Größe, Gewicht: Etwa 56 cm hoch; zwischen 34 und 40 kg schwer. Wirkt gedrungen.
Fell und Farbe: Zottig strähnig, ohne Locken, mit wasserabstoßender Unterwolle. Alle Töne von Grau, graumeliert und Blau.
Aussehen: Ungewöhnlich, da man Körperbau und Gesicht unter dem langen, dichten Fell nur ahnen kann.
Geeignet für: Leute, die genau einen Bobtail möchten und sich intensiv mit der Haltung beschäftigt haben.
Nicht geeignet für: Menschen, die gerne Befehle geben und eine kleine Wohnung haben.
Haltungsansprüche: Benötigt viel Platz, viel Auslauf, viel Zuwendung und Liebe.
Pflege: Täglich gründlich durchkämmen (dauert rund 30 Minuten).
Eigenschaft als Familienmitglied: Sehr familienbewußt, will aber seine »kleinen Freiräume«. Verträgt sich gut mit Kindern, spielt gerne.
Rassencharakter: Temperamentvoll, gutmütig, anpassungsfähig, aber auch selbstbewußt und selbständig.
Rassetypische Probleme: Kein Hund für pingelige Hausfrauen – das lange, dichte Fell ist ein Schmutzfänger.
Rassetypische Krankheiten: Auf HD-Freiheit achten. Sonst wenig bekannt.
Lebenserwartung: Hoch.
Nahrungsbedarf pro Tag: Für den 35 kg schweren Hund 8 200 kJoule / 1960 kKalorien.
Anmerkungen zur Rasse: Seine Stimme klingt wie eine geborstene Glocke. Im Schrittempo wirkt er plump, im Galopp elegant.
Im Bild: links Rüde*, 5 Jahre; rechts Hündin, 2 Jahre.

Ein löwenhafter, stolzer, in sich ruhender Hund, mit seltsam stelzendem Gang und Individualisten-Image.

Größe, Gewicht: Mindesthöhe 45,5 cm; 20 bis 25 kg. Sehr kompakter Körper.
Fell und Farbe: Üppig, dicht. Einfarbig Schwarz, Rot, Blau, Zimt, Creme oder Weiß.
Aussehen: Grimmig und imposant.
Geeignet für: Leute, die das Eigenwillige lieben und auch damit umgehen können.
Nicht geeignet für: Leute, die von einem Hund unbedingten Gehorsam erwarten.
Haltungsansprüche: Normalwohnung, kann aber auch im Freien leben. Schließt sich einem Menschen an.
Pflege: Täglich gründliche Fellpflege.
Eigenschaft als Familienmitglied: Aufmerksamer Wächter, sehr leiser Hund. Braucht nicht viel Bewegung.
Rassencharakter: Eigenwillig bis zur Aufsässigkeit. Ein-Mann/Frau-Hund. Kann nicht abgerichtet werden. An Schmeicheleien uninteressiert.
Rassetypische Probleme: Unglücklich, wenn nicht mit der Person zusammen, auf die er geprägt ist. Hitzeempfindlich. Haart kräftig.
Rassetypische Krankheiten: Anfällig für Ekzeme. Häufig kommt Entropium vor, eine Einstülpung des Lidrandes gegen die Hornhaut des Auges.
Lebenserwartung: Hoch.
Nahrungsbedarf pro Tag: Für den 22,5 kg schweren Hund 5 870 kJoule / 1 400 kKalorien.
Anmerkungen zur Rasse: Der größte Individualist unter den Hunden. Kampfstark und kein Kinderhund.
Im Bild: Rüde, Rot, 6 Jahre.

Bernhardiner

Eine Legende von einem Hund. Ein bedächtiger Riese, der eine große Faszination auf Kinder ausübt. Trotzdem sollte man sie nicht jeden Bernhardiner streicheln lassen.

Größe, Gewicht: Schulterhöhe bis 70 cm; um 80 kg schwer. Muskulöser Körper, massiger Kopf.

Fell und Farbe: Mittellang, schlicht bis leicht gewellt, beim Stockhaarigen kurz und sehr dicht. Weiß mit Rot, Rot mit Weiß, das Rot in verschiedenen Abstufungen. Pfoten, Brust und Rutenspitze immer weiß.

Aussehen: Majestätisch, durch sein Dasein schon achtungsgebietend.

Geeignet für: Leute mit viel Platz (Landhaus) und Sinn für Monumentalität.

Nicht geeignet für: Leute, die keine Beziehung zur Größe oder einen Barry-Komplex haben.

Haltungsansprüche: Kein Stadt- oder Wohnungshund. Braucht viel gutes Futter. Kann im Freien gehalten werden, trotzdem ist fester Familienanschluß notwendig. Zur Beförderung: am besten ein Kombi.

Pflege: Kämmen und Bürsten beim Langhaar zeitaufwendig, der Kurzhaarige ist pflegeleicht.

Eigenschaft als Familienmitglied: Guter Wachhund, fabelhafter Kinderhund, nicht sehr laut. Keine große Bewegungsfreude, obwohl man ihn zum Spaziergänger erziehen kann. Sensibel und sehr anhänglich. Kann vor lauter Freude einen Menschen umwerfen.

Rassencharakter: Ruhig bis phlegmatisch, gutmütig. Ist unerschrocken, hat Kampftrieb und Härte. Lernt leicht. Aus einigen Familien auch scharf und so gar nicht der brave Barry, den man sich erträumt.

Rassetypische Probleme: Aus manchen Zuchten zu schwer, dadurch fast unbeweglich. Welpen sollten möglichst keine Treppen steigen, vor allem das Heruntergehen kann zu Bänderzerrungen führen.

Rassetypische Krankheiten: Insgesamt widerstandsfähig, neigt zu Hauterkrankungen, zum Ektropium (Ausstülpung, meist des unteren Augenlids) und zu Hüftgelenksdysplasie. Vorsicht vor Magendrehung.

Lebenserwartung: Etwa 10 Jahre.

Nahrungsbedarf pro Tag: Für einen 70 kg schweren Hund 15 800 kJoule / 3 775 kKalorien; für einen 80-kg-Hund 18 050 kJoule / 4 312 kKalorien. Das ist mehr als ein Schwerarbeiter braucht.

Anmerkungen zur Rasse: Ihre große Zeit hatten die Bernhardiner Anfang des 19. Jahrhunderts als Rettungshunde vom Hospiz des großen Sankt Bernhard. Ihren Namen bekamen sie aber erst 1865, als außerhalb des Hospizes die Reinzucht begann. In der Gründerzeit war der Bernhardiner Modehund und wurde mit 2 000 Goldtalern bezahlt. Der berühmteste Bernhardiner war Barry, der zwischen 1800 und 1814 mehr als 40 Menschen das Leben gerettet haben soll.

Im Bild: Hündin, 4 Jahre.

Deutscher Boxer

Ein muskulöser Hund vom Typ Zehnkämpfer, ein unerschrockener Verteidiger und Beschützer. Immer, bis ins hohe Alter, zum Spielen aufgelegt. Ein idealer Familienhund.

Größe, Gewicht: Schulterhöhe Rüde 57 bis 63 cm, Hündin ab 53 cm, Gewicht nach Größe, etwa 30 kg. Starkknochiger, quadratischer Körper.

Fell und Farbe: Kurz und glänzend, hart, eng am Körper anliegend. Dunkelhirschrot bis Gelb, Mitteltöne am beliebtesten, auch gestromt. Schwarze Maske auf Schnauze begrenzt.

Aussehen: Ein energiegeladenes Muskelpaket, das durch den abfallenden Rükken wie eine Sprungfeder wirkt. Grimmiger Gesichtsausdruck.

Geeignet für: Die sportliche Familie, möglichst mit Kindern, die nicht zu beengt wohnt.

Nicht geeignet für: Leute, die Nippes lieben und besitzen, die selbst zart und zerbrechlich sind, für Stubenhocker und alte Menschen.

Haltungsansprüche: Braucht Platz – von der Normalwohnung aufwärts, einen geregelten Auslauf auch neben dem Fahrrad und seine tägliche Spielstunde, bei der es etwas rauh zugeht. Empfehlenswert ist, mit ihm zu arbeiten, er gehört zu den anerkannten Gebrauchshunderassen.

Pflege: Pflegeleicht.

Eigenschaft als Familienmitglied: Guter Wächter und Familienhund, sehr kinderlieb. Angenehmer, wenn auch temperamentvoller Mitbewohner. Muß mit viel Lob, aber konsequent erzogen werden.

Rassencharakter: Körperlich wie seelisch robust, intelligent, leicht lenkbar bei konsequenter Erziehung. Temperamentvoll und mutig. Neigung zum Schmusen, Spielfreude bis ins hohe Alter.

Rassetypische Probleme: Nicht unbedingt freundlich anderen Hunden gegenüber. Kann zum Raufer werden. Speichelt bei geringer Erregung.

Rassetypische Krankheiten: Versteifung der Wirbelsäule im Alter. Ab dem 8. Lebensjahr krebsanfälliger als andere Rassen. Neigung zu Allergien, auch Hüftgelenksdysplasie kommt vor.

Lebenserwartung: Etwa 10 Jahre.

Nahrungsbedarf pro Tag: Für den 30 kg schweren Hund 7 100 kJoule / 1 696 kKalorien.

Anmerkungen zur Rasse: 1895 wurde in München ein Deutscher Bullenbeißer ausgestellt und von seinem Besitzer Boxer genannt; ein Jahr später wurde der Boxerklub gegründet. Woher kommt der Name? Von der platten Schnauze? Weil der Hund mit den Vorderpfoten wie ein Boxer kämpfen kann? Man weiß es nicht. Auf jeden Fall gefiel der Hund und mit ihm der Name, so daß der Boxer heute auf der Beliebtheitsliste ganz oben steht. Übrigens fällt auch der Boxer unter das Kupierverbot: Ich zeige Ihnen einen Hund mit unkupierten Ohren.

Bild links: Rüde, Rotgoldgestromt, 10 Monate.

Bild rechts: Hündin, Hirschrot, 6 Jahre.

Irish Wolfhound

Der graue Riese von der grünen Insel ist der größte Hund der Welt. Wenn er einem Mann die Pfoten auf die Schultern legt, kann er ihm auf den Scheitel schauen.

Größe, Gewicht: Schulterhöhe beim Rüden um 85 cm, wobei Wert auf wahre Größe gelegt wird; Mindestgewicht um 55 kg (muß wesentlich leichter sein als die Deutsche Dogge). Starker und imposanter Körper.

Fell und Farbe: Rauh und hart an Körper, Beinen und Kopf, besonders hart und lang über den Augen und am Unterkiefer. Grau, gestromt, Rot, Schwarz, Reinweiß und Rehfarben.

Aussehen: Elegant und furchterregend für Nicht-Hundefreunde. Eine ungewöhnliche Hunderasse.

Geeignet für: Ausgeglichene Menschen, die über ein entsprechend großes Grundstück mit Garten und soviel Einkommen verfügen, daß sie diesen Hund richtig halten und ernähren können.

Nicht geeignet für: Leute in der Stadt, die durch ihren Hund auffallen wollen. Kein Hund für Anfänger.

Haltungsansprüche: Zunächst schon durch die Größe des Hundes bedingt. Braucht die ersten 18 Monate besonders viel und hochwertiges Futter. Tägliches Laufen neben dem Fahrrad oder Pferd oder längere Spaziergänge, aber ohne Leine.

Pflege: Tägliche Fellpflege mit Metallkamm und harter Bürste. Liebt rauhes, schmutzigmachendes Wetter.

Eigenschaft als Familienmitglied: Angenehmer Mitbewohner, der in den Räumen selbst nicht einmal soviel Platz braucht, da er sich sehr beherrscht und ruhig bewegt. Gutes Benehmen ist ein Teil seiner Natur, hat eine ruhige und unaufdringliche Art. Braucht einen sehr ausgeglichenen Herrn, der ihn konsequent, aber nicht mit Härte erzieht.

Rassencharakter: »Gestreichelt ein Kavalier, gereizt ein wildes Tier.« Insgesamt friedfertig, kein großer Wächter, wirkt aber abschreckend, obwohl er Fremden gegenüber zurückhaltend-freundlich ist. Völlig ungeeignet für einen Zwinger, darf keinesfalls scharf gemacht werden.

Rassetypische Probleme: Wenn überhaupt, durch die Größe bedingt, und bei zu geringem Auslauf.

Rassetypische Krankheiten: Wenig untersucht, da die Zahl der Hunde sehr gering ist. Beschrieben wird nur eine Neigung zu Nasenschleimhauterkrankungen (Rhinitiden).

Lebenserwartung: Mittel.

Nahrungsbedarf pro Tag: Für den 60 kg schweren Hund 13 600 kJoule / 3 248 kKalorien.

Anmerkungen zur Rasse: Er war der Hund der edlen Herren, die mit ihm auf die Wolfsjagd gingen oder durch ihn den Gegner vom Pferd holen ließen. Zeitweilig war es veboten, ihn ins Ausland zu verschenken. Er ist das typische Beispiel dafür, daß ein mächtiger, mutiger und kampfstarker Hund von Natur aus sehr friedlich sein kann.

Im Bild: vorne, Hündin, dunkelgrau-gestromt, 3 ½ Jahre; hinten, Rüde*, cremefarben, 3 ½ Jahre.

Irish Setter

Eine schöne Luxusfigur mit viel Temperament, hinter der sich ein drahtiger unermüdlicher Jäger verbirgt: ein Marathonläufer in schönfarbigem Fell.

Größe, Gewicht: Schulterhöhe zwischen 54 und 62 cm; Gewicht 18 bis 25 kg. Schlanke, elegante und muskulöse Gestalt.

Fell und Farbe: Dichtes, glatt anliegendes teils kurzes, teils mittellanges Haar, mit fransenartigen Rändern an Bauch, Brust und Hals. Sattes Kastanienrot ohne jede Spur von Schwarz; ein kleiner weißer Fleck an Brust, Zehen oder auf der Stirn darf sein.

Aussehen: Freundlich und lieb, keineswegs so zäh wie er ist. Beherrscht seine Bewegungen vollkommen. Das Wort harmonisch paßt gerade für ihn.

Geeignet für: Ästheten in Normal- bis Großwohnungen, die täglich gerne zwei Stunden und mehr spazierengehen oder Fahrrad fahren.

Nicht geeignet für: Leute, die ungerne auf den Füßen sind oder eine harte Hand haben.

Haltungsansprüche: Das ausdauerndste und wasserliebendste Wesen unter der Marke Luxushund. Braucht Auslauf und Zuwendung – in dieser Reihenfolge. Kein Großstadthund.

Pflege: Tägliches Bürsten, tägliche Ohrenpflege.

Eigenschaft als Familienmitglied: Mäßiger Wächter, meist kein begeisterter Autofahrer. Haart naturgemäß. Anhänglicher Hund mit großem Kontaktbedürfnis, was bei selbstbewußten Jagdhunden – und das ist er immer noch – sonst sehr selten ist.

Rassencharakter: Große Anhänglichkeit an seinen Herrn. Je nach Zucht seelisch unempfindlich bis übersensibel. Unabhängig, intelligent.

Rassetypische Probleme: Bei zu wenig Auslauf eigenwillig und dickköpfig. Bei Überzüchtung geräuschempfindlich und sogar ängstlich.

Rassetypische Krankheiten: Über spezielle Erkrankungsneigungen wird wenig berichtet. Um einer Ohrenentzündung vorzubeugen, muß man sorgfältig auf die Pflege der Ohren achten. Nach Otitis-(Ohren)-Operationen werden die Hunde unleidlich.

Lebenserwartung: Hoch, bis 15 Jahre.

Nahrungsbedarf pro Tag: Ein 20 kg schwerer Hund braucht 5 250 kJoule / 1 254 kKalorien.

Anmerkungen zur Rasse: Seit 200 Jahren repräsentiert der Setter in seinen drei Schlägen den langhaarigen Vorstehhund der britischen Inseln:

Der weiße Setter mit schwarzen und orangefarbigen Abzeichen für die weiten Felder Englands (= English Setter). Der schwarze Setter mit dem rotbraunen Brand für den felsigen Boden Schottlands (= Gordon Setter nach dem Herzog von Gordon). Der rote Setter für Irland (= Irish Setter). Er ist der ausdauerndste und vielseitigste.

Im Bild: Hündin, 4 Jahre.

Eurasier

Golden Retriever

Eine neue Rasse, in den fünfziger Jahren in Weinheim an der Bergstraße aus Chow Chow, Wolfsspitz und Samojede erstmals gezüchtet.

Größe, Gewicht: Bis 60 cm hoch; nach Größe zwischen 20 und 32 kg.
Fell und Farbe: Mittellanges, loses Grauhaar mit dichter Unterwolle. Rot, Falben, Wolfsgrau, Schwarz oder Schwarz mit andersfarbigen Abzeichen.
Aussehen: Spitzartiger Hund mit wolfsähnlichem Kopf.
Geeignet für: Familien mit Kind oder Kindern. Von der Normalwohnung an aufwärts. Leiser Hund.
Nicht geeignet für: Leute, die vom Ein-Mann-Hund träumen.
Haltungsansprüche: Paßt sich hervorragend an.
Pflege: Für den Felltyp pflegeleicht.
Eigenschaft als Familien-mitglied: Angenehmer, ruhiger Wächter von aufgeschlossenem Wesen. Lernt leicht. Spielt gerne, braucht viel seelische Zuwendung.
Rassencharakter: Achtet darauf, was sein Herr von ihm will. Hat natürlichen Appell und lernt deshalb leicht. Geringer Jagdtrieb.
Rassetypische Probleme: Kann viel Schmutz ins Haus bringen, sonst problemlos.
Rassetypische Krankheiten: Nicht bekannt.
Lebenserwartung: Hoch, 14 Jahre.
Nahrungsbedarf pro Tag: Für den 25 kg schweren Hund 6 200 kJoule / 1 481 kKalorien.
Anmerkungen zur Rasse: Eine gelungene Verschmelzung vom Temperament des Wolfsspitzes mit dem ruhigen Charakter des Chow Chow und gebremster Bellfreudigkeit.
Im Bild: Rüde, Wolfsgrau, 4 Jahre.

Mit seinem glänzenden, langhaarigen, goldfarbenen Fell ist er der schönste der Retrieverfamilie, vom Jagdhund zum Familienhund geworden.

Größe, Gewicht: Bis 62 cm hoch, bis 32 kg schwer. Symmetrisch gebauter, ausdauernder Läufer.
Fell und Farbe: Glattes Deckhaar mit wasserabstoßender, dichter Unterwolle. Jede Tönung von Gold und Creme.
Aussehen: Dekorativ.
Geeignet für: Familien, die Zeit haben, sich mit ihm zu beschäftigen.
Nicht geeignet für: Kleine Wohnungen oder Leute, die am Waldrand wohnen.
Haltungsansprüche: Braucht viel Auslauf und Beschäftigung. Erfüllt gerne Aufgaben. Auch in der Großstadt zu halten, wenn Auslauf gewährleistet.
Pflege: Leicht sauber zu halten.
Eigenschaft als Familien-mitglied: Anhänglich, ausgeglichen, nicht aggressiv. Verträgt sich gut mit anderen Heimtieren. Unempfindlich gegen Wind und Wetter. Guter, aber kein lauter Wächter.
Rassencharakter: Freundlich, kinderlieb, leicht zu führen. Lernt gut und gerne. Leidenschaftlicher Schwimmer. Nicht scharf.
Rassetypische Probleme: Möchte und muß beschäftigt werden. Machen Sie mit ihm statt jagdlicher Führung die Prüfung zum verkehrssicheren Begleithund.
Rassetypische Krankheiten: Linsentrübung im Alter.
Lebenserwartung: Hoch.
Nahrungsbedarf pro Tag: Ein 30-Kilo-Hund braucht 7 100 kJoule / 1 696 kKalorien.
Im Bild: vorne, Rüde*, Golden, 8 Jahre; hinten, Hündin*, Creme, 7 Jahre.

Hovawart

Der »Hund, der den Hof verwahrt«, hat eine lange Geschichte. Er ist kein Standardabziehbild, bei dem einer wie der andere aussieht, sondern ein schöner, kraftvoller Hundetyp, mit dem man eine enge Bindung eingehen muß.

Größe, Gewicht: Schulterhöhe bis 70 cm; bis 35 kg schwer. Rüde und Hündin unterscheiden sich deutlich.
Fell und Farbe: Lang, leicht gewellt, ohne Unterwolle, keine Locken, kein Scheitel. Blond, tief Schwarz oder Schwarzmarkenfarbig mit blonden bis goldbraunen Marken.
Aussehen: Von kraftvollem Knochenbau, derb und doch geschmeidig, eindrucksvoll.
Geeignet für: Leute, die keine Stubenhocker sind, einen ursprünglichen Hund mögen und selbst »Leithund« sein wollen und können.
Nicht geeignet für: Anfän-

ger, die es einmal mit einem Hund versuchen möchten. Leute, die gern andere über sich bestimmen lassen.
Haltungsansprüche: Braucht Training, Arbeit, große Ausflüge oder Wanderungen, Kinder oder ein Haus zum Beschützen; einen Menschen, der sein »Leithund« ist und den er akzeptiert.
Pflege: Trotz langer Haare pflegeleicht, da die haarende Unterwolle fehlt.
Eigenschaft als Familienmitglied: Fügt sich gut ein, wenn die leitende Hand (keine harte Hand) vorhanden ist. Vorzügliche Wach- und Schutzhundeeigenschaften aus Veranlagung. Von beängstigender Schnelligkeit. Stimme vollstönend und tief, gebellt wird nur, wenn es notwendig ist.
Rassencharakter: Lernt gut und freudig, ist reaktionsfähig und wesensfest. Mutig und hart, kann aber auch sensibel sein. Neigt zum

Ein-Mann-Hund. Gehört zu den anerkannten Schutzhundrassen. Beobachtet und wägt ab, um im Notfall schnell zu handeln. Eher gutmütig als bissig.
Rassetypische Probleme: Bei Verzüchtung Wesensschwäche oder gar Bissigkeit.
Rassetypische Krankheiten: In geringem Umfang Hüftgelenksdysplasie.
Lebenserwartung: Relativ hoch.
Nahrungsbedarf pro Tag: Für einen 30-Kilo-Hund 7 100 kJoule / 1 696 kKalorien; für einen 35-Kilo-Hund 8 200 kJoule / 1 960 kKalorien.
Anmerkungen zur Rasse: Keine Neuzüchtung durch Kreuzungen auf einen bestimmten Typ, sondern die Neuform des alten Hofwächters, die aus erhalten gebliebenen Hundestämmen »rekonstruiert« und seit den zwanziger Jahren wieder planmäßig gezüchtet wurde.

Dabei wurde immer mehr auf das Wesen als auf das Äußere Wert gelegt. Deshalb sehen Hovawarte so unterschiedlich aus.
Es gibt Hovawarte von leichtem und schwerem Typ. Für eine Familie ist es ein beruhigendes Gefühl, im und um das Haus einen Hovawart zu haben.
Bild links: Hündin, Blond, 4 Jahre.
Bild rechts: Hündin, Schwarzmarken, 2 Jahre.

Berner Sennenhund

Entlebucher Sennenhund

Ein Bild von einem Hund mit wunderschönem Haarkleid in Bilderbuchfarben. Imposant, beeindruckend und unverwechselbar.

Größe, Gewicht: 66 bis 68 cm; bis 40 kg. Massiv und kräftig.
Fell und Farbe: Weich und glänzend, schlicht und lang, wenig gewellt. Schwarz mit leuchtend braunrotem Brand; weiße Blesse, Pfoten, Rutenspitze und Brust.
Aussehen: Respekt und Bewunderung einflößend.
Geeignet für: Familie mit Kindern, Haus und Garten.
Nicht geeignet für: Kleine Wohnungen oder Leute, die einen Hund zur Dekoration suchen.
Haltungsansprüche: Braucht Platz und Bewegung. Bei Haltung im Freien volle Integration in die Familie nötig.
Pflege: Regelmäßiges, gründliches Bürsten.
Eigenschaft als Familien-mitglied: Sehr kinderlieb, aufmerksamer Beschützer. Wachsam, ohne durch Bellen zu stören. Insgesamt unkompliziert, braucht viel Zuwendung.
Rassencharakter: Nicht gerade lammfromm, kann aber, wenn es nötig ist, scharf zupacken, ohne gleich zuzubeißen. Kein Wilderer, kein Streuner. Nach wie vor Hütehund.
Rassetypische Probleme: Lernt langsam, aber dauerhaft. Möglichst kein Besitzerwechsel nach dem 18. Monat. Gelegentlich Aggressivität gegen Familienangehörige.
Rassetypische Krankheiten: Hüftgelenksdysplasie.
Lebenserwartung: Mittel.
Nahrungsbedarf pro Tag: Beim 35 kg schweren Hund 8 200 kJoule / 1960 kKalorien.
Anmerkungen zur Rasse: Arbeitswillig, auch im Hundesport.
Im Bild*: Rüde, 5 Jahre.

Er ist der kleinste der vier Sennenhundrassen. Vom Äußeren her eher ein Tiefstapler, vom Wesen her ungemein liebenswert.

Größe, Gewicht: Unter 50 cm; 25 bis 30 kg. Gestrecktes Format.
Fell und Farbe: Kurz, fest, hart und glänzend. Schwarz mit leuchtend braunrotem Brand und weißen Abzeichen.
Aussehen: Von Laien oft für einen Mischling gehalten.
Geeignet für: Leute, die einen temperamentvollen Hund wollen, der sofort weiß, was von ihm verlangt wird.
Nicht geeignet für: Leute, die den Schein mehr schätzen als das Sein.
Haltungsansprüche: Problemlos in Stadtwohnungen als Familienhund.
Pflege: Pflegeleicht.
Eigenschaft als Familienmitglied: Er kann sich ganz auf seine Menschen einstellen und verteidigt sie mit großem Mut und großer Intensität. Sehr wachsam, mit erträglichem Bellvolumen. Wird nie lästig.
Rassencharakter: Mittleres Bewegungsbedürfnis. Kein Raufer. Spielt gerne, wird im Alter gesetzter. Ausgeprägter Hütetrieb, keine Jagdleidenschaft. Sehr lernfreudig.
Rassetypische Probleme: So gut wie keine. Ein idealer Hund.
Rassetypische Krankheiten: Angeborener Stummelschwanz. Kaum krankheitsanfällig.
Lebenserwartung: Hoch.
Nahrungsbedarf pro Tag: 6 200 kJoule / 1 480 kKalorien.
Im Bild: Rüde, 4 Jahre.

Neufundländer

Ein gewaltiger Hund mit massigem Kopf und sanften Augen. Ein pechschwarzer Riese, der sich erstaunlich leicht bewegt. Der beste Schwimmer unter den Hunden.

Größe, Gewicht: Bis 75 cm hoch; Gewicht, entsprechend der Größe, zwischen 50 und 62 kg. Figur mächtig und kräftig.

Fell und Farbe: Lang, schlicht und dicht. Fühlt sich hart, fast grob und fettig an. Schwarz, Schwarz mit einem Anflug von Rostbraun. Braun möglich, aber selten. Der größere Schwarzweiße wird seit 1960 als eigene Rasse geführt und heißt Landseer.

Aussehen: Sein gewaltiger Pelz bestimmt sein Erscheinungsbild. Hat Schwimmhäute zwischen den Zehen.

Geeignet für: Leute mit Kindern, viel Platz und einem See in der Nähe, oder die sich gerne und viel auf und am Wasser aufhalten.

Nicht geeignet für: Großstadtbewohner oder Besitzer von Kleinwohnungen.

Haltungsansprüche: Abgesehen von seiner Wasserlust nicht anspruchsvoll. Verabscheut Wärme.

Pflege: Muß regelmäßig gestriegelt, sollte nicht gebadet werden.

Eigenschaft als Familienmitglied: Gutmütig, verträgt sich mit Katzen und anderen Heimtieren. Ausgeprägter Schutztrieb, Schwache gegen Stärkere zu verteidigen. Deshalb idealer Kinderhund. Braucht einen ausgeglichenen Herrn, dem er sich wie von selbst unterordnet. Bewegt sich in der Wohnung vorsichtig. Kann bei Familienanschluß im Freien gehalten werden.

Rassencharakter: Friedfertig, kein Raufer. Guter Wächter, der wenig bellt – sein Knurren genügt vollauf. Sehr an seine Menschen gebunden, erträgt es nicht, wenn er in fremde Hände kommt.

Lord Byron: »Der Neufundländer hat alle Tugenden des Menschen, aber keinen seiner Fehler. «

Rassetypische Probleme: Wenn er viel im Wasser ist, hundelt er ganz gewaltig.

Rassetypische Krankheiten: Neigung zu Hüftgelenksdysplasie; Verengung der Aorta (Aortenstenose).

Lebenserwartung: Mittel.

Nahrungsbedarf pro Tag: Für den 55 kg schweren Hund etwa 12 500 kJoule / 2 990 kKalorien.

Anmerkungen zur Rasse: Die Hunde, die den Fischern auf Neufundland halfen, die Fischnetze an Land zu ziehen und Fische einzusammeln, die durch die Maschen geschlüpft waren, ähnelten nicht unbedingt den schwarzen Riesen von heute. Sie sahen eher wie Schlittenhunde aus und zogen an Land auch Lasten.

Der erste Zuchtverein für Neufundländer wurde 1886 in England gegründet. Es ist relativ leicht, Neufundländer zu Rettungshunden für Ertrinkende auszubilden. (Sie fassen die Ertrinkenden am Arm und ziehen sie an Land.) Diese Ausbildung gibt es auch in der Bundesrepublik (→ Adressen rund um den Hund, Seite 167)

Im Bild: Rüde, Schwarz, 5 Jahre.

Kuvasz

Rottweiler

Sein Name ist türkisch und bedeutet Sicherheitswächter. Seine Nationalität ist ungarisch, und er ist ein schöner Hund.

Größe, Gewicht: Bis 75 cm hoch; bis 40 kg schwer. Groß und wohlproportioniert.
Fell und Farbe: Derb und gewellt, Rute mit Fahne. Reinweiß, darf auch elfenbeinfarben sein.
Aussehen: Majestätisch, kräftig und Achtung gebietend.
Geeignet für: Könner, die einen unbestechlichen Wächter haben wollen.
Nicht geeignet für: Anfänger, die vom großen, starken Hund träumen.
Haltungsansprüche: Kein Wohnungshund. Kann bei engem Familienkontakt im Freien gehalten werden.
Pflege: Muß regelmäßig gestriegelt und gebürstet werden.
Eigenschaft als Familienmitglied: Lebhaftes Temperament. Sehr lieb zu den Kindern der Familie, mißtrauisch gegen fremde Kinder. Anhänglich, doch kein Schmeichler. Verträgt keine Ungerechtigkeit.
Rassencharakter: Sehr mutig, guter Wächter, berühmt für seine Klugheit. Unterwirft sich nicht leicht, deshalb keine Schutzhundausbildung.
Rassetypische Probleme: Braucht engen menschlichen Kontakt, da er sonst verwildert und sehr gefährlich wird.
Rassetypische Krankheiten: Staupeanfällig.
Lebenserwartung: Etwa 10 Jahre.
Nahrungsbedarf pro Tag: Für den 40-Kilo-Hund 8 800 kJoule / 2 100 kKalorien.
Anmerkungen zur Rasse: Er kann bis zu 25 km traben und braucht reichlich Bewegung.
Im Bild: Rüde, 3 Jahre.

Nach der Stadt Rottweil ist der Württemberger Metzgerhund benannt: Ein schönere »Kraftprotz« mit Stummelschwanz.

Größe, Gewicht: Schulterhöhe bis 68 cm; circa 50 kg. Stämmig und urwüchsig.
Fell und Farbe: Derbes, kurzes, anliegendes Stockhaar mit guter Unterwolle. Tiefschwarz mit abgegrenzten, satt rotbraunen Abzeichen.
Aussehen: Stattlich, eher bedrohlich als gemütlich.
Geeignet für: Sportliche Familien mit Kindern, die einen Garten haben.
Nicht geeignet für: Unsportliche Leute und Hunde-Anfänger.
Haltungsansprüche: Braucht reichlich Bewegung und Arbeit, möglichst auf dem Übungsplatz.
Pflege: Pflegeleicht.
Eigenschaft als Familienmitglied: Guter Wachhund ohne Bellerei. Abwartend, bedächtig. Sehr guter Familienhund. Ein Garten mit Zwinger und Familienanschluß ist das beste.
Rassencharakter: Körperlicher und seelischer Langsamentwickler mit guter Lernfähigkeit. Furchtlos, standhaft und robust. Wesensfest, kein Wilderer und Streuner.
Rassetypische Probleme: Besonders kampfstarke Hunde, die außerdem schmerzunempfindlich sind, sieht man auf Übungsplätzen nicht so gerne.
Rassetypische Krankheiten: Entropium (Verengung der Lidspalte); Hüftgelenksdysplasie fast verschwunden. Gesundheitlich robust.
Lebenserwartung: Etwa 10 Jahre.
Nahrungsbedarf pro Tag: Für den 50-Kilo-Hund 11 400 kJoule / 2 720 kKalorien.
Im Bild: Rüde, 6 Jahre.

Labrador Retriever

Retriever bedeutet Apportierhund. Zudem ist er ein Wasserspezialist, dieser stabile, leicht zu führende Hund, der vom Jäger zum Familienbegleiter wurde.

Größe, Gewicht: 55 bis 62 cm hoch; 25 bis 31 kg schwer. Von massiger Stabilität.

Fell und Farbe: Kurz, fest, ohne Wellen und ohne Befiederung an Läufen und Rute. Wasserabstoßendes Unterhaar. Rute rundum mit dickem, festem Fell bedeckt (Otterrute). Schwarz oder Gelb, von einheitlicher Farbe ohne Flecken.

Aussehen: Freundlich. Kraftvoll aktiv, von lebhafter Beweglichkeit.

Geeignet für: Familien mit Kindern, die viel spazieren gehen und sich gerne und ausdauernd mit ihrem Hund beschäftigen; jagdliche Führung.

Nicht geeignet für: Kleine Wohnungen, Stubenhocker, Großstadtmenschen und Leute, die wenig Zeit haben.

Haltungsansprüche: Paßt sich allen Situationen, sei es zu Hause oder auf Reisen, im Verkehrsgewühl oder in der Landschaft problemlos an.

Pflege: Regelmäßiges Bürsten, sonst pflegeleicht.

Eigenschaft als Familienmitglied: Ausgesprochen kinderlieb, freundlich und gut erziehbar. Kein Zerrer an der Leine. Verträglich mit anderen Hunden und Heimtieren. Relativ guter Wächter. Sehr anhänglich, kein Zwingerhund.

Rassencharakter: Tendenz friedlich, nicht laut, sehr wesensfest, auch im Großstadtverkehr. Unerschrocken und sehr ausdauernd.

Rassetypische Probleme: Da er sehr aktiv und arbeitsfreudig und eigentlich ja ein wetterfester Jagdhund ist, darf er weder verzärtelt werden, noch beschäftigungslos sein. Apportieraufgaben auf Spaziergängen freuen ihn besonders.

Rassetypische Krankheiten: Hüftgelenksdysplasie, in bestimmten Familien Bluterkrankheit (Hämophilie). Insgesamt robust und widerstandsfähig.

Lebenserwartung: Hoch.

Nahrungsbedarf pro Tag: Für den 25-Kilo-Hund 6 200 kJoule / 1 480 kKalorien; für den 30-Kilo-Hund 7 100 kJoule / 1 700 kKalorien. An einem Jagdtag ist der Kalorien-/Joulebedarf wesentlich erhöht.

Anmerkungen zur Rasse: Noch immer werden die Retriever vor allem jagdlich geführt. Von ihren Schlägen, dem Curly-coated Retriever, dem Flat-coated Retriever, dem Chesapeake Bay Retriever, dem Nova Scotia Duck Tolling Retriever, dem Labrador Retriever und dem Golden Retriever werden nur die beiden letzteren als immer beliebter werdende Begleithunde geführt. Im übrigen sind der Labrador und der Golden Retriever sehr erfolgreiche Rauschgiftspürhunde und werden auch als Blindenhunde ausgebildet.

Im Bild: Hündin, Gelb, 1 1/2 Jahre.

Deutscher Spitz
Wolfs-, Groß-, Mittel-, Klein- und Zwergspitz

Der Spitz mit seinem bestechend schönen Haarkleid ist ein Hund nach Maß. Es gibt ihn in fünf Varietäten, die sich nur durch Größe und Handlichkeit unterscheiden. Eine Rasse, die wieder weitere Verbreitung verdiente.

Größe, Gewicht: Wolfsspitz: 55 cm hoch; 25 bis 28 kg schwer. Großspitz: 40 bis 50 cm; 25 kg. Mittelspitz: 32 cm; 6 bis 7 kg. Kleinspitz: 23 bis 28 cm; 4 bis 5 kg. Zwergspitz: bis 22 cm; 2 bis 3 kg. Gerader Rumpf mit kurzem Rücken.

Fell und Farbe: Locker vom Körper abstehend, besonders als Mähne. Ist weder gewellt noch zottig. Farben je nach Typ, von Wolfsgrau und Silbergrau über Schwarz, Weiß, Braun, Orange bis Blau und Creme.

Aussehen: Fuchskopf mit sehr viel Fell.

Geeignet für: Leute ohne lärmempfindliche Nachbarn und ohne Abneigung gegen Hundehaare.

Nicht geeignet für: Leute mit lärmempfindlichen Nachbarn, mit kostbaren Teppichen und Polstermöbeln und einer Vorliebe für dunkle, gepflegte Kleidung.

Haltungsansprüche: Je nach Größe, von der Kleinwohnung bis zum Haus mit Garten, das er bewachen kann. Braucht viel Beschäftigung, da sehr lernbegierig.

Pflege: Täglich sorgfältiges Bürsten mit Naturborsten. Immer von hinten nach vorn.

Eigenschaft als Familienmitglied: Je kleiner, desto bellfreudiger. Mißtrauisch gegen Fremde, guter Wächter. Haustreu. Kein Streuner oder Wilderer.

Rassencharakter: Ausgezeichnete Intelligenz und Lernfähigkeit, gut zu führen. Anhänglich und treu. Liebenswürdig und freundlich zur eigenen Familie. Großspitze sind zuverlässige Begleithunde, kleine Spitze Stadthunde, Zwergspitze Schoßhunde.

Rassetypische Probleme: Das pausenlose Kläffen ist eher Verhaltensstörung als Rasseeigenschaft. Kann durch Erziehung gebremst werden.

Rassetypische Krankheiten: Im allgemeinen gesund und robust. Zwergspitze neigen zu Harnsteinen, Kniescheibenluxation und Altersbronchitis.

Lebenserwartung: Spitze sind die langlebigsten Hunde.

Nahrungsbedarf pro Tag: Wolfsspitz/Großspitz: etwa 6 200 kJoule / 1 480 kKalorien. Mittelspitz: 2 400 kJoule / 575 kKalorien. Kleinspitz und Zwerg: etwa 1 100 kJoule / 260 kKalorien.

Anmerkungen zur Rasse: Sinngemäß gilt immer noch der alte Satz: »Wenn der Spitz bellt auf dem Mist, der Hof in guter Obhut ist.« Alte deutsche Rasse mit Namenshinweisen, wo er gezüchtet wurde: Mannheimer Spitz für schwarzen Kleinspitz, Weinbergspitz für schwarzen Großspitz im Schwäbischen. Der Spitz ist kein Modehund, nach einem Ansteigen in den siebziger Jahren ist die Zahl der Hunde nun wieder rückläufig. 1986 wurden im Zuchtbuch insgesamt nur 355 Spitze eingetragen. Schade.

Bild links: Zwergspitze, links, Hündin, Wolfsfarben, 1 ½ Jahre; rechts, Rüde, Orange, 8 Monate.

Bild rechts: Wolfsspitz, Hündin, Hellgrau-gewolkt, 2 Jahre.

Airedale Terrier

Dalmatiner

Der »König der Terrier« ist ein unerschrockener Hund, ehemals eingesetzt zur Bekämpfung der Fischotter zu Wasser und zu Lande.

Größe, Gewicht: 58 bis 61 cm; 22,5 kg. Wohlproportioniert und schnell.
Fell und Farbe: Doppelte Behaarung; dichtes, rauhes Deckhaar, kurze, weiche Unterwolle. Lohfarben mit schwarzem oder graumeliertem Sattel.
Aussehen: Drahtig und ausdrucksvoll.
Geeignet für: Leute, die einen unkomplizierten Hund wollen, der sie auch schützen kann.
Nicht geeignet für: Sehr pingelige oder gebrechliche Leute.
Haltungsansprüche: Er braucht eine große Wohnung, möglichst mit Garten und reichlich Auslauf.
Pflege: Muß alle 8 bis 12 Wochen getrimmt werden.
Eigenschaft als Familien-mitglied: Bester Familienhund, sehr kinderlieb. Guter Wächter. Nimmt wenig übel, ist gutmütig.
Rassencharakter: Intelligent und gelehrig, schätzt Beschäftigung. Sieht Notwendiges ein. Lebhaft und verspielt bis ins Alter.
Rassetypische Probleme: Schwierig in Gemeinschaft mit anderen Hunden und Heimtieren zu halten.
Rassetypische Krankheiten: Neigung zu Ekzemen und Hautgeschwülsten.
Lebenserwartung: Hoch.
Nahrungsbedarf pro Tag: Ein 20 kg schwerer Hund braucht 5 250 kJoule / 1 250 kKalorien.
Anmerkungen zur Rasse: Gehört zu den anerkannten Diensthundrassen. Man kann deshalb Gebrauchshundesport mit ihm betreiben.
Im Bild*: Rüde, 3 Jahre.

Ein fröhlicher Dauerläufer, der mit seiner Tüpfelung weithin auffällt. Ein besonders »bunter« Hund.

Größe, Gewicht: 50 bis 61 cm hoch; bis 25 kg schwer. Wohlproportioniert und muskulös.
Fell und Farbe: Kurz, hart, dicht, glatt und glänzend. Reinweiß mit klar abgegrenzten und gut verteilten Tupfen in schwarz oder braun.
Aussehen: Exzentrisch.
Geeignet für: Sportlich ambitionierte Familien mit Kindern, die gern radfahren oder reiten.
Nicht geeignet für: Leute, die gemütliche Hunde lieben oder nicht auffallen wollen.
Haltungsansprüche: Große Wohnung, großer Garten, viel Auslauf.
Pflege: Pflegeleicht, ist aber reinlichkeitsliebend.
Eigenschaft als Familienmitglied: Wachsam, nicht bissig, nicht laut, geringe Jagdleidenschaft. Will seinen Herrn »nie aus der Nase verlieren«.
Rassencharakter: Unkompliziert und fröhlich, daher leicht erziehbar. Anpassungsfähig, anschmiegsam. Große Lust am Laufen.
Rassetypische Probleme: Braucht seelisch ausgeglichenen Herrn, da er dessen Spiegelbild ist. Reagiert stark auf Stimmungen und Unstimmigkeiten.
Rassetypische Krankheiten: Insgesamt nicht anfällig. Ekzeme durch zu hohen Harnsäurespiegel, Harnsteinbildung.
Lebenserwartung: Hoch.
Nahrungsbedarf pro Tag: Für den 25-Kilo-Hund 6 200 kJoule / 1 480 kKalorien.
Anmerkungen zur Rasse: Früher Begleithund für Reiter und Kutschen; wegen seines Aussehens und Gelehrigkeit auch Artistenhund.
Im Bild : Rüde, 6 Jahre.

Schnauzer
Zwerg-, Mittel- und Riesenschnauzer

Handfeste Hunde, in drei Größen, mit tadellos entwickelten Augenbrauen und Schnauzenbart. Früher hielten sie die Ställe rattenfrei (daher die Bezeichnung Rattler) und begleiteten die Fuhrleute. Der Riese (anerkannte Diensthundrasse) stammt aus dem bayerischen Oberland.

Größe, Gewicht: Zwergschnauzer: 30 bis 35 cm; 8 kg schwer. Mittelschnauzer: 45 bis 50 cm; 15 bis 18 kg. Riesenschnauzer: 60 bis 70 cm; etwa 40 kg. Mehr gedrungen als schlank – das gilt für alle Größen.

Fell und Farbe: Rauh, hart und dicht, typisch der harsche Bart. Rein Schwarz und Pfeffer und Salz. Zwergschnauzer auch Schwarzsilber und weiße Abzeichen.

Aussehen: Schneidig, energisch, wehrhaft; nicht unbedingt freundlich.

Geeignet für: Alle Leute, die mehr sein als scheinen wollen, ob sie nun in Appartements, Wohnungen oder Häusern mit Garten wohnen (und Kinder haben).

Nicht geeignet für: Unentschlossene oder weichherzige Menschen.

Haltungsansprüche: Je nach Größe Appartement, Wohnung oder Haus mit Garten. Alle Schnauzer brauchen reichlich Auslauf, der Riese auch viel Beschäftigung.

Pflege: Regelmäßiges Scheren und Trimmen.

Eigenschaft als Familienmitglied: Sehr guter Wächter. Ausgeprägter Sinn für Besitz und Eigentum, der sich beim Zwergschnauzer mit Gebell zeigt. Spielfreudig bis ins Alter.

Rassencharakter: Seelisch empfindsam (bei körperlicher Robustheit). Leicht bis mittelschwer lenkbar. Mißtrauisch gegen Fremde, auch als Zwerg mutig.

Rassetypische Probleme: Riesenschnauzer müssen ausreichend beschäftigt werden, sonst kann es zu Schwierigkeiten (durch Aggressionsstau) kommen. Die Ausbildung muß sehr konsequent durchgeführt werden, da die sich langsam entwickelnden Hunde sehr verspielt sind. Zwergschnauzer spielen sich gern als Familientyrannen auf.

Rassetypische Krankheiten: Wenig anfällig. In bestimmten Familien Neigung zu Harnblasensteinen. Bei Zwergen Hüftgelenksveränderung (keine HD) im jugendlichen Alter.

Lebenserwartung: Hoch, beim Zwergschnauzer sehr hoch.

Nahrungsbedarf pro Tag: Zwergschnauzer: 2 665 kJoule / 640 kKalorien; Mittelschnauzer: für den 15-Kilo-Hund 4 200 kJoule / 1 000 kKalorien; Riesenschnauzer: 8 800 kJoule / 2 100 kKalorien.

Anmerkungen zur Rasse: Verwandt mit den Pinschern, kam die Bezeichnung Schnauzer für das Alter der Rasse (den Namen Rattler gibt es schon jahrhundertelang) erst relativ spät auf: Sie wurde im ersten Weltkrieg offiziell.

Der Riesenschnauzer arbeitet als Polizei-, Zoll- und Blindenhund, auch als Rauschgift- und Sprengstoffahnder. Alle drei Spielarten sind vom Aussehen her ähnlich. Dem Zwergschnauzer (ist das verkleinerte Abbild des Schnauzers) fehlen alle Mängel der Zwergenhaftigkeit. Er kann überall hin mitgenommen werden und ist ein idealer Großstadthund.

Bild links*: Zwergschnauzer, Hündin, Schwarz-silber, 7 Jahre.

Bild rechts*: Mittelschnauzer, Hündin, Pfeffer und Salz, 4 1/2 Jahre.

Bild Seite 60: Zwergschnauzer, Pfeffer und Salz und Riesenschnauzer*, Schwarz.

Pudel
Zwergpudel, Kleinpudel und Großpudel

Liebenswerter Hund – in drei Größen, von dem der Schriftsteller Peter Scheitlein im vorigen Jahrhundert schrieb: »Der vollkommenste Hund ist der Pudel. Er hat Eigenheiten, Sonderbarkeiten, Originalitäten und Genialitäten. Alles an ihm ist Psyche.«

Größe, Gewicht: Kleinpudel (als Ausgangsrasse): Schulterhöhe 35 bis 45 cm; circa 15 kg schwer. Großpudel: 45 bis 58 cm; bis 22 kg. Zwergpudel: 28 bis 35 cm; etwa 4 kg. Quadratischer Körper von harmonischer Form.

Fell und Farbe: Dichtes, wolliges, derbes und gelocktes Haar in charakteristischer Frisur. Schwarz, Weiß, Grau, eindeutig Braun, einheitlich Silber und Apricot.

Aussehen: Ein lebhafter und munterer Hund, mit leichtem und tänzelndem Gang, der den Eindruck von Stolz, Eleganz und Intelli-

genz vermittelt.

Geeignet für: Alleinstehende sowie Familien mit Kindern, die in der Großstadt leben und einen lieben, gelehrigen Hund wollen, der in der Größe zu ihnen paßt.

Nicht geeignet für: Herrische, ungeduldige oder nervöse Naturen.

Haltungsansprüche: Braucht seiner Größe entsprechenden Platz, vom Appartement bis zur großen Wohnung, Großpudel auch mit Garten. Bei regelmäßigem Auslauf und Spielstunden paßt er sich jeder Lebensweise an, verträgt aber Einsamkeit nicht.

Pflege: Dreimal wöchentlich gründlich kämmen und bürsten. Je nach Schur regelmäßig zum Hundefriseur.

Eigenschaft als Familienmitglied: Eher uninteressiert an anderen Hunden; konzentriert seine Aufmerksamkeit ganz auf seine Familie und ist bemüht, das, was er gelernt hat, immer wieder

zu zeigen und zu beweisen. Manchmal kann das recht anstrengend sein, auf jeden Fall muß man sich mit einem Pudel immer beschäftigen. Guter Wächter, beim Großpudel auch recht effektiv. Zwergpudel können viel bellen. Pudel haaren nicht.

Rassencharakter: Liebenswürdig und umgänglich. Sehr anhänglich, kontaktfreudig und gelehrig. Immer munter, immer zu allem bereit. Zitat Richard Katz, Schriftsteller: »Der Kern des Pudels besteht aus einer Mischung von Clown, Engel und Teufel. Doch diese Bestandteile variieren von Pudel zu Pudel sehr.« Pudel sind nicht nur leicht zu erziehen, man kann ihnen auch gut Kunststücke beibringen.

Rassetypische Probleme: Ein Pudel steht gern im Mittelpunkt, bei Zwergpudeln kann das zum Problem werden. Vor allem, wenn der Hund ein Übermaß an Temperament hat (was bei

Zwergrassen häufiger vorkommt). Wird so ein Hund verzärtelt oder als Kindersatz behandelt, kann er hysterisch werden. Solche neurotischen Tiere sind lästige Dauerkläffer, auf ihren Menschen übermäßig eifersüchtig und beherrschen als Tyrannen ihren Besitzer oder eine ganze Familie. Bei allen Pudeln ist auf die Pflege der Ohren und auf Zahnsteinbildung zu achten.

Rassetypische Krankheiten: Beim braunen Pudel vorzeitiges Ergrauen des Haares. Folgende Krankheitsneigungen gelten vornehmlich für den Zwergpudel: nervöses Pfotenlecken mit Haar ausziehen, Entzündung der Mandeln (Tonsilitis), Harnsteine, Bandscheibenvorfall, epileptiforme Anfälle, bei jungen Hunden Kniescheibenluxation. Diese Lockerung im Bereich des Kniescheibengelenks tritt bei Zwergrassen nicht selten auf und ist meist angeboren.

Lebenserwartung:
12 Jahre und mehr.

Nahrungsbedarf pro Tag:
Kleinpudel: 4 200 kJoule /
1 000 kKalorien. Großpudel:
bei einem 20 kg schweren
Hund 5 250 kJoule / 1 250
kKalorien. Zwergpudel:
1 655 kJoule / 395 kKalorien.

Anmerkungen zur Schur:
Wer mit seinem Pudel Aus-
stellungen besuchen will,
muß sich an die Standard-
schuren halten:
Die Löwenschur (Alte oder
klassische Schur), bei der
Fang, Hinterhand und Läufe
kurz geschoren werden.
Man läßt Manschetten an
den Vorder- und Hinterläufen stehen, einen Pompon
an der Rutenspitze und eine
Mähne über Kopf und Brust
bis zum Ende der Rippen.
Die Mode-Schur (Neue
Schur) beläßt Hosen an Vor-
der- und Hinterhand, einen
Pompon an der Rute, langes
Haar auf dem Kopf und an
den Ohren (Siehe Foto
oben). Sie ist die gebräuch-

lichere Schur.
Auf Ausstellungen ist bei
gleicher Qualität der Hund
mit der Löwenschur dem
modern geschorenen in der
Bewertung vorzuziehen.
Auch der Schnürenpudel,
bei dem sich das feine wol-
lige Haar zu Schnüren von
mindestens 20 cm Länge
zusammendreht, ist ausstel-
lungswürdig, jedoch aus der
Mode. Darüberhinaus benö-
tigen Schnürenpudel sehr
viel Pflege und Erfahrung.

Anmerkungen zur Rasse:
Bereits im 13. Jahrhundert
erschienen pudelähnliche
Hunde auf Bildern, später
wurden sie sogar von Rem-
brandt und Goya gemalt. In
der Literatur finden wir den
Pudel in zwei Größen bei
George de Buffon in seiner
»Naturgeschichte der Tiere«
(1749) und auch mit Löwenschur. Diese Schur machte
man nicht nur aus ästheti-
schen Gründen – der Pudel
war nicht nur Schoßhund,
sondern auch ein Hund für

die Wasserjagd. Und dafür
erleichterte die Löwenschur
das Schwimmen und das
anschließende Trocknen.
Bis 1945 galt Deutschland
als das Heimatland des Pudels, doch dann wurde er
vom FCI, dem Dachverband
der Kynologie, Frankreich
zugeschrieben.
Der »Pudelboom« am Ende
des 18. Jahrhunderts, als die
feine Welt Pudel hielt und
ihre Wohnungen mit Silber-
oder Porzellanpudeln
schmückte, fand etwa 200
Jahre später eine Wiederho-
lung. In den sechziger Jahren
war der Pudel Modehund
Nummer eins. Wer keinen
lebenden halten konnte,
kaufte sich einen aus Kera-
mik oder gedruckt auf einem
Schal oder Schirm. Es gab
Pudel allenthalben. In dieser
Zeit formulierte Professor
Wilhelm Wegner auch die
Bezeichnung der »intensiven
Kosmetisierbarkeit« der
Zwergpudel. Man färbte die
Haare der Hunde alle

4 Wochen passend zu den
eigenen und machte damit
den Neufarbenzüchtern, die
blaugrau, Milchkaffee- und
Zweifarbigkeit einführten,
chemisch Konkurrenz.
Heute werden jährlich nicht
mehr als 3 000 Pudel in die
Zuchtbücher des VDH eingetragen: Die Pudelmode ist
vorbei.

Bild Seite 148 links:
Zwergpudel, Hündin, Apri-
cot, 4 Jahre.
Bild Seite 148 rechts: Klein-
pudel, Hündin, Schwarz.
Bild oben: Großpudel,
Hündin, Weiß, 3 Jahre.

149

Cocker Spaniel
und andere Spaniels

»Der Hund mit dem Auge, das nie lügt« ist ein emsiger, kräftiger Jagdhund, der zum Begleit- und Familienhund geworden ist. Der englische Cocker ist der verbreitetste Spanieltyp.

Größe, Gewicht: Schulterhöhe bis 41 cm; Gewicht 12,5 bis 14,5 kg. Amerikanischer Cocker etwas kleiner – von 35,5 bis 38,1 cm – und etwas leichter. Die Cocker haben einen kompakten Körperbau.

Fell und Farbe: Anliegend und seidig, nicht wellig. Die Befiederung nicht zu reichlich. Einfarbig Schwarz oder Rot, Schwarz mit roten Abzeichen, Schwarzweiß, Orangeweiß, Schwarzweiß mit Loh, Braunschimmel sowie (siehe Fotos oben rechts und Seite 151) Orangeschimmel, Braunschimmel mit Loh und Blauschimmel. Beim amerikanischen Cocker üppigeres Haarkleid, vor allem am Behang und wenig

gewellt. Ausgeprägte Augenbrauen. Farben wie beim englischen Cocker.

Aussehen: Ein ausgesprochen hübscher Hund mit eleganten Bewegungen, dessen Körper die gleichen Maße vom Widerrist bis zum Boden wie vom Widerrist zum Rutenansatz zeigt. Der amerikanische hat einen runderen Kopf.

Geeignet für: Leute, die empfindsame, zärtliche Hunde mögen, die Zeit für Fellpflege und große Spaziergänge haben und nicht allzu penibel mit ihren Sachen sind.

Nicht geeignet für: Menschen, die Autorität mit Härte verwechseln; für Liebhaber von hellen Sesseln.

Haltungsansprüche: Braucht mehr Bewegung als man meint – täglich einen längeren Spaziergang, viel Aufwand an Zeit und Mühe für Fellpflege und Ohrenkontrolle. Konsequenz und Zurückhaltung in der Fütte-

rung.

Pflege: Tägliches Kämmen und Bürsten mit Spezialkamm. Gelegentliches Haarzupfen und fachmännisches Schneiden mit der Effilierschere. Regelmäßige Ohrenkontrolle, gelegentlich durch den Tierarzt.

Eigenschaft als Familienmitglied: Kein zuverlässiger Wächter. Speichelt schon bei geringer Erregung, deshalb nicht für jedermann appetitlich. Bellt mehr im Freien als im Haus. Nützt jede Schwäche des Besitzers aus, braucht deshalb eine konsequente Erziehung.

Rassencharakter: Von verspielt und übermütig bis zärtlich, anhänglich und sensibel. Von Natur aus immer noch unermüdlicher Jagdhund. Leicht erziehbar und führig.

Rassetypische Probleme: Cocker Spaniels sind ausgesprochen verfressen und verstehen es, mit unwiderstehlichem Blick und Charme

zu betteln. Darum nicht zu kalorienreich füttern und öfter sein Gewicht kontrollieren. Manche Wissenschaftler vermuten, daß bei den roten Cockern das Farb-Gen mit einem Gen gekoppelt ist, das Aggression hervorruft. Andere Wissenschaftler schieben diese gelegentlich auftretende »Cocker-Wut« erwachsener, roter, männlicher Tiere, die dann ohne Vorwarnung beißen, auf das Fehlverhalten der Besitzer. Eine Behandlung gibt es nicht.

Rassetypische Krankheiten: Ohrenentzündung, Ekzeme in der Lefzenfalte des Unterkiefers, Bandscheibenvorfall, angeborene Fälle von grünem Star (Glaukom) und Neigung zu Talgdrüsentumoren und Melanomen.

Lebenserwartung: Bis 16 Jahre.

Nahrungsbedarf pro Tag: Für den 13 kg schweren Hund 4 080 kJoule / 975 kKalorien.

Anmerkungen zur Spaniel-Familie: Spaniels brauchen, sofern man nicht jagdlich mit ihnen arbeitet, täglich mindestens einen einstündigen Spaziergang und wöchentlich einen größeren Ausflug. Da Freilaufen wegen der Jagdlust nicht angebracht ist, empfiehlt sich eine Leine mit Aufrollautomatik. Sie gibt dem Hund immerhin 5 Meter Spielraum.

Vom Jagdspaniel-Klub werden folgende Spanielrassen betreut: englischer Cocker Spaniel, Welsh Springer Spaniel, English Springer Spaniel, Irish Water Spaniel, Clumber Spaniel, Field Spaniel und Sussex Spaniel. Sie alle sind – von den Cockern abgesehen – Jagdspezialisten.

Der Welsh Springer, weiß und satt dunkelrot, ist ein erstklassiger Stöberer und Apportierer.

Der English Springer arbeitet besonders gut im Gestrüpp.

Der Irish Water mit seinen Löckchen ist ein spezieller Wasserhund.

Der Clumber, massiv und schwer, ist Fasanenjäger.

Der Field eignet sich besonders für die Niederjagd.

Der Sussex sucht mit Spurlaut.

Bild Seite 150 links: Rüde, Orangeschimmel, 5 Jahre, mit Welpen, 10 Wochen.

Bild Seite 150 rechts: 3 Spaniels, von links, Rüde, Orangeschimmel, 5 Jahre; Hündin, Braunschimmel mit Loh, 4 Jahre; Rüde, Blauschimmel, 4 Jahre.

Bild Seite 151 links: Hündin, Braunschimmel mit Loh, 2 Jahre.

Ein graziöser Kleinspaniel mit ausdrucksvollen Augen, schwachem Stop und kurzem Fang.

Größe, Gewicht: Bis 30 cm; 4 bis 8 kg. Elegant und kräftig.

Fell und Farbe: Lang, seidig und ohne Locken, leichte Wellen erlaubt. Schwarzweiß mit roten Abzeichen. Auch kastanienbraun auf perlweißem Grund (Blenheim), Schwarzrot oder Tiefrot (Ruby), oder Black and tan.

Aussehen: Sehr elegant, mit dem Bewegungsspiel der Spaniels.

Geeignet für: Leute, die den typischen Spaniel in »etwas handlicher« wollen.

Nicht geeignet für: Leute, die einen ausgesprochenen Luxushund (auf dem Sofa) möchten.

Haltungsansprüche: Paßt sich jeder Lebensweise an. Bei genügend Platz sollte man möglichst zwei oder drei Hunde halten.

Pflege: Täglich bürsten und kämmen.

Eigenschaft als Familienmitglied: Leicht erziehbar, liebt lange Spaziergänge und kann trotzdem in kleiner Wohnung gehalten werden. Gut gelaunt und lebhaft. Sehr zutraulich.

Rassencharakter: Wesensfest, kinderlieb (was bei Kleinhunden nicht so üblich ist) und verträglich mit anderen Hunden. Guter Jäger.

Rassetypische Probleme: Auf die Pflege der Ohren sowie der Tränenspuren an den Augen achten.

Rassetypische Krankheiten: Angeborene Lidanomalie (Distichiasis), ein Mißwuchs der Wimpern. Knieluxation. Insgesamt jedoch robuste Gesundheit.

Lebenserwartung: Hoch.

Nahrungsbedarf pro Tag: Beim 7-Kilo-Hund 2 500 kJoule / 590 kKalorien.

Im Bild*: Rüde, Black and Tan, 5 Jahre.

Akita-Inu

Siberian Husky

Dieser Inu (Hund) stammt aus Japan und ist der imposanteste Vertreter der internationalen Spitzfamilie.

Größe, Gewicht: 61 bis 67 cm; bis 48 kg. Stabil mit viel Substanz.

Fell und Farbe: Stockhaarig mit dichter, weicher Unterwolle. Alle Farbenschläge zugelassen, häufig Rot mit heller, Rotbraun mit dunkler Maske.

Aussehen: Robust und nicht unbedrohlich. Typisch die eingerollte Rute.

Geeignet für: Leute, die etwas von Hunden verstehen, die den eigenen, starken Willen des Akita akzeptieren und einen besonderen Hund wollen.

Nicht geeignet für: Leute, die die Unterordnung schätzen und in einer Gegend mit zahlreichen Hunden wohnen.

Haltungsansprüche: Braucht viel Geduld und Liebe. Er möchte arbeiten und beschäftigt werden.

Pflege: Pflegeleicht.

Eigenschaft als Familienmitglied: Anhänglich und gehorsam gegenüber der Familie. Ruhig, ausgeglichen, mutig und unerschrokken. Fremden gegenüber eher gleichgültig. Wachsam.

Rassencharakter: Er läßt sich zu nichts zwingen und mag keine anderen Hunde, die sich ihm nicht gleich unterwerfen.

Rassetypische Probleme: Kann sehr temperamentvoll sein.

Rassetypische Krankheiten: Hüftgelenksdysplasie, Zahnfehler. Vorsicht beim Kauf von Hunden in Japan, wenn kein Fachmann dabei ist.

Lebenserwartung: Nicht beschrieben.

Nahrungsbedarf pro Tag: Für den 45 kg schweren Hund etwa 9 500 kJoule / 2 260 kKalorien.

Im Bild: Rüde, Rot mit heller Maske, 7 ½ Monate.

Der beliebteste Schlittenhund der Welt ist nur etwas für Spezialisten. Sehr zäh und stark.

Größe, Gewicht: Bis 59 cm hoch; bis 27 kg schwer. Ist flink und leichtfüßig.

Fell und Farbe: Gerade, mittellange und schmiegsame Deckhaare über weicher Unterwolle. Von Reinweiß bis Schwarz, am häufigsten Schwarzweiß und Grau.

Aussehen: Ein Wolf mit braunen, blauen oder zweifarbigen Augen.

Geeignet für: Begeisterte Wintersportler, die mit Trainingswagen und Schlitten fahren.

Nicht geeignet für: Geruhsame und Inaktive.

Haltungsansprüche: Braucht relativ wenig Platz, aber viel Bewegungsfreiheit draußen. Will ziehen und möglichst im Rudel leben.

Pflege: Während des Haarwechsels gründliches Kämmen mit dem Stahlkamm.

Eigenschaft als Familienmitglied: Ohne Aggressionen gegenüber dem Menschen. Liebenswert, zugänglich, aber sehr eigenwillig. Braucht eine Leitperson.

Rassencharakter: Sein Drang zum Laufen und zur Unabhängigkeit sind so groß, daß er sich kaum zu Begleithund eignet. Im Rudel beschäftigen sich die Hunde intensiv miteinander und bauen so Energien ab.

Rassetypische Probleme: Wenn der Husky nicht ziehen kann, beginnt er zu streunen, und das kann gefährlich werden.

Rassetypische Krankheiten: Robuster Hund. Neigung zu Harnleiterverlagerungen (Ectopien).

Lebenserwartung: Nicht beschrieben.

Nahrungsbedarf pro Tag: Beim 25-Kilo-Hund 6 200 kJoule / 1 480 kKalorien.

Im Bild: Hündin, Grau-weiß, 7 Jahre.

Beagle

Ein fröhlicher Meutehund und Hasenjäger, ebenso sanft wie stur. Kräftiger Körper mit elegantem Umriß. Von »handlicher« Größe, wurde er zu einem empfehlenswerten Wohnungs- und Familienhund.

Größe, Gewicht: Schulterhöhe nicht unter 33 cm und nicht über 41 cm; zwischen 10 und 18 kg. Gute Laune ist ein Rassekennzeichen.
Fell und Farbe: Kurz, dicht und robust, die Rute dick und dicht behaart, immer mit weißer Spitze. Alle echten Farben der Hounds, nie schokoladenbraun. Am häufigsten Tricolor: auf weißem Grund schwarze und braune bis rote Platten oder zweifarbig als tan and white oder lemon and white (rot auf weißem Grund).
Aussehen: Sanfter Blick aus typischem glattem Gesicht über beherrschender Nasenbeere. Man sieht, daß der Beagle Spurenleser ist.

Geeignet für: Bewegungsfrohe Leute, die einen lebhaften, handlichen Etagenhund für Kinder mögen.
Nicht geeignet für: Leute, die Härte für eine wesentliche Hundeeigenschaft halten.
Haltungsansprüche: Braucht die Gesellschaft der Menschen, wobei er sich mehr an die ganze Familie (Meute) anschließt als an eine Person. Regelmäßige Spaziergänge, möglichst neben dem Fahrrad, immer an langer Leine.
Pflege: Pflegeleicht (für die Fellpflege Handschuh mit Gumminoppen).
Eigenschaft als Familienmitglied: Angenehm, bellt kaum, sehr verträglich, freundlich. Kein besonders guter Wächter. Sein Gruppengefühl ist so stark, daß er sich über jeden Besuch freut und einen Einbrecher, ist er erst einmal in der Wohnung, als Besuch betrachtet. Spielt gerne und ist meist ein

feiner Kinderhund.
Rassencharakter: Gesellig (lebt gern mit anderen Hunden zusammen), anschmiegsam und anhänglich. Wesensfest, darf nie scharf und aggressiv sein. Versucht, sich vor dem Gehorchen zu drücken. Selbstbewußt und selbständig.
Rassentypische Probleme: Auch bei genügend Auslauf neigt er zum Stöbern und Spurenverfolgen, wenn er sich der Einwirkung seines Herrn entziehen kann. Seine Erziehung ist nicht problemlos, da er trotz seines umgänglichen Wesens sehr selbstbewußt ist. Die häufigste Todesursache bei den Beaglen: sie werden überfahren.
Rassetypische Krankheiten: Robuster Hund; über spezielle Krankheitsdispositionen ist wenig bekannt. Die beliebteste Rasse für Tierversuche.
Lebenserwartung: 12 Jahre.

Nahrungsbedarf pro Tag: Für den 15-Kilo-Hund 4 200 kJoule / 1 000 kKalorien.
Anmerkungen zur Rasse: Von jeher als Hasenhund in der Meute oder einzeln als Stöberhund geführt. Aber auch die Arbeit auf der Schweißfährte wird verlangt. Bei Schleppjagden werden hauptsächlich Beagle-Meuten eingesetzt.
Im Bild: links, Hündin, Tricolor, 6 Jahre; rechts, Hündin, Tricolor mottled, 10 Jahre.

Bullterrier

Er gefällt nicht jedermann, dieser muskulöse Hund mit dem Ramskopf und dem unlesbaren Gesichtsausdruck. Vom Wesen her wandelte er sich vom »Gladiator« zum »weißen Kavalier«.

Größe, Gewicht: Schulterhöhe um 54 cm; Maximum an Substanz etwa 23 bis 28 kg. Soll nicht dick, aber muskelglatt sein.

Fell und Farbe: Kurz, glatt und glänzend, fühlt sich hart an. Reinweiß mit Kopfabzeichen (Monokel); gestromt oder rot, falb oder dreifarbig.

Aussehen: Ein Kraftpaket. Laien vergleichen weiße Bullterrier mit durchscheinender rosa Haut manchmal mit Schweinchen.

Geeignet für: Leute, die gut mit Hunden umgehen können, eine Familie mit mehr oder weniger Platz und einer Person, die Zeit hat.

Nicht geeignet für: Jedermann oder Leute mit bürgerlichem Schönheitssinn.

Haltungsansprüche: Braucht viel Liebe, die er reichlich zurückgibt; Platz, um sich Bewegung zu verschaffen; einen sehr hohen Gartenzaun oder einen Zwinger für stundenweisen Aufenthalt – kann aber auch auf begrenztem Platz behalten werden; geduldige und konsequente Erziehung.

Pflege: Pflegeleicht.

Eigenschaft als Familienmitglied: Sicherer Beschützer und Wächter. Nicht übermäßig laut. Spielt für sein Leben gern mit Kindern. Ein echtes Familienmitglied, seine Liebe zu seinem Menschen ist abgöttisch.

Rassencharakter: Willensstark bis zur Hartnäckigkeit, aber mit kundiger Hand gut lenkbar und seinem Herrn bedingungslos ergeben. Kein Raufer, aber ein unschlagbarer Kämpfer, wenn er angegriffen wird. Schmerzunempfindlich. Vermag gut zu unterscheiden zwischen groß und klein, stark und schwach. Macht stundenlange Spaziergänge, liegt aber genauso lange faul herum.

Rassetypische Probleme: Kann eifersüchtig sein. Nimmt Gefahren des Großstadtverkehrs überhaupt nicht zur Kenntnis. Wurfgeschwister des gleichen Geschlechts vertragen sich fast nie. Falsch erzogen oder gar scharf gemacht, kann er wirklich gefährlich werden.

Rassetypische Krankheiten: Empfindlich gegen Kälte und Nässe (Nieren). Taubheit bei weißen Bullterriern. Verwachsung der Herzklappen (Pulmonalstenose).

Lebenserwartung: Hoch, etwa 14 Jahre.

Nahrungsbedarf pro Tag: Für den 25 kg schweren Hund 6 200 kJoule / 1 480 kKalorien.

Anmerkungen zur Rasse: Im vergangenen Jahrhundert einzig und allein dazu gezüchtet, gegen Bullen und seine Artgenossen zu kämpfen. Dabei zeichnete er sich durch Härte, Schnelligkeit und Mut aus. Dieses Erbe fasziniert heute wieder eine Reihe von Leuten, die im Bullterrier eine scharfe »Waffe« ohne Waffenscheinpflicht sehen. Deshalb gehört der inzwischen freundliche Hund nur in die Hände charakterstarker Menschen.

Bild links: Hündinnen, links, Rot mit Weiß, 5 Jahre; rechts, Gold-gestromt mit Abzeichen, 4 Jahre.

Bild rechts*: Rüde, Weiß mit schwarzem Abzeichen, 1 Jahr.

Foxterrier
Drahthaar und Glatthaar

Ein Wirbelwind von einem Hund, gebaut wie ein gutes Jagdpferd. Er ist ständig bereit und zur Stelle, streitlustig, elegant, tollkühn und unternehmungslustig. Sehr intelligent und ein echter Kumpan für gemeinsame Abenteuer.

Größe, Gewicht: Nicht über 39,4 cm hoch; etwa 8 kg schwer. Immer gespannt wie eine Stahlfeder.

Fell und Farbe: Glatthaar: hart, dicht und reichlich; überwiegend weiß mit braunen oder schwarzen Abzeichen und Kopfzeichnung. Drahthaar: kraus und geschlossen, so dicht und drahtig wie eine Kokosmatte. Man soll das Fell mit dem Finger nicht bis zur Haut teilen können. Die Unterwolle ist weich. Farben wie beim Glatthaar.

Aussehen: Wach, aufmerksam von pfiffiger Schlauheit und unbändiger Energie.

Geeignet für: Fröhliche Leute, auch mit Kindern, die sich nicht so schnell aus der Ruhe bringen lassen.

Nicht geeignet für: Ängstliche, unsichere und nervöse Menschen ohne rechte Konsequenz.

Haltungsansprüche: Braucht mehr Platz als man bei seiner Größe annimmt, zumindest eine Wohnung mittlerer Größe, möglichst mit Garten. Beschäftigungsprogramme, Spiele und große Spaziergänge, möglichst an der Leine.

Pflege: Glatthaar pflegeleicht. Drahthaar: viermal im Jahr trimmen mit Schermaschine, Haarschere, Trimm-Messer und Zupfen. Wer keine »Bildhauerhand« hat, geht am besten zum Trimmspezialisten.

Eigenschaft als Familienmitglied: Guter Wächter, sehr temperamentvoll, kann laut sein. Unermüdlicher Kinderhund. Guter Beifahrer und Wächter für das Auto.

Rassencharakter: Intelligent, nützt Schwächen aus. Wesensfest und draufgängerisch, aktiv, aber nicht rastlos. Kann stundenlang ruhig vor einem Rattenloch sitzen. Sorgfältige und konsequente Erziehung ist sehr zu empfehlen. Ein fröhlicher und aufheiternder Hund.

Rassetypische Probleme: Neigt bei Vernachlässigung zu Eifersucht. Kann leicht zum Raufer werden. Aus einigen Zuchten übernervös. Mit anderen Hunden, auch der gleichen Rasse, schwer zu halten.

Rassetypische Krankheiten: Es kommen Harnsteine, Glaukom und Alterdiabetes vor. Der Tierarzt sieht den Foxterrier aber meist nur wegen Raufwunden.

Lebenserwartung: 12 bis 14 Jahre.

Nahrungsbedarf pro Tag: Beim 7,5-Kilo-Hund 2 500 kJoule / 600 kKalorien.

Anmerkungen zur Rasse: Zu Beginn des 19. Jahrhunderts waren sie Fuchsjäger bei der Parforcejagd. Ab 1860 kamen die Glatthaarigen als »Zugabe« zu englischen Jagdpferden auf den Kontinent. Zum Modehund wurde der Drahthaar-Terrier in den zwanziger und dreißiger Jahren, was der Rasse nicht gut tat. 1949 wurden bei uns 10 000 Würfe eingetragen, dann ging die Beliebtheit der Rasse zurück und sie erholte sich wieder. 1986 gab es 1 656 eingetragene Hunde. Der Glatthaat-Terrier ist wesentlich seltener als der Drahthaar.

Im Bild: links, Drahthaar, Hündin, Weiß mit braunen und schwarzen Abzeichen, 2 ½ Jahre; rechts, Glatthaar, Rüde, Braun-weiß, 2 Jahre.

English Bulldog

Die alte englische Kampf-
hunderasse ist zu einem der
liebevollsten Familienhunde
geworden. Ein Hund, den
man immer wieder erkennt,
mit mächtigem Schädel
auf kompaktem, breitem
Körper.

Größe, Gewicht: Höhe
nicht vorgeschrieben (um
40 cm); bestes Gewicht
24 kg. Ein gutmütiges Kraftpaket.
Fell und Farbe: Dicht, kurz-
haarig und fein. Weiß, röt-
lich, Rotgelb, Fahlgelb oder
gestromt. Die Klarheit ist
wichtiger als der Ton, nur
Schwarz ist auch in Flecken
verpönt.
Aussehen: Zwischen grotesk und mürrisch-bedroh-
lich. Kein Allerweltshund.
Geeignet für: Familien mit
Kindern, die einen besonderen Geschmack haben. Für
Individualisten, die es akzeptieren, daß auch ein Hund
eine eigene Persönlichkeit
ist.

Nicht geeignet für: Sportler
oder Leute, die einen perfekt
gehorchenden Hund wollen.
Haltungsansprüche:
Schätzt lange Spaziergänge
nicht besonders. Ist nicht so
hitzeempfindlich wie man
ihm immer nachsagt.
Braucht liebevolle Zuwen-
dung, die er mit Zinsen zurückgibt. Kann auch in einer
kleinen Wohnung gehalten
werden.
Pflege: Pflegeleicht, bis auf
die regelmäßige und sorgfältige Reinigung seiner Falten.
**Eigenschaft als Familien-
mitglied:** Gutmütig, geduldig, sehr selten nervös, un-
bestechlich. Von hoher Reizschwelle, man muß ihn
schon besonders ärgern,
daß er böse wird. Wenn er
einmal zubeißt (und er verteidigt seine Familie mit
großer Intensität), läßt er
erst los, wenn sein Gegner
»fertig« ist.
Rassencharakter: Geschätzt
wird ein aktiver Hund mit
der rollenden Eleganz der

Dicken. Aggressiv soll er
nicht sein. Er ist sehr stur, so
daß auch eine konsequente
Erziehung nur wenig fruch-
tet. Seine Persönlichkeit ist
so stark, daß er seine Besitzer
zu absoluten Bulldogfans
macht. Er zeigt mehr Interesse an seinen Menschen als
an anderen Hunden.
Rassetypische Probleme:
Schnauft beim Atmen deut-
lich hörbar. Seine Verdauung
funktioniert sehr gut, er ist
kein Hund für Menschen mit
empfindlicher Nase. Regelmäßig auf die Falten achten.
**Rassetypische Krankhei-
ten:** Schweratmigkeit und
Deckunlust. Bedingt durch
den relativ breiten Kopf der
Welpen häufig Kaiserschnitt-
Geburten bei den Hündin-
nen. Insgesamt aber ein
robuster Hund ohne körperliche Beschwerden.
Lebenserwartung: Mittel.
Nahrungsbedarf pro Tag:
Für den 24 kg schweren
Hund 6 000 kJoule /
1 430 kKalorien.

Anmerkungen zur Rasse:
Berühmt-berüchtigter
Kampfhund gegen Bullen,
Bären und Dachse. Einzelne
Hunde waren so populär
wie heute beispielsweise
Fußballstars. Der National-
hund Englands symbolisiert
die englischen Eigenschaften: Mut, Ausdauer und
Gelassenheit. Hatte in Frankreich eine Zeitlang »Straßen-
verbot wegen Blutrünstig-
keit«. Gehört bei uns mit 74
Zuchtbucheintragungen in
einem Jahr zu den seltenen
Rassen.
Im Bild: Rüde, dunkel-ge-
stromt mit Weiß, 3 Jahre.

Französische Bulldogge
Bully

Mops

Französische Haushundrasse mit dem gewissen Etwas. Unerschrocken und immer auf engen Kontakt mit seinen Menschen bedacht.

Größe, Gewicht: Bis 30 cm hoch; bis 12 kg schwer. Untersetzt und kräftig.
Fell und Farbe: Kurz, dicht und glänzend. Von weiß bis schwarz, auch gestromt.
Aussehen: Ernst und gefährlich, »lacht« aber mit dem Körper. Unverwechselbar.
Geeignet für: Menschen, die einen handlichen Hund aus der Doggenfamilie möchten.
Nicht geeignet für: Leute, die oben in mehrstöckigen Häusern ohne Lift wohnen.
Haltungsansprüche: Paßt sich jeder Lebensweise an.
Pflege: Pflegeleicht.
Eigenschaft als Familienmitglied: Sehr anhänglich, versteht jede Stimmung. Unerschrockener, mutiger und starker Wächter, der nicht unnötig bellt.

Rassencharakter: Ein fröhlicher und lustiger Hund, nicht ohne Würde. Markante Persönlichkeit, nicht allzu unterordnungsbereit.
Rassetypische Probleme: Hitzeempfindlich und geräuschvoll beim Atmen. Deckunlust und Neigung zu Schwergeburten. Daher Massenzucht nicht möglich.
Rassetypische Krankheiten: Verbildung der Wirbelkörper ohne krankhafte Folgen. Auch Bandscheibenvorfälle.
Lebenserwartung: Mittel.
Nahrungsbedarf pro Tag: Für den 10-Kilo-Hund 3 100 kJoule / 740 kKalorien.
Anmerkungen zur Rasse: Um 1880 aus Bulldogs unter Einkreuzen von Terriern und Möpsen in Frankreich entstanden.
Im Bild*: Rüde, gescheckt, 2 Jahre.

Der kleinste Molosser ist ein stämmiger, ebenmäßiger Zwerghund von besonderem Aussehen.

Größe, Gewicht: Bis 32 cm hoch; bis 8 kg schwer.
Fell und Farbe: Kurz, glänzend; Silbergrau bis Apricot mit tiefschwarzer Maske und Aalstrich auf dem Rücken.
Aussehen: Etwas mürrisch, mit zärtlichen, großen Augen. Unverwechselbar.
Geeignet für: Hunde-Anfänger, die einen unkomplizierten, ruhigen Hund wollen, der auch in eine kleine Wohnung paßt.
Nicht geeignet für: Konventionelle Leute, die eigentlich von einem Schäferhund träumen.
Haltungsansprüche: Viel Liebe und wenig Auslauf.
Pflege: Pflegeleicht.
Eigenschaft als Familienmitglied: Angenehm, da weder nervös, noch schlafmützig. Kein Kläffer. Guter Wächter. Sehr anhänglich.
Rassencharakter: Liebenswürdig, verspielt. Stilles, fröhliches Wesen. Manchmal phlegmatisch. Hochintelligent.
Rassetypische Probleme: Schnauft beim Atmen deutlich hörbar. Kann leicht zu dick werden. Auf regelmäßige Reinigung der Falten achten, da sonst Ekzeme entstehen.
Rassetypische Krankheiten: Gefahr von Hornhautentzündungen des Auges (Keratitis) und Geschwüren (Ulkus corneae). Neigt zu Erkältungen. Sonst robust.
Lebenserwartung: Bis 15 Jahre.
Nahrungsbedarf pro Tag: 2 500 kJoule / 600 kKalorien.
Im Bild: Hündin, Steingrau, 4 Jahre.

Basset Hound

Der mehrfarbige Hund, den drei Kinder gleichzeitig streicheln können, hat immer die Nase und die Ohren am Boden. Lang, aber niedrig gebaut, starkknochig und auf mächtigen Pfoten, mit sorgenvollem Faltenblick, ist er nicht jedermanns Geschmack. Seine Rassefans aber lieben ihn: Ich lebe seit einem Vierteljahrhundert mit Bassets zusammen.

Größe, Gewicht: 33 bis 38 cm hoch; etwa 30 kg schwer. Muß kräftig und muskulös sein.

Fell und Farbe: Glatt, kurz und dicht, nicht zu fein. Dreifarbig: Weiß, Schwarz und Rot oder Weiß, Schwarz und lemonweiß; zweifarbig: Weiß und Rot. Es ist aber jede Houndfarbe erlaubt.

Aussehen: Unverkennbar, für Laien verwirrend: ein Riesendackel. Typisch und unerwartet: seine flüssige Laufbewegung.

Geeignet für: Kräftige Leute mit guten Nerven und Sinn für sture Eigenwilligkeit.

Nicht geeignet für: Jedermann und Freunde klassischer Körperformen, für körperlich schwache oder alte Menschen, für Sauberkeits- und Gehorsamfanatiker.

Haltungsansprüche: Von der Normalwohnung aufwärts. Mindestens eine Stunde Spaziergang pro Tag (neben dem üblichen Ausführen). Als Meutehund ist er nicht gern allein.

Pflege: Pflegeleicht, aber regelmäßiges und sorgfältiges Ohrenputzen und Säubern der Augen.

Eigenschaft als Familienmitglied: Verträglich. Kein Wachhund, kann aber sehr laut sein. Selbstbewußt, bestimmend und eigenwillig.

Rassencharakter: Erstaunliche Mischung aus Trägheit und Lebhaftigkeit. Seelisch ausgeglichen, robust bis dickfellig. Grundtendenz freundlich. Es gibt aber auch sehr dominante Rüden und ebensolche Hündinnen. Kann gut mit einem zweiten Hund gehalten werden.

Rassetypische Probleme: Schwer erziehbar, kann sehr dickköpfig sein. Sein volltönendes Organ ist weit zu hören. Verfolgt er eine Spur, ist er an der Leine kaum zu halten.

Rassetypische Krankheiten: Bei einigen Linien, Vererbung von Blasensteinen beim Rüden. Neigung zu Scheinmutterschaft mit starker Milchproduktion. Bei Rüden Tendenz zur Hypersexualität. Ektropium (klaffendes Unterlid) im Standard leider noch immer als erwünschtes Zuchtziel angegeben: »Das Rote des Unterlids ist sichtbar«. Trotz seines sehr langen Rückens (der nur wegen der kurzen Läufe so lang aussieht) keine Bandscheibenprobleme.

Lebenserwartung: Etwa 12 Jahre.

Nahrungsbedarf pro Tag: Für den 30 kg schweren Hund etwa 7 100 kJoule / 1 700 kKalorien.

Anmerkungen zur Rasse: Von Haus aus Jagdhund, der in der Meute jagt. Einer der besten Spurenleser – auch in schwierigstem Gelände. Ausdauernd wie kaum ein anderer Hund, bewegt er sich überraschend behende. Mächtig ist der Schub seiner Hinterläufe. Seine Zeit als Modehund hat er gut überwunden: Damals, in den siebziger Jahren, gab es eine Reihe nervöser Basset Hounds.

Im Bild*: Rüde, 3 Jahre.

Briard
Berger de Brie

Pyrenäen-Schäferhund
Berger des Pyrénées

»Herz mit Haaren drum-herum« nennt man in seiner französischen Heimat diesen Hirtenhund, der zum idealen Familienhund wurde.

Größe, Gewicht: Bis 68 cm; bis 30 kg. Muskulös und gut proportioniert.
Fell und Farbe: Dicht, lang, »muß in der Hand knirschen«. Alle eindeutigen Farben außer Weiß, dunkle Farben sind vorzuziehen.
Aussehen: Erregt Aufsehen durch sein Ziegenhaar und seinen Augenbehang.
Geeignet für: Leute, die etwas von Hunden verstehen, die Einfühlungsvermögen besitzen und eine konsequente Hand haben.
Nicht geeignet für: Alle anderen, Anfänger oder bequeme Leute.
Haltungsansprüche: Kein Zwinger-, aber auch kein Etagenhund. Braucht ausreichend Beschäftigung.
Pflege: Regelmäßig bürsten und kämmen. Ab und zu waschen.
Eigenschaft als Familienmitglied: Harter Hund mit zarter Seele. Liebt seine Menschen über alles. Haßt es, allein zu sein. Guter Kinderhund.
Rassencharakter: Lebhaft und aufgeweckt. Intelligent. Sehr temperamentvoll.
Rassetypische Probleme: Falls er zu wenig beschäftigt wird, sucht er sich selbst eine, das muß nicht immer angenehm sein. Liebt Schmutzwetter und kommt dann auch so ins Haus.
Rassetypische Krankheiten: Sehr gesund. Frei von Hüftgelenksdysplasie und Neurosen. Krankheiten nicht beschrieben.
Lebenserwartung: Hoch.
Nahrungsbedarf pro Tag: Für den 30-Kilo-Hund 7 100 kJoule / 1 700 kKalorien.
Im Bild: Hündin, Fauve, 4 Jahre.

Nicht besonders groß und schwer, aber ein Superlativ an Energie. Bei uns selten.

Größe, Gewicht: Zwischen 38 und 48 cm; 8 bis 12 kg. Der Kurzhaar ist etwas größer.
Fell und Farbe: Eine Mischung von Ziegenhaar und Schafwolle. Immer dicht, ob lang oder halblang, mit Windstoßfrisur. Bis auf Weiß alle Farben erlaubt.
Aussehen: Unvergleichlich der listige, aufmerksame und aufgeweckte Ausdruck seines Gesichts.
Geeignet für: Sehr konsequente Leute, die drinnen einen ruhigen Hund, draußen ein laufffreudiges Temperamentsbündel wollen.
Nicht geeignet für: Inkonsequente und unentschlossene Menschen.
Haltungsansprüche: Benötigt viel Bewegung. Kann im Freien leben, ist aber kein Zwingerhund.
Pflege: Nicht aufwendig.
Eigenschaft als Familienmitglied: Sehr wachsam, verteidigt alles Eigentum. Mißtrauisch gegenüber Fremden, sehr kinderlieb und anhänglich.
Rassencharakter: Gesundes Maß an Angriffslust, aufbrausendes und hitziges Wesen. Selbstbewußt, unabhängig. Hündinnen neigen zum Schmusen.
Rassetypische Probleme: Darf nicht scharf gemacht werden, sonst wird er sehr gefährlich.
Rassetypische Krankheiten: Sehr gesund. Spezielle Krankheiten nicht beschriebene.
Lebenserwartung: Wird alt.
Nahrungsbedarf pro Tag: Beim 10 kg schweren Hund 3 100 kJoule / 740 kKalorien.
Anmerkungen zur Rasse: Arbeitet nicht nur als Hütehund, sondern auch als Fährten- und Lawinenhund.
Im Bild: links Rüde, Fauve, 2 Jahre; rechts Rüde*, Harlekin, 4 Jahre.

Dackel
Rauhhaar-, Kurzhaar-, Langhaardackel

Von allen Hunderassen ist der Dackel am bekanntesten, sein Aussehen und sein Name auch dem Hundelaien geläufig. Jeden der drei verschiedenen Schläge gibt es in drei Gewichtsklassen: 1. den Normalgroßen, 2. den Zwergdackel und 3. den Kaninchendackel.

Größe, Gewicht: Wird nach Brustumfang gemessen. Normaldackel: über 35 cm bis höchstens 45 cm (Schulterhöhe bis 27 cm), 5 bis 9 kg; Zwergdackel: bis 35 cm (Schulterhöhe entsprechend), 4 kg; Kaninchendackel: bis 30 cm, bis 3,5 kg.

Fell und Farbe: Langhaar (mit 50 % der beliebteste): weich, schlicht, seidenartig, an der Rute als Fahne. Einfarbig rot oder zweifarbig schwarz-braun. Rauhhaar (mit 40 % an zweiter Stelle): drahtiges, dichtes, mit Unterwolle durchsetztes Haar; Kinnbart und buschige Au-

genbrauen. Alle Farben, besonders aber saufarben. Kurzhaar (mit 10 % relativ selten geworden): kurz, dicht, glänzend. Einfarbig rot oder zweifarbig schwarz-braun.

Aussehen: Wohlproportionierte, möglichst kräftige, kurzläufige Hunde mit langgestrecktem Körper und kecker, herausfordernder Kopfhaltung.

Geeignet für: Großstadt- oder Landmenschen mit Kleinst- oder Größtwohnungen, also für jedermann.

Nicht geeignet für: Leute, die nicht konsequent sein können und die Charakterfestigkeit bei Hunden nicht schätzen.

Haltungsansprüche: Braucht viel Beschäftigung, reichlich Bewegung oder auch das Gegenteil. Die Wohnungsgröße spielt keine Rolle, sie sollte allerdings nicht höher als im zweiten Stock liegen oder mit dem Lift zu erreichen sein (→

Rassetypische Probleme). Dackel sind zwar Meister im Weghören, wenn man sie ruft, aber als Jagdhund auch zum Gehorsam zu erziehen.

Pflege: Regelmäßiges Kämmen und Bürsten beim Langhaar. Insgesamt pflegeleicht. Der Rauhhaardackel braucht weder getrimmt noch geschoren werden.

Eigenschaft als Familienmitglied: Bei konsequenter Erziehung besser als sein Ruf. Kann sich zum Familientyrannen aufschwingen. Guter, wenn auch lärmender Wächter.

Rassencharakter: Ein harter, quicklebendiger Hund. Mutig, mit hohem Selbstwertgefühl; ausgeprägte Persönlichkeit. Von verschiedenem Temperament für jeden Anspruch. Aus Massenzuchten (bei Dackeln häufig) ängstlich oder auch hysterisch.

Rassetypische Probleme: Das Treppenlaufen, vor allem abwärts, ist nicht gut für die jungen Hunde, die da-

durch eine lose Schulter bekommen können. Durch falsche Erziehung kann er zum Raufer werden und ständig in Reibereien mit größeren Hunden verwickelt sein. Es gibt ausgesprochene Draufgänger, vornehmlich unter den Rauhhaardackeln, die nicht einsehen wollen, daß sie einem Boxer oder Schäferhund nicht gewachsen sind.

Rassetypische Krankheiten: Die sogenannte Dackellähme ist ein Sammelbegriff für Krankheiten, die Hunde aufgrund ihres langen Rückens befallen können, wobei Nerven eingeklemmt und Lähmungen hervorgerufen werden. Sie reichen von Rheuma über Bandscheibenvorfall bis zu Verknöcherungen der Wirbelsäule. Die Dackellähme tritt vor allem bei Tieren im Alter von vier bis fünf Jahren auf und verschwindet nach der Heilung für immer. Deshalb bereits bei den ersten Anzeichen

einer Bewegungsstörung der Hinterhand sofort zum Tierarzt gehen. Frühe Hilfe ist besonders wichtig. Im übrigen gilt: Je kräftiger ein Dackel gebaut ist, je vernünftiger das Verhältnis von Höhe und Länge, desto weniger Sorgen muß man haben. Dackelrüden sind anfällig für Harnsteine (Zystinsteine), kurzhaarige Dackel für Harbalgmilbenbefall (Demodikose). Rote Langhaardackel zeigen gelegentlich einen abartigen Beiß- und Verteidigungstrieb (→ Cokkerwut). Ältere dicke Dackel können zuckerkrank werden.

Lebenserwartung: 12 bis 14 Jahre.

Nahrungsbedarf pro Tag: Für den 7,5 kg schweren Hund etwa 2 500 kJoule / 600 kKalorien.

Anmerkungen zur Rasse: Teckel oder Dachshund nennen die Jäger den Dackel. Der zuchtbuchführende Verein ist der »Deutsche Teckelklub e. V.«. Während die »teutschen Dächsel« in Jagdbüchern des 16. Jahrhunderts und in der Naturgeschichte von Konrad Geßner (1551) kurzhaarige Dachshunde sind, wird der »rauhhaarige Dächsel« erstmals 1811 von dem Jagdschriftsteller Carl Emil Hartig erwähnt. Und seine Bemerkung »... die aber gewöhnlich nicht so kurzbeinig und schief sind wie die glatthaarigen ...« läßt darauf schließen, daß Terrier eingekreuzt wurden. Vermutlich ist es der schottische Dandie Dinmont Terrier gewesen, ein etwas eigenartig aussehender Erdhund, robust und entfernt dackelig, mit einem Schopf von weichem Haar auf dem Oberkopf. Da er häufig in Pfeffer und Salz vorkommt, hat der Rauhhaardackel seine Saufarbe von ihm.

Langhaardackel finden wir erst spät in der Literatur. In Carl Emil Diezels »Niederjagd« von 1880 wird der gradbeinige, hochläufige langhaarige Dachshund als brauchbarer Stöberer vorgestellt: Diezel schreibt: »Die Dachshunde gehören zweifelsohne mit zu den liebenswürdigsten Repräsentanten des ganzen Hundegeschlechts. Sie sind hervorragend treu, zärtlich und zuthunlich, dabei klug und gelehrig. Im Zimmer sind sie artig und höchst sauber. Im Hofe sind sie treue, scharfe und zuverlässige Wächter. Für den Jäger ist er der unentbehrliche Begleiter, gewissermaßen der Universalhund.«

Die krummen Beine waren nur kurze Zeit das dackelige Schönheitsideal. Sie haben aber den Dackel wirklich populär gemacht. Auch humoristische Zeitschriften wollten und konnten nicht auf ihn verzichten. In den »Fliegenden Blättern« zeichnete A. Roeseler jahrelang jede Woche einen Dackelwitz. Im ersten Dackelbuch der Welt, dem 1885 erschienenen »Der Dachshund, seine Geschichte, Zucht, Abrichtung, Verwendung nebst einer Abhandlung der Kunstbaue« von R. Corneli meint der Verfasser: »Jeder Jäger, der ein Forstrevier hat, sollte sich ein Pärchen Teckel halten.«

Bild Seite 160 links: Rauhhaardackel, Rüde, saufarben, 6 Jahre.
Bild Seite 160 rechts: Kurzhaardackel, Hündin, Schwarz-rot, 2 Jahre.
Bild oben*: Langhaardackel, Rüde, Rot mit Deckhaar, 2 Jahre.

Basenji

Entstammt einer uralten zentralafrikanischen Rasse, in die nie fremdes Blut eingekreuzt wurde. Ein eleganter, auffälliger, nicht bellender Hund.

Größe, Gewicht: 40 bis 43 cm hoch; bis 12 kg schwer.
Fell und Farbe: Kurz und seidig, elastische Haut. Fuchsrot, rein Schwarz oder Schwarz und lohfarben; Füße, Brust und Schwanzspitze immer Weiß.
Aussehen: Federnder Gang, kleine, spitze Stehohren, über dem Rücken geringelte Rute. Ein exotischer Hund.
Geeignet für: Menschen mit Sinn für das Besondere und die einen lieben, eigenartigen und sauberen Hund schätzen.
Nicht geeignet für: Leute, die nicht auffallen möchten.
Haltungsansprüche: Am besten zu zweit oder dritt, es gibt keinen Krach untereinander. Braucht Platz und

Bewegung.
Pflege: Pflegeleicht.
Eigenschaft als Familienmitglied: Bei größerer Wohnung idealer Wohnungshund: riecht nicht, putzt sich wie eine Katze. Bellt nicht, sondern »jodelt«. Sehr anhänglich und heiter.
Rassencharakter: Sehr aufmerksam, sozial veranlagt. Hochintelligent und sehr anhänglich. Gehorcht nicht unbedingt.
Rassetypische Probleme: Versteht es, sich und seinen Willen durchzusetzen. Weniger durch Sturheit, als durch Liebenswürdigkeit.
Rassetypische Krankheiten: Angeborene Anämie; ist aber heilbar.
Lebenserwartung: Etwa 12 Jahre.
Nahrungsbedarf pro Tag: Für den 10-Kilo-Hund 3 100 kJoule / 740 kKalorien.
Im Bild: Hündin, Rot-weiß, 1 ½ Jahre.

Kromfohrländer

Die jüngste deutsche Hunderasse entstand aus einem Drahthaarfox und einem bretonischen Griffon. Daher sein Temperament und sein Charakter.

Größe, Gewicht: Schulterhöhe 38 bis 46 cm; je nach Größe 12 bis 14 kg schwer.
Fell und Farbe: Dicht mit Unterwolle, zwei Schläge: Rauhhaar verschiedener Länge, Stockhaar. Weiß mit brauner Zeichnung.
Aussehen: Laien halten ihn für einen Mischling.
Geeignet für: Menschen mit kleiner Wohnung, die Temperament nicht scheuen.
Nicht geeignet für: Leute, die sich mit einem deutlich erkennbaren Rassehund schmücken wollen.
Haltungsansprüche: Braucht reichlich Auslauf; wegen mangelnder Jagdpassion ist das nicht schwierig.
Pflege: Einfach, da sein Fell Schmutz abstößt.

Eigenschaft als Familienmitglied: Ausgesprochen anhänglich und spielfreudig. Guter Kinderhund. Erziehung problemlos, er lernt schnell und viel.
Rassencharakter: Wachsam, vital und intelligent. Mißtrauisch gegenüber Fremden. Nie hysterisch.
Rassetypische Probleme: In zu kleiner Wohnung zu temperamentvoll.
Rassetypische Krankheiten: Sehr robuster und widerstandsfähiger Hund. Sonst nichts bekannt.
Lebenserwartung: Sehr hoch (16 Jahre und mehr).
Nahrungsbedarf pro Tag: Für den 13 kg schweren Hund 3 940 kJoule / 940 kKalorien.
Anmerkungen zur Rasse: Der Name kommt aus seiner Siegerländer Heimat: »krom fohr« = krumme Furche.
Im Bild: Hündin, Weiß mit Abzeichen, 3 Jahre.

West Highland White Terrier
Westie

Kleine Jagdhundrasse aus Schottland, robust, kräftig und unverdorben. Soll durch die Hundemode zur Zeit zum Schoßhund avancieren.

Größe, Gewicht: Schulterhöhe 28 cm; 8 bis 10 kg schwer. Kompakter Körper.

Fell und Farbe: Rauhhaar, aus hartem Deckhaar und dichter, kurzer, weicher und fest anliegender Unterwolle. Reinweiß ohne Gelbton.

Aussehen: Verschmitzter, kecker Kindchenkopf mit nicht zu langem Fang, kurzohrig.

Geeignet für: Freunde eines liebenswerten kleinen »großen« Hundes, die viel Zeit für ihn aufwenden wollen und auch können.

Nicht geeignet für: Leute, die mit der Mode laufen und ein süßes, schickes Hündchen zum Angeben wollen.

Haltungsansprüche: Braucht ausreichend Auslauf, viel Zuwendung, aber eine konsequente Erziehung.

Sein Temperament kann nur durch reichlich Beschäftigung bis zur richtigen »Arbeit« gezügelt werden. Sehr lernwillig und zu Kunststükken bereit. Muß sich einmal täglich austoben können.

Pflege: Täglich gründlich bürsten und durchkämmen, alle 3 Monate trimmen. Soll aber nicht zu herausgeputzt aussehen.

Eigenschaft als Familienmitglied: Ein fröhlicher, lieber Kinderhund und richtiger Kumpel. Kein Kläffer. Guter Wächter mit erstaunlich kräftigem Gebiß.

Rassencharakter: Sehr selbstbewußt anderen Hunden gegenüber und robust. Kein Raufer. Hat umwerfenden Charme.

Rassetypische Probleme: Wegen seines ungebrochenen Jagdinstinkts muß er in Wald und Flur an die Leine. Läßt man ihm keine Möglichkeit, sein Temperament auszutoben, kümmert er körperlich und geistig.

Rassetypische Krankheiten: Vorsicht bei Hunden aus Modezuchten oder aus dem Hundehandel: Hüftgelenkerkrankung in der Jugend (Perthes'sche Krankheit), Juckreiz und Hautentzündungen als allergische Reaktionen.

Lebenserwartung: Wird recht alt.

Nahrungsbedarf pro Tag: Je nach Gewicht 2 500 kJoule / 597 kKalorien bis 3 300 kJoule / 790 kKalorien.

Anmerkungen zur Rasse: Der Westie ist der weiße Hund in der Black & White Whisky-Reklame. Der schwarze ist ein Scotch Terrier: Beide ließ Lord Buchanan 1892 malen. Die Rasse gibt es seit Mitte des vergangenen Jahrhunderts, als man in Schottland weiße Hunde für die Jagd wollte, um sie nicht mit dem Wild zu verwechseln. 1927 war sie schon einmal Modehund. Ein Zeitschriftenzitat:

»Es hat eine Revolution gegeben und seine Hundemajestät der Pekinese mußte zugunsten einer intelligenteren Herrschaft des klugen West Highland White abtreten.« Doch die Mode hielt nicht lange. Bei uns waren die Westies bis vor zwei Jahren sehr selten.

Im Bild: links, Hündin*, 15 Monate; rechts, Hündin, 3 Jahre.

Yorkshire Terrier

Hund oder Spielzeug lautet die Laienfrage, die man eindeutig mit Hund beantworten kann. Der schönhaarige Zwerg hat es in sich: Früher war er die »Taschenwaffe« der Wilderer.

Größe, Gewicht: Zwischen 20 und 24 cm hoch; bis 3,2 kg schwer. Unter 2 Kilo entspricht er nicht mehr dem Standard. Zierlich, kompakt und wohl proportioniert.

Fell und Farbe: Das seidige Haar ohne Unterwolle ist lang, glatt und schlicht. Es liegt wie ein Mantel über seinem Körper. Dunkles Stahlblau vom Hinterkopf bis zum Rutenansatz, Kopf, Brust und Läufe lohfarben, an den Ohren am dunkelsten.

Aussehen: Am auffälligsten das glatt herabhängende Haar, mit dem vom Nasenrücken bis zum Rutenende durchlaufenden Scheitel.

Geeignet für: Leute, die in Kleinstwohnungen einen Hund halten wollen, der auch entsprechend klein, aber trotzdem ein Hund ist; die weder Zeit noch Mühe für die aufwendige Fellpflege scheuen.

Nicht geeignet für: Leute, die ihrem Hund auch mal einen kameradschaftlichen Klaps geben wollen und ihn nicht gerne auf dem Arm tragen.

Haltungsansprüche: Braucht wenig Auslauf, denn er verschafft sich überall Bewegung. Trotzdem tägliche Spaziergänge.

Pflege: Jeden Tag bürsten, kämmen, ganz leicht ölen; jeden Monat baden. Muß alle 6 Wochen an Ohren und Pfoten getrimmt werden. Die langen Kopfhaare auf der Stirn mit Spange oder Schleifchen zusammenbinden, damit sie nicht ins Gesicht fallen und die Augen reizen oder bei den Mahlzeiten in die Futterschüssel hängen.

Eigenschaft als Familien-

mitglied: Liebenswürdig und wachsam. Kann allerdings viel kläffen. Anschmiegsam, sehr verspielt, so daß auch Kinder ihre Freude an ihm haben.

Rassencharakter: Lebhaft, furchtlos. Kein ängstlicher Zwerg. Hat keine Angst vor größeren Hunden. Verteidigt sein und das Eigentum seines Herrn.

Rassetypische Probleme: Als Modehund wahllos vermehrt. So entspricht er oft kaum noch dem Rassebild und ist häufig überteuert. Gute, typische Yorkies kauft man nur bei verantwortungsvollen Züchtern.

Rassetypische Krankheiten: Lähmungserscheinungen an den hinteren Gliedmaßen als Folge von Bandscheibenvorfall oder anderen Wirbelsäulenerkrankungen. Veränderungen am Knochenschädel bei Yorkies unter 20 cm. Diese Superzwerge sind nervös bis neurotisch.

Lebenserwartung: Hoch, bis 14 Jahre.

Nahrungsbedarf pro Tag: Beim 3 kg schweren Hund 1 320 kJoule / 315 kKalorien.

Anmerkungen zur Rasse: Im 19. Jahrhundert in der Grafschaft York als Jagdhund (zum Eindringen in Dachs- und Fuchsbaue) gezüchtet. Als seine Haare länger wurden, machte man ihn zum Modehund und versuchte, ihn immer kleiner zu züchten. Dasselbe passiert auch heute wieder. Deshalb sollte man sich unbedingt an die Maße des Standards halten: Offiziell gibt es keine Mini-Yorkshire.

Im Bild: vorne Hündin; hinten Rüde.

Tibet Terrier
Tibet Apso

Peking-Palasthund
Pekinese

Tibetische Rasse, ganz mit Haaren bedeckt (was das Wort »Apso« bedeutet). Ein sehr liebenswerter Hund.

Größe, Gewicht: 34 bis 40 cm; 8 bis 14 kg. Kompakt und kräftig.
Fell und Farbe: Doppelschichtig; mit feinem, langem Deckhaar, schlicht oder leicht gewellt. Das Kopfhaar fällt über die Augen. Weiß, Gold, sand-, grau- oder rauchfarben, Schwarz, auch zwei- und dreifarbig.
Aussehen: Erinnert an kleinen Bobtail.
Geeignet für: Leute, die einen kleinen, besonderen, unkomplizierten Hund wollen.
Nicht geeignet für: Sauberkeitsfanatiker, die jedes Stäubchen stört.
Haltungsansprüche: Unkompliziert, braucht geregelten, aber nicht sehr ausgedehnten Auslauf.
Pflege: Intensive Fellpflege: Kämmen, immer wieder kämmen. Geschnitten wird nichts.
Eigenschaft als Familienmitglied: Fröhlich, liebevoll, intelligent und seinem Menschen sehr ergeben.
Rassencharakter: Guter Wächter, abweisend gegen Fremde. Forscher Angreifer, wenn es darauf ankommt. Kein Raufer.
Rassetypische Probleme: Muß so erzogen werden, daß er sich ohne Schwierigkeiten kämmen und baden läßt.
Rassetypische Krankheiten: Wenig anfällig. Außer Deckschwierigkeiten (Samenlosigkeit) nichts beschrieben.
Lebenserwartung: 16 Jahre und mehr.
Nahrungsbedarf pro Tag: Für den 10-Kilo-Hund 3 100 kJoule / 740 kKalorien.
Im Bild: links Rüde, Schwarz mit Weiß; rechts Hündin, Gold.

Aus kaiserlich-chinesischer Zucht, ein edler, exotischer Hund mit seltsam rollendem Gang.

Größe, Gewicht: 15 bis 25 cm hoch; 1,5 bis 6 kg schwer. Starkknochig, Körper tief am Boden.
Fell und Farbe: Doppelfell mit dicker Unterwolle und langen, geraden Oberhaaren. Trägt eine Mähne. Alle Farben erlaubt.
Aussehen: Sehr exotisch mit dem platten Gesicht und dem fantastischen Haarmantel.
Geeignet für: Leute mit Sinn für das Besondere, die keine Kinder haben.
Nicht geeignet für: Kinderreiche Familien oder Leute, die »eben nur einen Hund« wollen.
Haltungsansprüche: Vom Appartement aufwärts. Braucht eine konsequente Hand, die ihn nicht verzärtelt.
Pflege: Häufig kämmen und bürsten, regelmäßiges Reinigen der Gesichtsfalten.
Eigenschaft als Familienmitglied: Wachsam, das äußert sich durch Bellen. Anlage zum Tyrannen.
Rassencharakter: Selbstbewußt und furchtlos. Draufgänger von starker Eigenwilligkeit. Anhänglich bis zur Eifersucht.
Rassetypische Probleme: Hat empfindliche Augen, neigt zu Erkältungen. Kein Kinderhund.
Rassetypische Krankheiten: Sehr schwierige Geburten. Bandscheibenvorfall und Kniescheibenluxation. Trichiasis (Mißwuchs der Wimpern nach innen).
Lebenserwartung: Bei gesunden Hunden 16 bis 18 Jahre.
Nahrungsbedarf pro Tag: Für den 3,5 kg schweren Hund 1 500 kJoule / 360 kKalorien.
Im Bild: links Rüde, Hellrot brindle, 1 Jahr; rechts Rüde*, Schwarz, 6 Jahre.

Chihuahua

Zwergpinscher
früher: Rehpinscher

Dieser winzige Hund hat seinen Namen von einem mexikanischen Ort am Fuß der Sierra Madre.

Größe, Gewicht: Nie über 20 cm; zwischen 500 g und 2,5 kg. Munter, lebhaft, graziös.

Fell und Farbe: Kurz, dicht und glänzend oder lang und weich. Alle Farben, einfarbig, gefleckt oder gesprenkelt.

Aussehen: Eine Miniatur mit Fledermausohren. Der kleinste Hund der Welt.

Geeignet für: Leute, die einen wirklich handlichen Schoßhund möchten.

Nicht geeignet für: Leute, die mit kleinen Dingen nichts anfangen können.

Haltungsansprüche: Paßt sich seinem Besitzer an, auf dessen Arm er sich am wohlsten fühlt.

Pflege: Beim Langhaar regelmäßiges Bürsten, sonst pflegeleicht. Augen sauberhalten.

Eigenschaft als Familienmitglied: Sehr anhänglich, bellt so gut wie gar nicht, sondern murrt ganz typisch und kündigt so Verdächtiges an. Hochintelligent.

Rassencharakter: Widerstandsfähig, mutig und unerschrocken. Liebt natürlich auch Bewegung. Sehr lebhaft, kein Kinderhund.

Rassetypische Probleme: Wer ihn nur in der Wohnung hält (Balkonklo) oder auf dem Arm trägt, verzärtelt ihn unnötig.

Rassetypische Krankheiten: Gegen die üblichen Welpenkrankheiten fast immun. Kurzhaarige können haarlos werden. Geburtsschwierigkeiten und Zahnprobleme.

Lebenserwartung: Hoch.

Nahrungsbedarf pro Tag: Für den 1,5 kg schweren Hund 800 kJoule / 190 kKalorien.

Im Bild: Langhaar; links Rüde, Apricot mit Weiß, 6 Jahre; rechts Rüde, Black and Tan, 6 Jahre.

Ein temperamentvoller Zwerg, ein »großer« Hund im Taschenformat. Robust bei zerbrechlichem Aussehen.

Größe, Gewicht: 25 bis 30 cm; 3 bis 4 kg. Ein verkleinerter deutscher Pinscher.

Fell und Farbe: Kurz, dicht, glatt anliegend und glänzend. Einfarbig braun in verschiedenen Tönen bis Hirschrot oder zweifarbig schwarz mit roten oder braunen Abzeichen.

Aussehen: Klein, aber keineswegs zwergenhaft.

Geeignet für: Leute, die in einer Miniwohnung einen richtigen Hund haben wollen.

Nicht geeignet für: Leute mit lärmempfindlicher Nachbarschaft.

Haltungsansprüche: Kein Hund für Tasche oder Arm, sondern Mäusefänger und Spaziergänger.

Pflege: Pflegeleicht.

Eigenschaft als Familienmitglied: Wachsam, leider nicht nur gelegentlich ein Kläffer. Anhänglich. Liebenswürdig, zu Späßen aufgelegt und treu ergeben.

Rassencharakter: Lebhaftes Temperament, sehr einfühlsam. Es macht ihm nichts aus, auch einmal allein zu sein.

Rassetypische Probleme: Zu klein gezüchtete Hunde, die nicht dem Standard entsprechen, verlieren alle liebenswerten Rasseneigenschaften.

Rassetypische Krankheiten: Robuster Hund, der wenig krank ist. Neigung zu Harnsteinen und Hüftgelenkveränderung (Perthes'sche Krankheit).

Lebenserwartung: Sehr hoch.

Nahrungsbedarf pro Tag: 1 500 kJoule / 360 kKalorien.

Im Bild: links, Rüde*, Schwarz-rot, 4 Jahre; rechts, Hündin, Rot, 3 Jahre.

Zum Nachschlagen

Adressen rund um den Hund

Die wichtigsten Anschriften

Verband für das Deutsche Hundewesen e.V. (VDH), Westfalendamm 174, D-44141 Dortmund

Österreichischer Kynologenverband (ÖKV), Johann-Teufel-Gasse 8, A-1238 Wien

Schweizerische Kynologische Gesellschaft, Zentralsekretariat, Postfach 23 07, Länggaßstraße 8, CH-3001 Bern

Fédération Cynologique Internationale (FCI), 13 Place Albert I., B-6530 Thuin/Belgien

Diese Verbände erteilen Auskünfte über Rassen und Hundevereine. Erfahrungen aus früheren Büchern haben mich veranlaßt, keine Vereinsadressen zu publizieren: Pro Jahr ist etwa mit einem Drittel an Adressenänderungen zu rechnen. Jede dieser Verbände verfügt über ein Verzeichnis der ihm angeschlossenen Vereine, das Sie auf Anforderung erhalten. Jeder Verband publiziert auch seine eigene Zeitschrift: »Unser Rassehund« erscheint monatlich im Selbstverlag des VDH.

»Hundesport« erscheint zweimal im Monat im Paul Haupt Verlag, Falkenplatz 11, Postfach 26 60, CH-3001 Bern.

»Unsere Hunde« erscheint monatlich im Eigenverlag des Österreichischen Kynologenverbandes.

Weitere Verbandsadressen des VDH

Landesverband Baden-Württemberg, 1. Vorsitzender, Ulrich Reidenbach, Dennefstraße 7b D-71665 Vaihingen/Enz

Landesverband Bayern, Hans Wiblishauser, Dachauer Straße 140d, D-80637 München

Landesverband Berlin, Lothar Buhrke, Scheelestraße 51, 12209 Berlin

Landesverband Franken-Oberpfalz, Egon Erdenbrecher, Pfälzer Straße 2, D-90518 Altdorf b. Nürnberg

Landesverband Hessen, Geschäftsstelle: Horst Wendt, Fulderbergstraße 8, D-36358 Herbstein

Landesverband Niedersachsen, Jochen Rissmann, Schmiedestraße 5, D-30159 Hannover

Landesverband Nordrhein, Horst Kellermann, Gewerbeschulstraße 97, D-42289 Wuppertal

Landesverband Nord, Christoph Stadelbauer, Inspektor-Weimar-Weg 10, D-24239 Achterwehr

Landesverband Rheinland-Pfalz, Klaus May, Beindersheimer Straße 100, D-67227 Frankenthal

Landesverband Saar, Hans-Erwin Neisens, Uhlandstraße 2, D-66265 Heusweiler

Landesverband Weser-Ems, Geschäftsstelle: Fritz Rasch, Am Hasenkamp 10, D-49565 Bramsche

Landesverband Westfalen, Geschäftsstelle: Hanns Lücker, Max-Planck-Straße 70, D-58093 Hagen

Landesverband Thüringen, Rainer Jacobs, Johannes-Kepler-Straße 11, D-99097 Erfurt

Hundesportverbände

Bayerischer Landesverband für Hundesport e.V. (BLV), Geschäftsstelle, Ernst Meidinger, Neumarkter Straße 2a, D-81673 München

Berliner Verband der Hundesportvereine e.V. (BHV), Geschäftsstelle, Peter Hartmann, Saatwinkler Damm 185, D-13629 Berlin

Deutscher Sporthund Verband e.V., Klaus Dieter Dieck, Hans-Böckler-Straße 48, D-41063 Mönchengladbach

Deutscher Verband der Gebrauchshundsportvereine e.V. (DVG), Geschäftsstelle, Gustav-Sybrecht-Straße 42, D-44536 Lünen

Hundesportverband Rhein-Main e.V. (HSVRM), Norbert Daum, Kreuzstraße 55, D-64331 Weiterstadt

Schutz- und Gebrauchshunde-Sportverband e.V., Friedrich Kühne,, Gottfried-Keller-Weg 10, D-04416 Markkleeberg

Südwestdeutscher Hundesportverband e.V. (SWHV), (nur für Baden-Württemberg und Pfalz) 1. Vorsitzender: Herr Gerstbauer, Geranienstraße 8, D-73663 Berglen

▷
Folgende Doppelseite: Brauner Neufundländer.

Fragen zur Hundehaltung

beantwortet auch die Interessengemeinschaft Deutscher Hundehalter e.V., Pressestelle, Auguststraße 5, D-22085 Hamburg.

Spezialversand für Hundeliteratur (auch ausländische)

Buchhandlung Gollwitzer, Postfach 146, D-92620 Weiden.

Der Katalog »Wau« enthält das umfangreichste kynologische Fachbuchangebot der Welt: rund 1500 Titel.

Registrierung von Hunden

Haustier-Zentralregister für die BRD e.V. TASSO, Postfach 1423, D-65783 Hattersheim.

Wer seinen Hund vor Tierfängern und dem Tod im Versuchslabor schützen will, kann ihn hier registrieren lassen. Die Eintragung sowie die computergesteuerte Suche bei Vermißtenmeldung sind kostenlos.

Krankenversicherung für den Hund

Uelzener Allgemeine Versicherungsgesellschaft, Postfach 2163, D-29511 Uelzen.

Bücher, die weiterhelfen

Falls einige der angegebenen Bücher im Buchhandel nicht mehr erhältlich sind, werden Sie diese in der Regel in Bibliotheken finden.

Aldington, Eric H.: *Von der Seele des Hundes.* Gollwitzer Verlag, Weiden

Behrend, Katrin: *Pudel richtig pflegen und verstehen.* Gräfe und Unzer Verlag, München

Bolle-Kleinbub, Ingrid: *Der Westie. West Highland White Terrier richtig pflegen und verstehen.* Gräfe und Unzer Verlag, München

Fiedelmeier, Leni: *Dackel richtig pflegen und verstehen.* Gräfe und Unzer Verlag, München

Fleig, Dieter: *Die Technik der Hundezucht.* Kynos Verlag, Mürlenbach

Hahn, Dina von: *Collie und Sheltie richtig pflegen und verstehen.* Gräfe und Unzer Verlag, München

Hegewald-Kawich, Horst: *Der deutsche Schäferhund.* Gräfe und Unzer Verlag, München

Klever, Ulrich: Kalorien-Joule-Kompaß 1993/94. Gräfe und Unzer Verlag, München

Klever, Ulrich: *Knaurs Großes Hundebuch.* Droemer Knaur Verlag, München

Kriechbaumer, Armin: *Kleinhunde; Hunde mit Charme und Charakter.* Gräfe und Unzer Verlag, München

Ludwig, G./Steimer, Chr.: *Sennenhunde richtig pflegen und verstehen.* Gräfe und Unzer Verlag, München

Metzger, Christine/Streitferdt, Uwe: *Mischlinge – Hunde mit Intelligenz und Charakter.* Gräfe und Unzer Verlag, München

Müller, Manfred: *Spezialausbildung des Schutzhundes.* Oertel und Spoerer Verlag, Reutlingen

Müller, Manfred: *Vom Welpen zum idealen Schutzhund.* Oertel und Spoerer Verlag, Reutlingen

Ochsenbein, Urs: *Der neue Weg der Hundeausbildung.* Albert Müller Verlag, Rüschlikon

Schlegl-Kofler, Katharina: *Hunde-Erziehung mit Herz und Verstand.* Gräfe und Unzer Verlag, München

Schneidermann, Brigitte: *Retriever richtig pflegen und verstehen.* Gräfe und Unzer Verlag, München

Sieber, Ilse/Aldington, Eric H.: *Hundezucht naturgemäß mit Liebe und Verstand.* Gollwitzer Verlag, Weiden

Streitferdt, Uwe: *Mein kranker Hund. Erste Hilfe – Behandlung – Pflege.* Gräfe und Unzer Verlag, München

Thiel, Johanna: *Boxer richtig pflegen und verstehen.* Gräfe und Unzer Verlag, München

Trumler, Eberhard: *Der schwierige Hund.* Kynos Verlag, Mürlenbach

Die prämierten Rassehunde des Buches = *

Seite 60   Riesenschnauzer, »Unzara vom Batenwetzer«, Deutscher Champion

Seite 131   Saluki, »Bel S'Mbran JR. Juvenoir«, Amerikanischer Champion

Seite 132   Deutscher Schäferhund, »Uran vom Wildsteiger Land«, SV-Champion 1984/85, VDH-Champion/Weltsieger 1986

Seite 134   Bobtail, (links) »Ilscha vom Töpferhof«, Internationaler Champion/Weltsieger 1986

Seite 137   Irish Wolfhound, (rechts) »Attila of Blackmore«, VDH- und Deutscher Champion/Weltsieger 1986

Seite 139   Retriever, (vorne) »Style Solar«, Deutscher, VDH- und Internationaler Champion; (hinten) »Garbank Golden Style«, Deutscher und VDH-Champion

Seite 141   Entlebucher Sennenhund, »Glanz von Kolda«, 2. bei der Weltausstellung in Wien 1986, Internationaler Champion

Seite 141   Berner Sennenhund, »Gino von der Allewinder Höhe«, mehrmaliger VDH-Champion

Seite 146   Airedale Terrier, »Jago vom Stammhof«, Deutscher Jugendchampion 1985

Seite 147   (links) Zwergschnauzer, »Quicki von der Stadt Dachau«, VDH-Champion; (rechts) Mittelschnauzer, »Bellasissi vom Achter-

plätzchen«, Deutscher, VDH- und Internationaler Champion

Seite 151   Cocker Spaniel, »Laura vom Werdenfelser Land«, Jugendsieger

Seite 151   Cavalier King Charles, »Domino des Cavaliers du ciel«, Deutscher, VDH- und Internationaler Champion, Bundessieger/Weltsieger 1986

Seite 154   Weißer Bullterrier, »Von der alten Veste«, Clubsieger 1987, FCI-, VDH-Europasieger/Holländischer Clubsieger 1988, Deutscher Champion

Seite 157   Französische Bulldogge, »Jojo vom Eremitenhof«, Bayerischer Landessieger 1988

Seite 158   Basset Hound, »Long Fellow«, VDH-Champion, Europasieger

Seite 159   Pyrenäen-Schäferhund, (rechts) »Abri Blue de Troumouse«, Österreichischer Bundessieger 1986

Seite 161   Langhaardackel, »Enno vom Wesertal«, Landessieger 1987

Seite 163   West Highland Terrier, (links) »White Hunters«, Klub für Terrier (KFT)-Jugendchampion

Seite 165   Peking-Palasthund, (rechts) »Othello of Clarence Castle«, Deutscher Champion

Seite 166   Zwergpinscher, (links) »Brutus von Diana«, Jugendweltsieger 1991, Internationaler Champion

Seite 168   Brauner Neufundländer, »Boika von der Alten Mühle«, Deutscher, VDH-, Österreichischer und Internationaler Champion, Europasieger 1986/88, Bundessieger 1987

Rassen- und Sachregister

Die **halbfett** gesetzten Seitenzahlen verweisen auf Fotos.
U = Umschlagseite

Dank

Autor und Verlag danken der Fotografin Monika Wegler für ihre engagierte Mitarbeit. Durch jahrelange Erfahrung im Umgang mit Hunden und Hundebesitzern und mit Hilfe neuester Aufnahmetechniken gelangen Frau Wegler lebendige und natürliche Hundebilder von außergewöhnlicher Ausdruckskraft. Darunter Porträts preisgekrönter Rassehunde, origineller Mischlinge und drolliger Welpen.

Fotografin und Verlag danken allen Hundebesitzern, Züchtern sowie den Clubs und Verbänden für die Mitarbeit. Besonders erwähnt seien die Tierarztpraxis Dr. Kienzle, München, die Hundeschule Kotiza, Gröbenried, die Hundeschule Breitsamer, Obertaufkirchen und der Hundesalon Renée Müller, München.

© 1988 Gräfe und Unzer Verlag GmbH, München.
Alle Rechte vorbehalten. Nachdruck, auch auszugsweise, sowie Verbreitung durch Film, Funk und Fernsehen, durch fotomechanische Wiedergabe, Tonträger und Datenverarbeitungssysteme jeder Art nur mit schriftlicher Genehmigung des Verlages.

Lektorat: Elisabeth Blay
Herstellung: Johannes Schmidt-Thomé
Produktion: Helmut Giersberg
Fotos: Monika Wegler, München
Layout und Umschlaggestaltung: Kraxenberger Werbeagentur/Christine Paxmann
Satz: Hesz Satz Repro GmbH
Reproduktion: Chemigraphia Gebr. Czech & Partner
Druck und Bindung: Auer

ISBN: 3-7742-1553-7

Auflage 5. 4. 3. 2. 1.
Jahr   04 03 02 01 00

Wichtige Hinweise

In diesem GU Ratgeber geht es um die Anschaffung und Haltung von Hunden. Autor und Verlag halten es für wichtig, darauf hinzuweisen, daß sich die Haltungsregeln des Buches in erster Linie auf normalentwickelte Jungtiere aus guter Zucht beziehen, also auf gesunde, charakterlich einwandfreie Tiere.
Wer einen erwachsenen Hund zu sich nimmt, muß sich bewußt sein, daß dieser bereits wesentliche Prägungen durch den Menschen erfahren hat. Er sollte den Hund besonders genau beobachten, auch in seinem Verhalten zum Menschen; er sollte sich auch den bisherigen Besitzer ansehen. Ist der Hund aus einem Tierheim, so kann dieses über die Herkunft des Hundes und seine Eigenschaften eventuell Auskunft geben. Es gibt Hunde, die aufgrund schlechter Erfahrungen mit Menschen in ihrem Verhalten auffällig sind, vielleicht auch zum Beißen neigen. Diese Hunde sollten nur von erfahrenen Hundehaltern aufgenommen werden.
Auch bei gutgezogenen und sorgfältig beaufsichtigten Hunden besteht die Möglichkeit, daß sie Schäden an fremdem Eigentum anrichten oder gar Unfälle verursachen. Ein ausreichender Versicherungsschutz liegt im Eigeninteresse; der Abschluß einer Hunde-Haftpflichtversicherung ist in jedem Fall zu empfehlen.

▷
Bilder Umschlagrückseite
obere Reihe: Chihuahua, Rauhhaardackel, Akita-Inu;
mittlere Reihe: Kleinpudel, Airedale Terrier, Bobtails;
untere Reihe: Kuvasz, Afghane, Deutscher Schäferhund.

Dobermann
Boxer
Entlebucher Sennenhund
Labrador (schwarz?)
Dalmatiner
Foxterrier
Französische Bulldogge
Englische Bulldogge

WELPEN

Werden Sie Hundekenner mit dem
GU Welpen-Ratespiel. Es zeigt 24 Welpen im Alter
von 6 bis 8 Wochen. Versuchen Sie zu erraten,
welcher Rasse die Welpen angehören. Die Antwort
finden Sie auf den angegebenen Seiten.

DAS GU WELPEN-RATESPIEL

Seite 152, rechts

Seite 148, rechts

Seite 163

Seite 161

Seite 131, links hinten

Seite 153

Seite 132

Seite 158

Seite 157, rechts

Seite 155, links

Seite 148, links

Seite 134, re

Seite 143, links

Seite 138

Seite

Seite 146, rechts

Seite 142 und 168/169

Seite 165, recht